漫談金庸

刀光・劍影・俠客夢

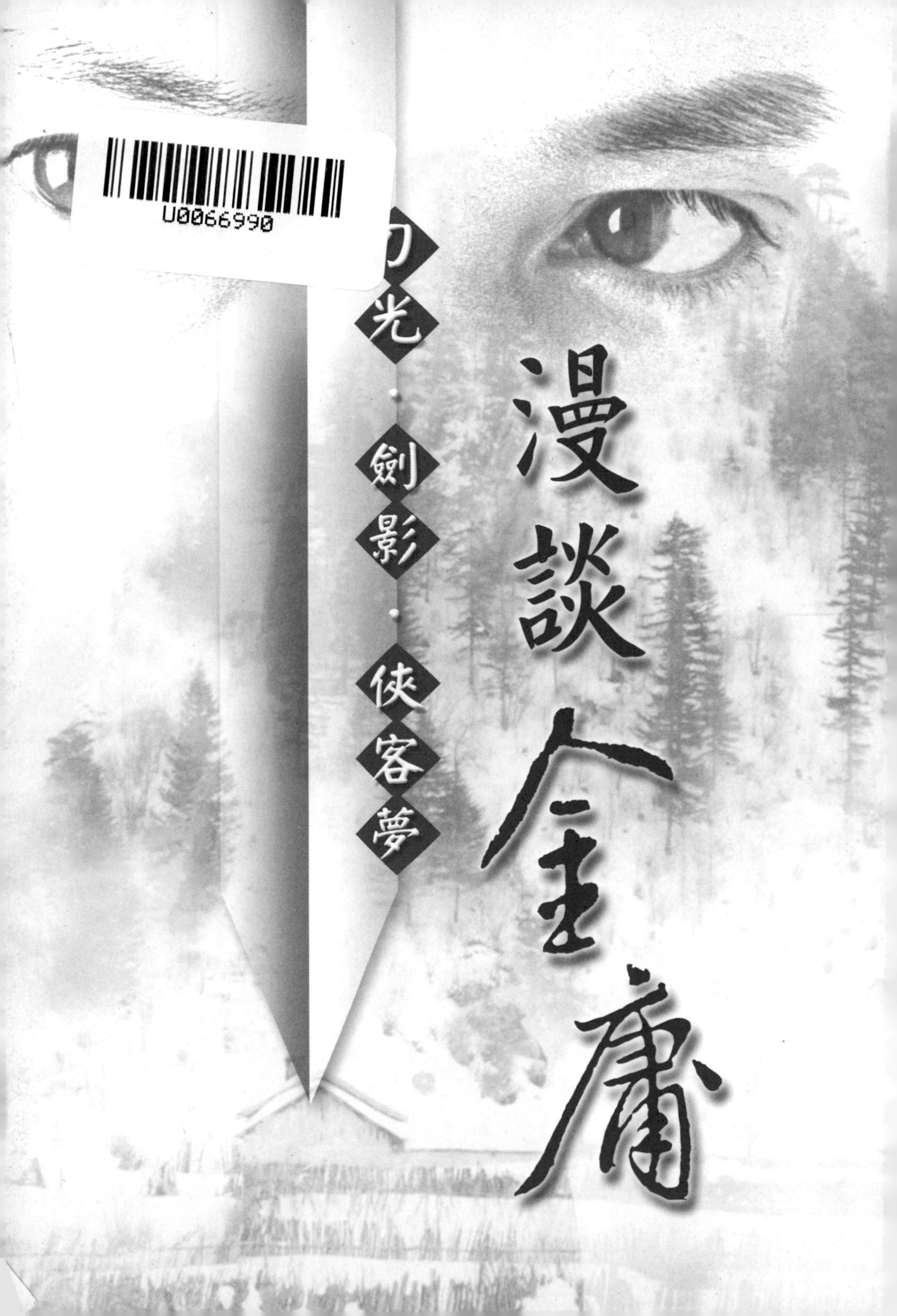

目錄

第一章 少年才俊 展露鋒芒

家族故鄉……9
大俠童年……19
首次出書……25
瘋狂少年……29
特立獨行……35
創辦雜誌……42

第二章 闖蕩江湖 開闢天地

進入報界……52
初嘗婚姻……61
轉耕專欄……66

仕途未果……69
影劇生涯……72
開宗立派……76
書劍恩仇　初試啼聲……81
碧血劍　凌厲出鞘……90
雪山飛狐　神來之筆……94
射鵰英雄　武林至尊……102

第三章　明報王國　事業象徵

創辦明報……118
神鵰俠侶　大放異彩……123
倚天屠龍　誰與爭鋒……133
白馬西風　鴛鴦連城……139
明報傳奇……146

第四章　武林盟主　誰與爭鋒
越女劍法　不為人知……162
絕世巨構　天龍八部……165
銀鞍白馬　俠客行……176
明爭暗鬥　笑傲江湖……180
封筆之作　鹿鼎記……188
金庸筆下的英雄美人……203
金學與影視熱……208
第五章　真人本色　魅力獨具
政治人金庸……226
歸隱於書齋……243
真人本色……250

金庸與倪匡……254
文人雅興……263
金庸與古龍……267
金庸會李敖……271

第六章　大俠晚年　自在逍遙
退隱的生活……274
一石激起千重浪……289
北大講學記……294
《拒絕金庸》再生風波……309
金庸的文學、人生觀……312

附錄：金庸武俠小說創作年表……325
後記……329

第一章

少年才俊　展露鋒芒

只要是對武俠小說情有獨鍾的人，是絕對不會對金庸這個名字感到陌生的。「從獲得諾貝爾獎的教授到販夫走卒，從黃土高原到美利堅，各個階層，各個地方，到處都有金庸迷。除了金庸，極少有哪一個作家的作品能如此廣泛地受到人們的喜愛」冷夏在《金庸傳》中如是說。

那麼金庸究竟是誰呢？

金庸是一個本名查良鏞的男人。

金庸是香港大報《明報》的創辦者。

金庸是新派武俠小說的卓越大家和一代宗師。

金庸是關懷國計民生的社會活動家，是中南海的座上客。

金庸是古往今來第一個以文字致富的作家，在香港富豪榜上赫赫有名。

家族故鄉

奔騰的錢塘江，晝夜不息地流淌著；壯麗的錢塘潮，遐邇聞名地傳誦著。

錢塘江邊，有一個美麗的海濱城市，她的名字叫海寧。

海寧城又名鹽官鎮，解放後海寧縣城搬往硤石，現在硤石又改爲海寧市。從地圖上可以看到，海寧正好位於錢塘江的出口處，海天茫茫，江水蕩蕩，眞是一個好去處。回望海寧的南面和西面，是一派杭嘉湖平原的秀麗景色，桑林掩映著水塘，青磚綠瓦，炊煙繚繞，名勝古跡，隨處可見，好一派「江南好」的映照。唐朝詩人韋莊在《菩薩蠻》中這樣寫道：

人人盡說江南好，遊人只合江南老。春水碧於天，畫船聽雨眠。壚邊人似月，皓腕凝霜雪。未老莫還鄉，還鄉須斷腸。

宋代詞人柳永的《望海潮》更是膾炙人口：

東南形勝，三吳都會，錢塘自古繁華。煙柳畫橋，風簾翠幕，參差十萬人家。雲樹繞堤沙，怒濤卷霜雪，天塹無涯。市列珠璣，戶盈羅綺競豪奢。　重湖疊巘清嘉。有三秋桂子，十裏荷花。羌管弄晴，菱歌泛夜，嬉嬉釣叟蓮娃。千騎擁高牙。乘醉聽簫鼓，吟賞煙霞，異日圖將好景，歸去鳳池誇。

海寧素以奇麗、壯觀的「海寧潮」聞名於世。海寧潮也叫「錢江潮」、「浙江潮」，多少年來，每逢農曆八月十五日前後，豪商巨賈、達官貴人、市井凡夫，蜂擁而至，以一睹而後快。乾隆皇帝曾在海寧觀看過海潮，還修建了海塘；孫中山先生也在海寧觀看過海潮，並留有墨跡；康有爲在海寧觀看海潮後，在詩中說：「絕對江山誰看取？濤聲怒斷浙江潮！」

這是金庸在自己的第一部武俠小說《書劍恩仇錄》裏這麼描寫海寧潮：

「這時潮聲愈響，兩人的話聲漸漸被淹沒，只見遠處一條白線，在月光下緩緩移來。

驀然間寒意迫人，白線越來越近，聲若雷震，大潮有如玉城雪嶺，際天而來，聲勢雄偉已極。潮水越近，聲音越響，真似百萬大軍衝鋒，於金鼓齊鳴中，一往無前。

潮水愈近愈快，震撼激射，吞天沃月，一座巨大的水牆直向海塘壓來……」

在海寧，也流傳著許多離合悲歡的歷史故事與愛情故事，它們一同成爲這個美麗的海濱城市的組成部分。如關於乾隆皇帝的身世問題，在當地就傳得神乎其神。金庸在他的第一部武俠小說《書劍恩仇錄》裏，將壯觀的海寧潮和乾隆皇帝的身世一併寫了進去。

海寧也是一個人傑地靈的地方，自古人才輩出，單單在近代史上，海寧就造就了多位大師名人，如國學大師王國維、著名詩人徐志摩、著名軍事家蔣百里；海寧堪稱物華天寶，人傑地靈，好一個鍾靈毓秀地。

金庸就出生在美麗如畫的浙江海寧。

海寧查氏是當地聲名顯赫的世家望族，堪稱「詩禮簪纓之族，書香門第之家」。在查家宗祠的大門上，赫然懸掛著這樣一副對聯：「唐宋以來巨族，江南有數人家」，這副對聯頗有一番來歷，它出自清高宗乾隆皇帝的手筆。對處於封建時代的億萬臣民而言，這無疑是一個莫大的榮耀。億萬斯民，究竟又有幾人可以享受到這個榮耀呢？

在查家宗祠內，整齊地排放著的牌位，更是聲名顯赫，既有官至翰林的達官貴人，也有聲譽顯赫的文人才士，他們共同構築了查家的輝煌與燦爛。

考稽族譜，查氏據說源自羋姓，因春秋楚國時一位大夫的封邑在查，所以就有了查姓。查氏祖上的名人，有五代南唐時的查文徽（官至工部尚書），宋代的查元方（殿中侍御史），明朝末年的史學家查伊璜，清代畫家查士標、書法家查升等。

查伊璜是查家歷史上有名的人物。在《聊齋志異》和《虞初新志》裏，都有關於他的故事，大意是說他與吳六奇將軍的神交。在金庸的武俠小說《鹿鼎記》裏，又將這則神交故事發展成一段生動有趣的情節，說吳六奇是天地會的香主，其豪氣一如《虞初新志》中的「鐵丐」。蒲松齡在《聊齋志異》中稱查伊璜「厚施而不問其名，眞俠烈古丈夫哉！」，而《虞初新志》則稱查伊璜「才華豐豔，而風情瀟灑。常謂滿眼悠悠，不堪酬對；海內奇傑，非從塵埃中物色，未可得也」。由此就可以看出查伊璜的爲人與風采。

在金庸的先祖中，最負聲名的大概要算是查慎行、查嗣庭二人。

查慎行，初名嗣璉，後更名慎行，字夏重，又字悔余，號初白。曾經受業於黃宗羲，康熙四十二年（一七〇三年）中進士，後官至翰林院編修，供職於南書房。查慎行以詩名聞於世，是清初著名詩人之一。趙翼、紀曉嵐甚至認爲查慎行可以與白居易、陸遊並駕齊驅，說查慎行「才氣開展，工力純熟，鄙意欲以繼諸賢之後」，「要其功力之深，則香山、放翁後一人而已」。有一次康熙皇帝遊覽「南苑」，垂釣湖邊，命身邊的臣僚賦詩，查慎行也做了一首詩，其中兩句是，「笠簷蓑袂平生夢，臣本煙波一釣徒」，因此宮中人稱他爲「煙波釣徒查翰林」。查慎行詩宗宋人，多寫自然風物、旅途見聞和個人感受，且時常涉及民間疾苦。查慎行有《敬業堂詩集》（五十卷）、《續集》（六卷）等著作行世。後人評價他的詩「得宋人之長而不染其弊」，「詩風宏麗穩愜，亦有沈雄踔厲處」（林庚、馮沅君語），由此可以看出他在詩歌上的造詣。

查慎行的二弟查嗣僳，也是翰林；三弟查嗣庭，官至禮部侍郎；堂兄查嗣韓是榜眼，侄兒查升是侍講，都是翰林。查慎行的大兒子查克建、堂弟查嗣詢都是進士。當時人稱之爲「一門七進士，叔侄五翰林」，門戶科第甚是榮耀光寵。

但這種鼎盛並沒有維持多久。雍正四年（一七二六年），查嗣庭主持江西省鄉試，他出了三個考試題目。第一個題目是「君子不以言舉人，不以人廢言」，出自《論語》；第二個題目是「山徑之蹊間，介然用之而成路，爲間不用，則茅塞之矣。今茅塞子之心矣」，出自《孟子》；第三個題目是「維民所止」。「維民所止」四字典出《詩經．商頌．玄鳥》，「邦畿千里，維民所止，肇域彼四海」，這幾句話的意思是說，領土遼闊上千里，人民安居這地方，四海之內是封疆。因當時盛行文字獄，沒有料到，有人居心叵測地檢舉揭發查嗣庭，說查嗣庭在別有用心地玩弄「拆字」遊戲，「維止」二字是去「雍正」二字之首的意思，而「雍正」就是當今皇上。這還了得，你要殺皇上的頭是不可能的，只有等著皇上來殺你的頭。

結果查嗣庭被馬上逮捕下獄，後被戮屍梟首；並連累及兄弟親人：兒子慘死獄中，族人或被流放，或被罷官，查愼行被押送至京，囚禁一年後才被釋放，不久就病逝；浙江省的鄉試被停六年。這就是歷史上有名的文字獄之一的「維止」案。

金庸的祖父是查文清，字滄珊，光緒年間進士，也是海寧查家的最後一名進士，海寧的父老鄉親稱之爲「滄珊先生」。查文清爲人正直，不僅學問做得好，爲官也頗有政績，曾任江蘇省丹陽縣知縣。在任職期間，他體察民情，恤民愛民，公正清廉，深得百姓的擁戴和尊重。因政績良好，加同知銜。

查文清在丹陽做了許多好事，其中有一件對金庸影響甚大，金庸由此脫胎出了武俠小說

《連城訣》。這是一則關於和生的故事。

和生是江蘇丹陽人，家裏開了一家豆腐店，做一點兒小本生意，經濟上還馬馬虎虎過得去。父母替他跟鄰居家的一個美貌姑娘定了親，說是等到家裏的積蓄再好一些後，就給他們完婚。

但天有不測風雲，某一年十二月，當地一個財主叫和生去他們家磨粉做年糕。和生想，也好借此機會掙幾個可憐的辛苦錢，便去了。到了財主家，主人安排他在後廳幫著磨米粉。一天晚上，和生幹完活兒後已經很晚了，收拾完後，他正要準備回家，財主家的人突然大叫「有賊」。善良本分的和生，不知是計，也到花園去幫著捉賊。待和生奔到花園，就被人幾棍子打倒在地，說他是「賊骨頭」。他被打得遍體鱗傷，昏了過去，肋骨也被打斷了幾根，就此落下了殘疾，成了半邊駝背。當和生醒過來時，發現身邊有許多金銀首飾，財主家的人誣陷說這是從和生的身上搜出來的。又有人從和生竹籮的米粉底下搜出了一些金銀珠寶。算是人贓俱獲，和生是有口難辯。結果，他被人五花大綁，押送到縣府衙門，給打了幾十大板，收進了監牢。

和生竟然被關押了兩年才被放出來。而在這兩年之中，和生的父母都被活活氣死了，美麗的未婚妻也被財主家的少年強娶了過去，做了惡少爺的繼室。

和生從監牢裏出來以後，知道這一切都是財主一家蓄意製造的，便時刻想著報仇。有一天在大街上，和生碰到了財主家的少爺，他取出一直藏在身邊的尖刀，在那少爺的身上狠勁地刺了幾刀。行刺之後，和生並不急於逃走，而是在原地等著，任由差役來捉拿。財主家的少爺並沒有死，只是受了重傷。財主家有的是錢，他們不斷賄賂縣官、師爺和獄卒，準備一舉將和生害死在獄中，以免他出獄後再來報仇。

謝天謝地的是，和生後來碰到了查文清。和生說：「眞是菩薩保佑，不到一年，老爺來做丹陽縣正堂，他老人家救了我的命。」

查文清上任以後，就著手重審獄中的每一個囚犯，他得知了和生的冤情；但因和生行刺是實，也不便於擅自放走和生。查文清辭官歸家後，索性將和生悄悄地帶回來，養在家裏。直到抗日戰爭時期，和生才病逝於海寧。

金庸年少的時候，就喜歡與和生在一起玩耍。和生有一次將自己的身世告訴了金庸，給金庸留下了深刻的印象。宅心仁厚的金庸，後來將和生的故事寫入了《連城訣》。

查文清在任期間，發生了「丹陽教案」，他因此事憤而辭官，回歸鄉里。當地的老百姓爲了紀念他，特意在丹陽修建了「退思祠」。

丹陽教案是較爲著名的一起教案，見於歷史記載：「天津條約許外人傳教，於是教徒之足跡遍中國。莠民入教，輒恃外人爲護符，不受官吏鈐束，民人既憤教士之驕横，又怪其行動之詭秘，推測附會，爭端遂起。教民或有死有傷，外籍教士即藉口要挾，勒索鉅款，甚至歸罪官吏，脅清廷治以重罪，封疆大吏，亦須革職永不敘用。內政由人干涉，國已不國矣。教案以千萬計，茲舉其大者：……丹陽教案，光緒十七年八月，……劉坤一、剛毅奏，本來……江蘇之丹陽、金匱、江陰、如皋各屬教堂，接踵被焚毀，派員查辦……蘇屬案，系由丹陽首先滋事，將該縣查文清甄別參革……」

丹陽教案事發後，上司叫查文清將首燒教堂的兩人斬首示眾，以便向外國人交代；但查文清同情焚燒教堂的鄉人，不願他們身首分家，暗地裏通知兩人趕緊逃走，然後自己去回報上司，說此事乃由外國傳教士欺壓百姓，致使一時群情激憤，數百人一擁而上，焚毀教堂，並無為首之人。但查文清的這計妙策又怎麼能消弭事端呢？上司仍然要求他殺人以向外國人做出解釋。

出喪那天，丹陽推了十幾位紳士來吊祭。當時領頭焚燒教堂的兩人，更是一路哭拜，走一裏路就磕一個頭，從丹陽一直磕到海寧，場面甚是感人。

查文清後來也就辭官歸家了，朝廷定了他一個革職處分。回到故鄉閒居的查文清，讀書做詩，自娛娛人，做了許多公益事業。金庸後來回憶說，祖父對他有兩個影響，一是使他知道外國人欺負中國人，二是要多讀書。

經過這一番變故，到金庸父親這一輩時，查家已經中衰沒落了。他的父親查樞卿是大學畢業生，並受過西洋教育，人也比較開明，或許與徐志摩、張愛玲的父親屬於同一種類型。

查樞卿對小金庸甚是憐愛，同時也對他寄予了厚望。有一年耶誕節，查樞卿送給金庸一本《聖誕頌歌》（A Christmas Carol），作為聖誕禮物。這本書的作者是英國作家查爾斯·狄更斯，在他眾多的小說中，《聖誕頌歌》並不是什麼名作，只是一本普通的小說。《聖誕頌歌》主要講述的是一位冷漠無情的守財奴史克魯奇的故事。這個故事深深地吸引了小小年紀的金庸，直到成年以後，他還把這本書帶在身邊，每當耶誕節的時候，他就拿出來讀上幾頁。他說：「我一年比一年更能瞭解，這是一個偉大溫厚的心靈所寫的一本偉大的書。」（《聖誕雜感》）

查樞卿不再恪守先輩「從文」的傳統，一改而「從商」。海寧的「大來錢莊」就是金庸的父親查樞卿經營的。但在那戰火紛飛、動蕩不安的年代，商人的財產與利益又怎麼能得到保障呢？抗戰期間，大來錢莊被無情的炮火毀於一旦，使查樞卿一度心灰意懶，無心再做經營。直到晚年，老人才重整旗鼓，再度經營查氏家族的錢莊——「義莊」，可談不上有什麼成就。查文清死後，留下了一些家宅和田地。在金庸出生時，查家還擁有三千六百多畝田地，租種查家田地的農民有上百戶之多。所以，金庸的父親是名副其實的大地主。

但查家在歷史上畢竟是一個有著悠久的讀書傳統的書香門第，讀書的家風仍然沒有丟失。經過一代又一代的積累，祖上給後代子孫留下了豐厚的藏書資源。「查氏藏書」在浙西一帶頗有名聲。查家珍藏著有九百卷之多的《海寧查氏詩鈔》雕版，是查文清生前編就的，光是這部雕版就堆滿了兩間屋子；至於其他藏書，更是數不勝數。

金庸的母親出生於五四運動之後，曾經讀過私塾，不僅知書達理，喜弄詩文，而且思想開明，作風民主。當孩子們不在身邊而又有閒暇時，她總愛手捧書本，研讀把玩；讀書，成爲她怡情消遣的方式。那時，連父母在內，家裏一共八個人，可偌大的房屋經常是靜悄悄的。不知內情者還以爲家裏沒人，個中原由，只有查家自己人心裏有數。只要外人一跨進查家的家門，就可以發現，原來他們一家子正在讀書呢。

大俠童年

一九二四年二月，海寧縣袁花鎮，隨著一聲呱呱啼嗚，一個小生命降生在查家。他就是查良鏞，也就是以後聲名滿天下，聞名遐邇的「大俠」金庸。

在兄弟姐妹六人中，查良鏞排行第二。少年時代的查良鏞，很是俊秀、聰明、活潑，也很頑皮，但他很懂事，也很能幹，絕少一般少年的頑劣與淘氣。年少的金庸，不但喜愛家鄉美麗的自然風景，也喜愛家鄉優美的傳說。美麗迷人的海寧潮，以及關於海寧潮的傳說，抑或是越地的歷史傳說，這一切，都深深地吸引著小小年紀的金庸。

冷夏在《金庸傳》中這樣描述過：

「查良鏞不僅年年去看錢江潮，還時常聽到關於錢江潮的種種神話傳說。其中，『鴟類有遺恨，終古使人哀』的神話在那一帶流傳最廣，給查良鏞留下的印象也最深。這個神話說的是：春秋末期，越國被吳國打敗了，勾踐向吳王請和。吳王夫差同意，但吳國的大臣伍子胥卻堅決反對。越國就想辦法收買了吳國的寵臣太宰，叫他在吳王面前為越國講好話，還說了伍子胥許多壞話。吳王聽信了，在把勾踐放回的同時，竟『賜劍自裁』，把伍子胥殺了。伍子胥死後，還被裝進一個大皮囊中拋到錢塘江裏。九年以後，越王起兵滅了吳國。伍子胥怒不可遏，就乘著素車白馬在錢塘江中奔騰吼叫，錢塘江於是就怒潮如湧，翻江倒海──錢塘潮也因此而來。」

「很小時候的金庸就已經深受這些民間神話傳說的熏陶，這也是查良鏞瞭解中國歷史的開始，他對中國歷史的濃厚興趣也就是從此而來的。」

金庸特別嗜好讀書，放學回家，他就拿起書本到一邊自個看書去了，一聲也不吭，沈醉在自己的世界裏。雖然兄弟姐妹都很愛讀書，但他們與查良鏞比起來，都沒有他這一份陶醉和癡迷。而且，查良鏞的記憶力特別好，只要是看過的書，他都可以加以一一講述，照著書本講完了，他還可以接著講，並且講得頭頭是道，津津有味；講到得意之處，不免手舞足蹈，在一旁聽他講述的兄弟姐妹，一個個都入了迷。更令人驚奇的是，金庸給弟弟妹妹們編故事，從來就沒有累的時候，也沒有枯竭的時候。他們非常驚訝，金庸那個小小的腦袋瓜子裏，怎麼會有那麼多的故事，取之不竭，用之不盡，眞的是無窮無盡。其實，這都是因爲金庸喜愛讀書的緣故，都是因爲金庸善於創造的緣故。從這些小事就可以看出，查良鏞在很小的時候就顯露出了不同凡響的想像力和創造性。

隨著年歲的增長，金庸該上學了。他就讀於家鄉的袁花鎮初級小學。金庸在這所小學念書的那段日子裏，從來就沒有讓家人爲他擔心操勞過，因爲他天資聰穎，加之從小就養成了勤奮讀書的好習慣：一回家就讀他的書，眞的是手不釋卷。父親因商務忙，無從過問他的學習；母親對他這個聰明的兒子似乎很放心，也不多加過問。

家中豐富的藏書，陪伴著少年金庸。多年以後，金庸滿懷深情地回憶說：「家中藏書很多，我幼時雖看不懂，但找書卻方便，而且不單有古書，也有新書，因爲我的伯父、父親、兄長都是大學畢業生。我自小與書爲伍，培養出喜歡讀書的基本性格，加上長輩的文化修養好，家裏房產亦豐，生活不愁，家人間的活動也很文雅，閑來多是下圍棋、看書。」生長在這樣的一個環境裏，肯定是有利於個人的成長與發展的。從那時起，金庸就和書結下了不解之緣：讀書、買書、寫書、出書。

當然，在金庸的成長過程中，學校教育有著不可替代的重要作用。在金庸小學時的眾多老師中，國文老師陳未冬曾經給他留下過深刻的印象。陳未冬，浙江諸暨人。三十年代初，他來到袁花鎮初級小學教書。陳未冬是個文學愛好者，勤於創作，筆耕不輟，在當地小有名氣。金庸從陳未冬那裏獲得過良好的教益。八十年代後期，金庸在給陳未冬的信中還滿含感激之情地寫道：「我的作文中，將『大都』寫爲了『大多』，是老師翻出《辭海》，予以指正。當時我年少頑皮，自封爲『獨裁者』，老師頗加優容，此時思之，既感爾復汗顏。其後老師命生主編級刊《喔喔啼》，數十年來編報，老師之指點，固無時或敢忘也。當時老師在一黑色硬面藍條簿上書寫雜感，常示以生，我記得有文記敘校長張志鴻先生赴海寧縣教育局追討教師欠款不得之情，老師自稱『可憐蟲』云云，迄今印象深刻。」

金庸也給陳未冬留下了深刻的印象。數十年後，陳未冬回憶說，他教的學生無數，惟獨查良鏞這個名字他還記得。陳未冬讓金庸跟他一起編學校的「級刊」《喔喔啼》，這份刊物辦得很成功，跟金庸有不可分割的關係。金庸的文學才華在《喔喔啼》上得到了初步的展示。陳未冬對金庸是獨具慧眼，對他的每一篇作文都加以仔細的圈點和認眞的批改，作爲範文在課堂上評析，並推薦給《東南日報》社的朋友。《東南日報》的編輯對這位五年級的小學生也頗爲看好，小小年紀，竟然就能寫出這樣好的文章，實在是不容易。爲了鼓勵這位小作者，他們一連在報紙上發表了金庸的好幾篇作文。

金庸小學時的作文簿一直被陳未冬珍藏在他的諸暨老家，直到文革期間。造反派屢次抄家，這本作文簿才劫數難逃，最終落得個「被焚」的結局。金庸後來離開了家鄉，一走就是幾十年。他走南闖北，直至成爲一代武俠小說宗師和文化名人；而陳未冬也退休了。這對關係融洽的師生，失去了聯繫幾十年，直到一九九二年才再度重逢。

少年時代的金庸，閱讀面廣，涉獵點多，除了詩詞歌賦、文史典籍外，章回小說和武俠小說是他當時閱讀的一個重點。金庸後來在「三聯版」《金庸作品集》的序言裏談到：「我在小學時就愛讀課外書。低年級時看《兒童畫報》、《小朋友》、《小學生》，後來看內容豐富的『小朋友文庫』，再似懂非懂地閱讀各種各樣章回小說。到五六年級時，就開始看新文藝作品了。到現在，我還是喜歡古典文學作品多於近代或當代的新文學。那是個性使然。有很多朋友，就只喜歡新文學，不愛古典文學。」據冷夏的《金庸傳》透露，金庸八歲時就開始讀武俠小說。一天，他在翻找家中藏書時，無意中看到一本武俠小說《荒江女俠》。

《荒江女俠》是武俠小說作家顧明道（一八九七～一九四四）的一部作品。顧明道，名景程，別署有石破天驚室主，號虎頭書生，既寫作武俠小說，也寫作言情小說，二三十年代曾經飲譽文壇和報界。

《荒江女俠》主要是寫方玉琴、岳劍秋這對「琴劍二俠」的武俠生涯。方玉琴因其父方大刀被飛天蜈蚣鄧百霸害死，立志復仇，後上昆侖山從白眉道人學藝。藝成之後方玉琴下山報仇，路遇祝彥華，知其妻被強人霸佔。俠骨義腸的方玉琴，探訪到兇手就是韓天雄，便夜探韓家莊，準備誅殺韓天雄。沒料到韓天雄的鐵拐甚是厲害，爲難之際，有一個俠客來相助，終於化險爲夷。這個人就是他的同門師兄岳劍秋。兩人由此生情，結爲佳偶，共同闖蕩江湖，被人們稱爲「琴劍二俠」。自從閱讀《荒江女俠》後，金庸就迷戀上了武俠小說，他拍案叫絕，「想不到世上還有這樣好看的書」，便開始有目的地搜羅各種各樣的武俠小說，一睹爲快。

《紅玫瑰》是上海出版的一本消閒性刊物，金庸從上面讀到了平江不肖生的《江湖奇俠傳》，書中的一干人物頓時吸引了他，桂武、甘聯珠、余羅江、甘瘤子等一個個人物浮現在他的腦海裏，尤其是書中「火燒紅蓮寺」一節，更是令他入迷，給他留下了深刻的印象。平江不肖生後來在《偵探世界》上連載《近代俠義英雄傳》，它講述的是眞人眞事，金庸的眼界又爲之一開。

除了閱讀顧明道、平江不肖生的武俠小說，金庸也積極閱讀還珠樓主、白羽等人的武俠小說。金庸在後來的一次訪談中說，至於所受影響，「我想《七俠五義》、《小五義》、《水滸傳》是有影響的，而較近的武俠小說作家白羽、還珠樓主對我也有影響。還有一個傳統來自西方古典書籍，法國的大仲馬、英國司各特、史蒂文生，在故事結構上對我有影響……至於故事很誇張，則來自近代武俠小說」。當時的金庸，自己大概也沒有想到，他後來竟然也會寫武俠小說，並且以此成名，成爲新派武俠小說的一代宗師。

首次出書

一九三七年七月七日，日本侵略者發動「盧溝橋事變」，中國正式進入抗日戰爭時期。當年十三歲的金庸被送往嘉興，就讀於第一流的中學——嘉興中學。嘉興位於浙江省的東部，是一個經濟較爲發達的城市。

這是金庸第一次離開家鄉海寧，但對於金庸而言，一切似乎都沒有多大的改變，只是把袁花鎮換成了嘉興的蓮花鎮。他依然行進在上學、放學、讀書的軌道上，生活過得有條不紊，成績也一直遙遙領先。家人不時去看望他一下，他也每隔一段時間就回家一次。

有一天，金庸又回家了，一副興高采烈的模樣，興奮地對家人說「我給你們看一樣東西」，說著從他的書包裏拿出了一本書，說這是「我的書」，他特別強調了「我」字。可是家人有點不以爲然，以爲這個愛書成癖的金庸不知又從哪一個書店買了書。金庸見沒有引起家人的興趣，就再度強調說，「這是我編寫的一本書。」好心的媽媽見他一本正經的樣子，不忍心拂他的興致，就隨手拿了過來，見封面上赫然印著《給投考初中者》，下面的題款是「查良鏞編寫」，白紙黑字，一清二楚，連出版社也是浙江正規的一個出版社，這下，家人不得不相信了。媽媽欣慰地看著小小年紀的金庸，家人對金庸更是刮目相看。

當時金庸之所以要編寫這本《給投考初中者》，萌芽於跟兩個同學的一次談話，那兩位同學談起他們當初升學的拼搏情景和其他同學的落榜，似乎還是心有餘悸，並特別提到，許多同學就因爲被作文那一道關口卡住，才被初中拒之門外的。金庸在升學這一關上沒有費什麼心思，也沒有遇到什麼問題，但他不乏同情心。金庸後來就想，爲什麼不編寫一本「升學指導」幫那些小學生一把呢？

金庸是個說一不二的人，說幹就幹。他任主編，兩個同學任編委，分頭編寫，編寫的內容主要是圍繞小學生在升學考試時，各門科目考試怎樣答題，怎樣才能獲取高分。很快，一部書稿編寫出來了，並送到了一家出版社的編輯手裏。編輯見這個選題還不錯，答應馬上安排出版。不久，一本還帶著油墨清香的《給投考初中者》，就擺在書店的架子上，放在金庸的書桌上。金庸和他的兩位同學，也因此獲得了一筆比較優厚的報酬。

據說，這本《給投考初中者》著實給當時那些高小學生幫了一個大忙，許多人就是依靠這本《給投考初中者》邁過升學這道關口的。可他們當中又有幾個人知道，編寫這本《給投考初中者》的作者，竟然是跟他們同齡的少年呢？金庸的兩個弟弟查良浩和查良鈺，考初中時就利用了這本《給投考初中者》，並從中獲益匪淺。

上高中時，金庸又來了個「重蹈覆轍」，爲省內眾多的學子們編寫了一本《高中升學指導》。《高中升學指導》一如《給投考初中者》，同樣的編寫體例，同樣的寫作思路，也同樣的具有銷售市場，從而又為初中生們大大地幫了個忙。

金庸的個性屬於內向一類，喜怒不形於色，要做什麼事就動手做，在做好之前，他是不會多作聲的，更不會大肆宣揚。一個人靜悄悄地編寫，然後是一個人暗暗地品嘗著那一份歡娛。

出版兩本升學指導，更讓家人對金庸刮目相看，與此同時，一個同樣認眞而嚴肅的問題又擺在了家人的面前，看來是得對金庸重新審視、重新評價了。這個小小年紀的男孩子，他的腦子裏究竟裝著多少怪招呢？說不准以後還會幹出驚天動地的大事呢？是喜是憂，是禍是福，誰也說不上來，那只有等著時間來回答了。

金庸後來身無分文獨闖香江，創辦《明報》，撰寫武俠小說，成名成家，發財致富，紅遍港台內地和海外華人世界，似乎在這裏就可以找到一點蛛絲馬跡，因為他辦事認眞，勤奮刻苦，能吃苦耐勞，具有非凡的開創性和創造力。

金庸出生與成長的年代，也正是中國政局動蕩不安、風雲突變的年代。剛讀完初中一年級，日本就對中國發動了侵略戰爭。國民黨奉行不抵抗政策，節節後撤，連連敗退，因而日本侵略軍是節節勝利，連連推進。當金庸讀到高中時，戰火已經無情地燒到了他的家鄉，海寧也淪陷了。因戰爭的破壞和侵擾，浙江部分城市如杭州、嘉興、湖州的一流中學合併成立了聯合高中。年輕的金庸，也就只好隨著學校的搬移，輾轉遷徙於余杭、臨安、麗水、杭州之間。這是金庸生活中遭遇的第一次大動亂，也是一次大考驗。沒有家庭的接濟，金庸一度只能依靠政府有限的一點公費艱難度日，腳穿草鞋，接受軍訓，過著顛沛流離的生活。

這段生活經歷使金庸接觸到了書本外的世界，加深了他對社會的瞭解和認識，對民眾的苦難與不幸，他有了親身感受，從而也增強了他的民族責任感和奮發圖強的決心。

雖然過的是顛沛流離的生活，可金庸的學習一直保持著極佳的狀態。據金庸在聯合高中時的同學葉炳文回憶，金庸是當時學校裏的高材生，數學、物理和化學成績都很好，尤其是英語和國文最爲出色，並且寫得一手流利的文章。金庸後來曾經說過這樣的幾句話：「我由小學到大學，每年的成績都是班上的第一名。這因爲我天生記憶力好，看課外書也多，老師講授過的，我考試時再加一點發揮，成績就會很好。」

瘋狂少年

讀中學時的金庸，年少氣盛，恃才傲物，頗有一股初生牛犢不怕虎的少年英豪氣。結果，他這一個性使他吃了不小的苦頭。這其中涉及一段鮮爲人知的舊事，由金庸昔日的同窗葉炳文寫成文章，收在蕭乾主編的《新筆記大觀》裏。

那是在一九四〇年前後，金庸就讀於浙江省聯合高中。當時校園各班級的學生都在自由編寫壁報，並形成一時的潮流。

在圖書館外的走廊。但見人頭攢動，數十人爭相閱讀著壁報上的一篇文章，這篇文章題名爲《阿麗斯漫遊記》。因爭相觀看的人數實在是太多了，後面的人看不到，前面的人就大聲地朗讀起來。在場的聽眾和觀眾，或轟然大笑，或拍手稱快，頓時呈現出一派群情激昂的景象。

文章寫道，一位名叫「阿麗斯」的小姐不遠千里，來到了東方，走進了一所學校的校園。因爲是初來乍到，她滿懷好奇，四處走動。正當她興高采烈地觀看之際，突然看到一條色彩斑斕的眼鏡蛇東遊西竄，口吐毒舌，噴射毒汁，還口出狂言，威嚇訓斥學生：「如果……你活得不耐煩了，我就叫你永遠不得超生，……如果……」眼鏡蛇時而竄進教室，時而溜進寢室，時而踱進食堂，時而來到操場，所到之處，學生們紛紛逃避。

不用說，文章中的「眼鏡蛇」暗諷的就是浙江省聯合高中的訓導主任沈乃昌大人。他戴著眼鏡，說話時常常喜歡用「如果」二字，學生們就以「如果」來作爲他的代稱。這是一位古怪刻板、不近人情的訓導主任，清規戒律極多，恨不得將學生們一個個訓導成心如古井、臉若嚴霜的老夫子。自然，學生們對他的態度，只能用討厭二字來形容。學生們平時像逃避瘟神一樣地躲著他，可以戲稱做「敬鬼神而遠之」。

金庸在《阿麗斯漫遊記》裏，用漫畫的手法傳神地刻畫了這位訓導主任的尊容、嘴臉和脾性，又借阿麗斯之口活靈活現地道出了學生們想說而又不敢說的心裏話，替學生們大大地出了一口惡氣。難怪《阿麗斯漫遊記》一出，就立刻轟動全校，大快人心，看者無不拍手稱快。

《阿麗斯漫遊記》貼出的當天，立即轟動了全校。全校師生，上下員工，無不知曉，舉校上下，都在紛紛議論著《阿麗斯漫遊記》。這樣一來，沈乃昌豈能善罷甘休？他認爲，這是對他的「大不敬」，頓時惱羞成怒，氣衝衝地找到校長，並逼迫校長一定要作出決定——「一定要開除金庸」。

金庸當時的同學余兆文在回憶中也提到了這件事，並說：「中國是幾千年來一貫維護『天地君親師』教規，而又最會利用各種名義大興文字獄的國家，那位訓導主任又無端失去了封建官爺們『好官我自爲之，笑罵由你笑罵』的古風和雅量，見自己管教下這個乳臭小子，竟敢如此批逆鱗，捋虎鬚，褻瀆師尊，只恨學校沒有火刑杜……」。學校最嚴厲的處分是開除，於是金庸因『褻瀆師長，敗壞學風』之罪被革出校門，逐出了聯合中學。

結果金庸立即就被開除，離開聯合高中，轉入衢州中學，繼續他的中學學業。《阿麗斯漫遊記》一事，充分反映了金庸出色的想像力和文學才華，也充分顯示了金庸敢於反抗強權、追求眞理和正義的精神與勇氣。這種非凡的膽略和闖勁，是他日後成功的保證。這件大快人心的事，同學們又怎麼能忘懷呢？他們沒有忘懷，並且有人將它形諸文字，所以，我們才得以一飽眼福和耳福，瞭解青年時代的金庸。

被聯合中學開除後，金庸絲毫也不見有反悔之意，依然是那樣的古道熱腸，依然是那樣的喜歡打抱不平。余兆文在回憶中又披露了金庸進衢州中學後的一件事。

那是在金庸轉入衢州中學的第二年，也就是一九四一年初夏的一天。事情的原委是金庸一位非常要好的同學，爲了一點小事，竟然和一位任課老師爭吵了起來。那位老師三十多歲，長得人高馬大，自恃有一把好力氣，兼之身份又是老師，更是盛氣淩人。他一邊惡狠狠地罵著金庸那位同學，一邊還走上前去，想動手毆打學生，並口口聲聲說「一定要開除他」。被逼得忍無可忍的學生，心下一橫，今天乾脆豁出去了。他俯身拾起一塊磚頭，聲言道：「如果就這樣無理開除我的學籍，那我就寧可殺頭，也要先開除你的生命籍」。幸虧幾位同學眼疾手快，趕緊跑了過去，又是勸說，又是拉人，盡力從中斡旋，這才將一場「惡戰」化解了。勸架雖然是成功，可金庸的心裏窩著火，他眞的是義憤塡膺了，「難道老師就能這樣嗎？這也太不像話了！」

自從發生這件事後，學校就規定，學生一律不准批評老師，而老師卻可以謾罵和侮辱學生，並且動輒就以「開除學籍」威脅。金庸見狀，忍無可忍了。他奮筆疾書，寫了一篇《一事瘋狂便少年》，寄給了《東南日報》。在這篇文章裏，金庸既沒有指名道姓，也沒有就事論事，而是借題發揮，辨別是非，伸張正義；並且強調，歷來成大事者，必須具備「大無畏」的精神，敢於蔑視一切虛假的尊嚴和權威以及頑固保守的傳統勢力；還高度讚揚了十九世紀完成義大利統一事業的人傑馬志尼的非凡氣魄。

《東南日報》是當時東南地區最大的一家報紙，很快便將這篇《一事瘋狂便少年》刊登出來，並且刊登在文藝欄最爲顯眼的位置。

文章刊登後，立即在衢州中學引起了極大的反響。大家心裏都明白，文章指的是誰，講的是什麼事。同學們拍手稱快，競相傳閱。經過以金庸爲首的一些同學們的聲援，學校或許是眞的害怕「瘋狂少年」再度「瘋狂」，也不敢再定什麼更嚴厲、更無理的規章制度了；而那位當時不可一世的老師，也收斂了許多，慢慢地識時務，不再氣勢洶洶地動輒揚言要開除學生了。

在一般讀者和世人的眼裏，金庸一直是一位謙謙君子，是一位忠厚長者，似乎很難相信當年的他，也曾經是「瘋狂少年」。其實這個問題不難理解，因爲金庸是一個很具有正義感的「大俠」，熱血沸騰，慷慨激昂，摯愛的就是維持社會公道與正義。這一個性，也可以從他日後寫作的武俠小說中看出來，喬峰、楊過、令狐沖、郭靖……哪一個不是熱血沸騰、慷慨激昂？

《一事瘋狂便少年》的發表，不但轟動了衢州中學，而且也引起了一位資深記者的關注。他，就是陳向平，當時在《東南日報》社工作。陳向平始終覺得，文章的作者雖然名不見經傳，但那篇僅一千字的文章，論證精闢，文筆流暢，筆力渾厚，既有唐宋古文的厚實，又有西方文章的韻味，出手不凡。金庸那篇文章發表後不久，陳向平正好要出差到衢州去，他就想，既然已經遠道而來，何不借此機會去登門拜訪一下這位作者呢？於是便前往衢州中學找金庸。

到了衢州中學，陳向平向看門的老先生打聽：「貴校有一位叫查良鏞的先生嗎？他現在是不是在辦公室？我是《東南日報》的記者，因事特地從金華到衢州出差。辦完事後，我就專程趕來拜訪這位查良鏞先生。」

看門人一聽他呼查良鏞爲「先生」，抿著嘴笑了起來，說：「我們這裏確實有個查良鏞，可他不是『先生』，而是『學生』。陳向平一聽非常吃驚。

陳向平定了一下神，央求看門人：啊！查良鏞不是「先生」而是「學生」，那我更要見他一面了。就麻煩你去通報一下吧！

不一會兒，金庸被帶到了辦公室。當時站在陳向平面前的金庸，方臉寬頤，瘦骨嶙峋，只有十六七歲的模樣。

二人雖然素昧平生，年齡又相差了二三十歲，一般人認為，他們應該沒有太多的共同語言，大概最多是寒暄幾句就罷了。可萬萬沒有想到的是，這兩個人竟然一見如故，交談甚是投機，言語默契，都有相見恨晚的感覺。但因陳向平在報社還有事情等著他做，於是，陳向平只好就此別過金庸，又匆匆上路了。望著陳向平遠去的背影，金庸還眞有點捨不得。

金庸從衢州中學畢業後，在偶然之間又一次碰到了陳向平，兩人在陳向平下榻的旅店促膝長談，通宵達旦。金庸後來寫了一篇《千人中之一人》，較為詳細地記述了他們的這次促膝長談。文章後來分三天發表在《東南日報》上，分為上、中、下三節，文辭委婉親切，語調甚是感人。

特立獨行

一九四一年十二月七日，日本偷襲美國珍珠港，太平洋戰爭爆發。戰事進一步拓展，雙方在太平洋的爭奪十分激烈。中國東南沿海一帶，形勢日趨緊張。第二年夏天，滬杭一帶的日軍對當地展開了更加瘋狂的侵襲和騷擾，調兵遣將，準備一舉攻陷金華、衢州等地，以打通浙贛鐵路，企圖牢牢地控制住從上海到廣州以及印度支那半島的陸路交通。

在如此緊急的局勢之下，衢州中學在那個小村子自然也呆不下去了。學校當局做出決定：再次遷移校址，進一步向浙江山區轉移。爲了減輕搬遷的負擔，學校當局又決定，盡可能地扔掉包袱；而學生無疑就是一個沈重的包袱。學校當局乾脆一不做，二不休，讓畢業班的學生提前畢業。就這樣，金庸就從衢州中學提前畢業，算是「早產」的高中畢業生。

高中畢業後的金庸，又回到了家鄉海寧。可他並不想就此結束自己的學業，他還想繼續讀書，還想繼續深造。

金庸從小就有一個夢想，夢想著以後成爲一名外交官。爲著這個夢想的實現，他在抗戰後期考入了中央政治學院的外交系，專業是國際法。而中央政治學院是國民黨培訓幹部的基地，畢業生多被派往地方擔任各級官職；國際法專業的畢業生則被派遣到國外，擔任駐外使節。正是沖著這一點，金庸打算報考中央政治學院。

從浙江到重慶，路途有千里之遙。金庸離開浙江後，向著西部都市重慶的方向行進著。他一路輾轉，一路顛沛，在一個寒冷的冬天，終於到了湖南西部，但隨身攜帶的盤纏已經用得差不多了，金庸只好到湘西一個同學家去，借住一段時間。那個地方正好是沈從文先生的家鄉，也就是沈從文在小說《邊城》中所描述過的美輪美奐的世界。

因爲離考試日期還有一段日子，而金庸又是「阮囊羞澀」，他索性到同學哥哥的私人農場去幹活。他在農場的頭銜是主任，算是獨當一面。其實金庸並沒有把它看得很重，兵荒馬亂，人如漂萍，只求暫時有個棲身之處。

苗族是個好客的民族，他們熱情地接待來自四面八方的客人，對金庸，他們自然也不例外。在當地，金庸與苗族同胞一起圍著篝火，邊吃烤紅薯，邊唱歌。從小就熱愛音樂的金庸，掏出鉛筆，在一張張白紙上記錄著。在那短短的幾天裏，他就記錄了厚厚的三大本，共計有一千多首歌曲。但人情再溫厚，風景再優美，金庸也不能再停留了，因爲他畢竟是過客，他還要趕到重慶去求學。

第二年春天，金庸告別同學一家，繼續上路。經過了好多天的跋涉，金庸終於來到了當時的「陪都」重慶。

重慶位於四川省的東部，與成都並稱四川兩個最大的城市。重慶素來就以「山城」著稱，又以「火爐」出名。山城的氣候雖然仍是那麼的悶熱，交通仍是那麼的不方便；但隨著重慶升級爲「陪都」，擁入這個大後方中心城市的人也日漸增多，熙熙攘攘，車水馬龍，鬧市區的霓虹燈閃爍著，呈現出一派熱鬧氣象。可對於金庸而言，這些都是身外之物，他的心思一如既往地撲在自己的學業上。

就讀於中央政治學院的金庸，成績是相當優秀的。一年級結束時，教育長程天放在「總理紀念周」的全校師生大會上，對這位上學年全校總成績最好的學生褒獎有加。

「學而優則仕」是中國文人士子幾千年來所走的一條道路；「讀書做官」也就是讀書人的一個夢想。此時的金庸，儘管已有獨立的性格和勇猛闖勁，可他並沒有想到要做一個獨立文化人、一個自由職業者、一個全憑自己才華和能力求生存的人，既不依靠某種政權，也不依靠某種體制。他，只是潛心求學，以謀求將來能有一官半職，以圓他外交官的夢想。

然而，在當時紛亂的時局之下，在當時的陪都重慶，又怎麼可能「兩耳不聞窗外事，一心只讀聖賢書」呢？即使外界和平寧靜，內心又怎麼可能一如古井呢？因爲金庸還是一個年輕人，他有一顆勃動的青春之心。

要向外交官的方向發展，就必須格外留心國際形勢和國內局勢，學會分析和研究時局，特別是對當時正在進行中的第二次世界大戰，要有一定的眼光。關於第二次世界大戰，報紙上既有連篇累牘的戰況報道，也有或長或短的時事評論，還有稍帶分量的預測文章。這所有的文章和報道，金庸都不放過。外交系學生金庸，就這樣與報紙和新聞結下了不解之緣。

在當時眾多的報紙和刊物中，金庸最爲喜歡的是重慶《新華日報》上每周一次的「國際述評」專欄。

山城重慶，既是國民黨的戰時陪都，也是當時的一個政治中心。國民黨的一系列政府機關基本上都設在重慶，國民黨的大官要員們，都寄居在重慶；而中國共產黨的高級領導人周恩來等也駐在重慶。《新華日報》就是當時共產黨主持的一份報紙，它一方面積極宣傳抗日，一方面也在探討著民主建國等問題，具有極大的影響。

《新華日報》「國際述評」專欄上的文章由後來曾任中華人民共和國國務院副總理、外交部長的喬冠華撰寫，他使用的是筆名「於懷」，文章內容主要是分析和評述戰爭進程、最新國際形勢、交戰各國動態等。這些評論文章立論精當穩妥，見解獨到深刻，行文流暢，文筆老練瀟灑，一派從容自如的風範，給金庸留下了非常深刻的印象。後來他進入《大公報》任職，白手起家創辦《明報》，親手動筆撰寫國際時評與社論，還能不時想起喬冠華那些精彩高妙、熱情洋溢的評述文章。然而，這位當年以外交官自期的學生，跟校方的「外交關係」卻不和諧，弄得極不愉快，以致最後被校方勒令退學。

當時的一般知識青年，大抵多是一些激進的民族主義者，對國民黨的軟弱與腐敗很是不滿。金庸回憶說：「抗戰時我在重慶念書，那時國民黨政府時時有向日本求和之想，有些御用教授們就經常宣傳『岳飛不懂政治，秦檜能顧大局』的思想。有一次陶希聖（他奉敵僞之命來重慶活動）到學校演講，語氣間又宣傳這套理論，我們一些同學聽得很氣憤。在他第二次演講前，先在黑板上寫了『青山白骨』，暗示『青山有幸埋忠骨，白鐵無辜鑄佞臣』這副對聯。他見了心裏有數，就不再提這個話題了。」

由於金庸一心要埋頭讀書，兼之他又屬於特立獨行者，對校方很是不滿，他對直接參與學生與校方對抗的學生運動無甚興趣，對學生中的派系鬥爭、權力爭奪，更是充耳不聞，視若無物。金庸說：「我是很個人主義化的，我對校政雖有不滿，但卻沒有興趣加入對抗校方的政治活動。我只抱著現時西方學生的那種心態，希望多點個人發揮的自由。讀書歸讀書，不要有太多的管束。」

可金庸並沒有「管束」住自己，也沒有恪守「讀書歸讀書」的誓言。面對不平事，金庸又怎麼能袖手旁觀呢？金庸最後還是挺身而出。他後來回憶說：「但是學生之間，互有鬥爭，國民黨的職業學生毆打不聽命令的學生，幾個學生領袖被人揪到臺上打，我看不過眼，向學校投訴，結果就換來了被勒令退學的處分。」

另一種說法則與此有所不同，它是由金庸的同學提供的。余兆文回憶說，一九四四年秋末冬初，世界的反法西斯戰爭已經勝利在望，國民黨大肆鼓吹「反攻，反攻」，並開始大規模地招兵買馬，聲言：「十萬青年十萬軍。」而這次招募的主要是大中學生，即後來所謂美式裝備的「青年軍」。金庸就讀的中央政治學院在這次招兵中規定：所有學生，不論是哪個年級，也不管是什麼科系，都要有「投筆從戎」的壯志和「為國捐軀」的決心，自己先報名，校方後審批。這是國民黨的官老爺們挖空心思想出來的「高招」，看上去有著一定的民主色彩，它妙就妙在並不強拉硬扯，而是讓你乖乖地自覺報名參軍，似乎是一杯敬酒，其實是請君入甕。可金庸就是不報名，拒絕參軍，結果怎麼樣呢？「那就是你不參軍，他們並不勉強，只是另請高就，滾出學校。」

仗義和正義的金庸，又一次品嘗了開除的滋味。

失學後的金庸，多少有點憤懣，有點沮喪。更為重要的是：他總不能無所事事地東遊西蕩。而最為嚴峻的是，他是在「陪都」重慶，而不是在家鄉海寧，如果不找點事情做，他就要餓肚皮，他就要受凍挨餓。所以，他迫切感覺到，需要找一份活兒做。

幸好他有個名叫蔣復璁的表兄是中央圖書館館長（他是蔣百里的侄子，後來在臺北任臺灣故宮博物館館長），憑藉這層關係，金庸在中央圖書館謀了一個職位。金庸負責的事務是登記借書和還書，工作時間是每天下午兩點至晚上十點。

圖書館的工作，薪水並不高，但足以糊口，並且這個工作輕鬆自在，更為重要的是，金庸可以借此機會翻閱圖書館的大量藏書。在圖書館工作的那段日子裏，百無聊賴的金庸，又回到了「書的海洋」，他閱讀著司馬光主修的《資治通鑒》，閱讀著英文詩歌選集，閱讀著古今中外的文學名著，偶然也翻閱一些消遣書，那就是中國古代的武俠小說，它們將金庸帶入了一個奇異的武俠社會，使他暫時忘卻了塵世的煩惱和痛苦。

塞翁失馬，焉知非福？在圖書館工作的這段日子裏，金庸的學識與學養，都有長足的進步。大約也就是在這個時候，金庸萌發了寫作武俠小說的念頭，只是時機尚未成熟，所以它僅僅是埋在心底的一顆種子；一旦時機成熟，它就要破土而出，就要生根發芽、開花結果。

這是金庸踏上社會後的第一份工作，這使他很滿意，非但是心滿意足，甚至可以說是喜出望外。「學」是失了，「書」照樣可以讀，繼續進行自我修養、自我教育，充實自己的社會生活，提高自己的文化水準。這，無疑是一次閉關修煉，使金庸獲益匪淺。

創辦雜誌

在重慶工作時期，金庸還嘗試過另外一件事：創辦雜誌。

當時重慶有一份叫做《時與潮》的雜誌，主要刊登從外國書報雜誌上翻譯過來的小說、散文以及關於第二次世界大戰形勢的特寫，也刊登一些名人逸事和社會趣聞，很對讀者的胃口，銷路自然也不錯。

這份《時與潮》雜誌，金庸在中央政治學院讀書時和在圖書館工作時，都曾經閱讀過好幾期。他看著有些心癢，也想辦一份類似的雜誌。但一個人單槍匹馬幹肯定是不行，於是，他邀請了三位中學時代的同學來入夥，正式準備創辦刊物。當時美國有一家著名的刊物叫《大西洋雜誌》，爲了不與它同名，金庸便給自己的刊物命名爲《太平洋雜誌》，試圖喚起讀者的注意。

準備工作完成後，《太平洋雜誌》就要面世了，至於《太平洋雜誌》的主編職務，則非他莫屬的了，因爲他既有主編雜誌的才能，也有主編刊物的時間。於是，金庸每天上班的時候，一面照顧著閱覽室，一面就動手編排他的雜誌。圖書館有的是豐富的藏書，參考資料也很多，金庸的這份工作對於他編輯刊物，眞的是有得天獨厚之利。等到下班以後，他就帶著一本英漢字典，匆匆忙忙趕到美軍俱樂部去，搶譯新到的外國書報雜誌。這家美軍俱樂部就在重慶兩路口，離中央圖書館不遠。因爲那裏的外國報刊雜誌都是由美軍飛機直接空運來的，所以時效性很強，而新聞又最注重時效性。金庸之所以要趕到美軍俱樂部去，是他聰明的所在。

刊登在《太平洋雜誌》上的文章，不管怎麼署名，基本上都是出自金庸的手筆；金庸之所以要如此而爲，是生怕讀者厭倦同一個面孔。編輯《太平洋雜誌》的文字對於金庸而言，只是小事一樁，但眞正棘手的還是《太平洋雜誌》的印刷問題。因爲金庸和他的三位同學，既沒有資金，更沒有自己的印刷廠。怎麼辦呢？只有變賣衣物一條路可走了。但三人身上的衣物都是破破爛爛的，任何一家當鋪大概都不會願意接受這樣的當物。實在沒有辦法，金庸和他的同學只好四處借債了。他們托了許多層關係，好話說盡，才有一位同學的親戚願意借錢給他們。

數番周折以後，他們最終找到了重慶大東書局，但可憐巴巴的一點錢，怎麼夠印刷一期刊物呢？沒有辦法，他們又只好向印刷廠的老闆求情了。結果，大東書局勉強答應，就賒賬先給你們印刷一期吧。

《太平洋雜誌》的創刊號印刷出來了，數量是三千冊。雜誌的銷售狀況也還可以，很快就賣完了。

但這種仰人鼻息的辦法終不能長久。到金庸等人要印刷《太平洋雜誌》第二期時，大東書局的老闆死活不肯答應了。因爲在那個紙價飛漲的年代，賒賬就意味著貶值，也就意味著虧本，作爲一名商人，他們怎麼願意虧本呢？沒有出路的金庸等人，只好眼睜睜地看著《太平洋雜誌》第二期胎死腹中。所以，《太平洋雜誌》的「創刊號」，也就成了《太平洋雜誌》的「停刊號」。

《太平洋雜誌》經營的失敗，一度使金庸心灰意冷。仍然在圖書館工作的金庸，顯出了一副無精打采的樣子。正當金庸百無聊賴、心灰意冷之際，他的生活中又出現了一道亮光，人生又出現了一線轉機。

他同學的哥哥、湘西那位農場主，因爲有事，千里迢迢地到了「陪都」。當年金庸曾經在他的私人農場幹過活，給他留下了深刻的印象，他非常賞識金庸的才華。這次到重慶，他到中央圖書館找到了金庸。他禮賢下士，誠懇地邀請金庸再度到湘西去，去爲他經營農場。農場主慷慨激昂地說，只要等農場開墾出來種上油桐樹後，他就可以送金庸出國留學。

這個條件是很具有吸引力的，金庸何嘗不想到國外去深造呢？英國的牛津大學、康橋大學，或者是美國的哈佛大學，金庸一直夢寐以求著；更何況，他在重慶已經沒有多少事可以做了，呆在重慶已經不能發展了，爲什麼不再到湘西走一遭呢？但他又有些擔心，湘西那個地方，他是知道的，地理位置比較偏僻，資訊比較閉塞，交通也不方便，天長日久，難免會有孤獨寂寞無聊之感。

於是，他向這位農場主提了一個要求，要帶他的一位同學一同去，這樣可以消滅他的寂寞無聊之苦，並且，帶去的這位朋友，待遇要跟他完全一樣。大概是因爲「愛屋及烏」，農場主慨然答應了金庸的要求。金庸帶去的這位朋友，就是余兆文。

當時雙方交談的情景，余兆文是親眼所見，他在回憶中說：「金庸也不是一個計較一時報酬的人，只求有個陪伴，要帶我同去，待遇也和他一樣，這也是有待農場有了出息以後的事，算不上苛求……所以雙方毋須討價還價，也不必立據定約，只是君子協定，開誠佈公幾句話就談妥了。我們又沒有什麼細軟或大包大件要打點的。兩人只帶了一卷鋪蓋一隻箱，說走就走。」

跟圖書館辦完離職手續後，金庸和余兆文就輕裝上路了。三人一路換了無數輛車，坐了若干次船，終於到了湘西。稍事安頓後，金庸就走馬上任了。

在湘西農場，金庸仍然保持著一如既往的讀書習慣。閒暇之時，他經常是手不釋卷。來湘西之前，金庸隨身攜帶了大學教科書和參考書，以及一些外文書籍。但這一點點書，怎麼禁得住金庸一目十行的閱讀呢？沒過多久，帶來的全部書籍，都被他一掃而空，有的甚至已經看了兩遍、三遍。而湘西因爲偏僻閉塞，壓根就買不到什麼書，也無處可以借書。這樣一來，金庸有些發慌了，因爲書是他日常生活中不可缺少的組成部分，更是他生命中不可缺失的精神依託。

人閑著總不是件好事，總得找點事情來做，在百無聊賴的閒暇時光，金庸便嘗試著翻譯，目的是自娛。早在一九四二年，金庸就動筆翻譯過部分《詩經》。最初來的時候，金庸準備編譯一本《牛津袖珍字典》。這兩件事情都沒有最後完成，金庸也覺得有點遺憾，但通過這兩次翻（編）譯，金庸掌握了大量的英文辭彙，使他的英文功底更加扎實，對他日後的工作和創業而言，這無疑具有重要的作用。

金庸和余兆文，在這個偏僻的農場一直幹到抗戰勝利後。

一九四五年，艱苦的八年抗日戰爭終於取得了最後勝利。一度猖狂而不可一世的日本侵略軍，在投降書上簽了字。中國人民在得悉勝利的消息後，一時舉國歡騰。逃入大後方的中國人，個個都是歸心似箭，在「打回老家去」的呼喊聲中，他們相繼離開大後方，陸續回到了家鄉。

在這樣的呼喊聲中，金庸再也坐不住了。他最初來農場的決心，已經開始動搖了。發財夢，他沒有做過；出國夢，他曾經有過，但現在看來，出國夢已經是很渺茫的了。他向同學的哥哥提出辭別，農場主自然捨不得，他一再好言挽留金庸和余兆文。金庸和余兆文見盛情難卻，就暫時打消了離開農場的念頭。但到了第二年的初夏，金庸再也呆不下去了，無論如何，他一定要離開這個偏僻閉塞的地方，回到家鄉去。

農場主見金庸去意堅決，知道這一次是無論如何也挽留不住了。他盛情款待了金庸，並送上一筆錢，算是對金庸的酬謝，也是金庸一路的盤纏。之後，金庸隨著返鄉的人流，返回了家鄉海寧。

兩鬢斑白的父親，早就翹首期盼著這一天的到來；慈祥和藹的母親，又何嘗不在時時掛念著他遠在異鄉的兒子。金庸的歸來，無疑是令家人非常開心的一件事。但當父親問及金庸這兩年在重慶的學業時，金庸不免有些懵然了。自己這次歸來，並不是父母期盼的「學成歸來」，而是被學校「開除」、再「流浪」歸來，這無論如何肯定是有傷父母一片愛心的；自己雖然也在圖書館和湘西農場工作過一段時間，雖然也可以說是勉強糊口，可也並沒有掙到什麼錢以補貼家用，就連自己換洗的衣服都沒有著落呢？這兩年，眞的是一事無成的兩年。

在金庸離開家鄉的這幾年裏，家裏的經濟狀況並不好，原先好好的一個小康之家，因爲日寇戰火的侵擾和洗劫，已經明顯敗落了。除了大哥結婚、大妹出嫁獨立成家外，其他幾個弟弟、妹妹，大的已經上學，小的仍在吃奶。他們都需要家裏撫養，這對於辛勤操勞持家的父母雙親，又談何容易？金庸啊，金庸，他當時的心理感受，一定是別有一番滋味在心頭了。

夜深了，困倦的家人，就要準備睡覺去了。已顯老態的父親，憂心忡忡地對金庸說：「還要從大學一年級ABC讀起？這也太軋悶（納悶）了。」說這話的時候，父親的語音是很蒼涼的。金庸低下了頭，只有啞口無言的份，他還能說什麼呢？事情已經到這個地步了。

之後的日子裏，金庸也幫著家裏幹點活兒，但閒居在家的金庸，心裏確實不好受。他想尋找一條合適的出路以謀求發展，他也想眞正地爭一口氣。但在那個百廢待興的年代，要想走出一條自我發展的道路，又談何容易？

多少天以來，金庸一直都在苦苦思索：自己該怎麼辦？長此下去，顯然不是個辦法。他仔細地在腦海裏檢點著、搜索著他所認識的一個個人，這個不行，那個也不行，他們都幫不上自己的忙。

突然，他的眼睛一亮，怎麼就把自己的忘年交陳向平先生給忘掉了呢？這位在《東南日報》工作的老記者，說不定眞的可以幫自己的忙。抗日戰爭結束後，《東南日報》已經搬回杭州去了。惴惴不安的金庸，試探著給陳向平寫了一封信，金庸在信中特意談了他這幾年的坎坷經歷，同時希望陳向平出面斡旋，看報社能否給自己提供一個工作的機會。金庸之所以惴惴不安，是因爲他和陳向平已經分別有五個年頭了，這五年之中，人事的變化又是何其之大。

信寄出後，金庸天天等待著陳向平的回音。沒想到，忘年交陳向平很快就回信了。陳向平在信中說，自己肯定會幫金庸這個忙的，他已經向報社鼎力推薦了金庸。金庸的內心十分感動，這位忘年交還沒有忘記自己，也仍然那麼夠義氣。隨後，金庸告別家人，啓程到了杭州。

在杭州，金庸較爲順利地進入了《東南日報》，任報社記者，兼國際新聞翻譯。金庸開始了他的早期報業生涯。

這一年金庸二十一歲。二十一歲，正是風華正茂的好年華，指點江山，激揚文字，「糞土當年萬戶侯」。

金庸已經進入「江湖」，將要開創自己的名山事業。

等待金庸的將是什麼呢？

第二章

闖蕩江湖　開闢天地

進入報界

最先在中國境內用中文出版的近代化的報紙，是由外國傳教士創辦的。如《申報》（一八七二年，上海）、《新聞報》（一八九三年，上海）等，都是由英國傳教士創辦的，他們學了中國人口氣，以中國人爲物件，專供中國讀者閱讀，後來才逐漸出售給中國人自己經營。繼《申報》和《新聞報》之後，在中國出現了許多中國人自己辦的報紙，如資產階級民主革命時期的《時務報》、《清議報》，「五四」新文化運動時期的《新青年》、《晨報》等，它們都是傳播新思想、開創一代社會風氣的報刊。隨著各種報紙的大量湧現，一大批報人也相繼湧現，如早期的王韜、梁啓超、陳獨秀、史量才，以及後來的張季鸞、吳稚暉、邵力子等。

而中國報紙，它本身也在日漸走向成熟。梁啓超主辦的《新民叢報》，主要起著領導革命的作用，它是革命的號角和航燈，議論縱橫，筆戰不休，報人的工作主要是寫政論文章，宣傳革命，鼓動民眾，所以並不怎麼注重新聞效應。直到《時報》才開始著眼於新聞電訊，還在北京等地派駐專員，刊登長篇通訊。《時報》此舉，具有極大的開創性和影響力，它將《申報》、《新聞報》從夢中喚醒過來，也開始注重國內外電訊，力圖在新聞上爭一日之短長。再後來，隨著言論自由度的降低，大家才開始轉向，試圖在「副刊」上一決勝負，相繼刊登連載小說和街談巷議之語，以及詩詞歌賦、遊戲小品、笑話幽默、燈謎劇評等，副刊的作用有時甚至比新聞電訊還要重要。

但不管是注重新聞和電訊的「正刊」，還是注重文藝和生活的「副刊」，都要求報人具有開闊的眼界、深刻的思想、敏捷的頭腦和敏銳的新聞觸角，同時還要文思泉湧，更要下筆神速，集採訪、編輯和創作於一身。更高一級的眞正的「報人」，還要有自己獨特的個性與品質。這樣，才能創辦一份獨具特色而又上檔次的報紙。在近代中國的新聞界，曾經出現過不少著名的記者、編輯等新聞工作者，也出現過許多成績卓著的新聞事業家。但眞正當得起報人二字，可以說是鳳毛麟角，少之又少。而金庸就稱得上是這樣一位報人。

一九四六年，金庸從家鄉海寧出發到了杭州。他要去見陳向平，他要通過陳向平進入《東南日報》。結果，他如願以償了。他正式進入了《東南日報》，任該報的外勤記者，除了采編外埠新聞外，還兼職負責收聽英語國際電訊廣播，並據此編寫國際新聞稿件。

金庸自中學時代開始，就向《東南日報》的副刊投稿，《東南日報》是他投稿最多的一家報紙。當然大部分稿件的命運是退稿或棄置不用，卻也在該份報紙上刊登過幾篇文章，並因而與編輯人員有過書信往還。

當時《東南日報》的社長是汪遠涵。金庸進入杭州《東南日報》，是由上海《東南日報》

副刊主編陳向平介紹和推薦的。陳向平與金庸是忘年交，而陳向平對金庸的才華很是賞識，這次金庸來報社，就是陳向平牽線搭橋的。陳向平對金庸是一副古道熱腸，他義不容辭地向社長汪遠涵鼎力推薦金庸。汪遠涵是一位仁厚長者，兼之先前就對金庸的文筆較爲熟悉，故而對這位少年才俊自是頗爲器重，當即決定接受金庸。

因爲工作性質不同，金庸在白天基本上沒有什麼事，每天晚上八點，金庸才開始他的工作。因爲當時的報館還沒有錄音設備，是靠收聽和翻譯來寫國際新聞稿子的。金庸一面聽，一面記下幾個關鍵字，聽完以後，再憑藉記憶和預先記下的幾個關鍵字，把剛才聽到的新聞直接翻譯成漢語。好在金庸反應靈敏，記憶力又好，中文和英文都不錯，幹起這件活兒來，可以說是得心應手，乾淨利落，譯文幾乎下筆不改，一氣呵成，並且毋須謄寫。一個晚上下來，他一天的工作就做完了。前後所花費的時間，一般不超過三十分鐘。

金庸的工作得到主編和其他編輯們的好評，陳向平暗地裏高興，慶倖自己果然沒有看錯人，金庸果然有天分，果眞是個人才。

金庸的同學余兆文後來也到了杭州。余兆文問起了金庸在《東南日報》的工作，金庸如實相告。余兆文甚是詫異：「外國電臺廣播，說話那麼快，又只是說一遍，無法核對，能聽懂，就已經不錯了，你怎麼還能逐字逐句把它們直譯下來？」金庸說：「一般說來，每段時間，國際上也只有那麼幾件大事，又多是有來龍去脈的，有連續性。必要時，寫下有關的時間、地點、人名、數位，再注意聽聽有什麼新的發展，總是八九不離十，不會有太大差錯。」

金庸在《東南日報》前後工作了大約一年時間。這是金庸與報紙的第一次結緣，這一年的鍛煉，金庸獲益匪淺。新聞採訪、撰寫稿子、新聞熱點的把握與背景的分析，以及與方方面面的人物如何打交道，都得到了嚴格的訓練，爲他日後漫長的報人生活奠定了很好的基礎。

尤其重要的是，因爲金庸英文好，在《東南日報》工作期間使他又熟悉了國際新聞的採編與國際新聞述評的寫作。這爲他後來進入《大公報》起了關鍵的作用：在三千餘名應聘者中，他過關斬將，力挫群雄，脫穎而出。

金庸之所以選擇記者作爲自己的第一份正式工作，這與他的興趣是分不開的，他自己就坦誠地說過，我「本來對新聞報業有著濃厚的興趣」。

上海當時是中國書刊報紙的中心，一部望平街的歷史就是中國的新聞史。同時，上海也是當時中國的經濟中心，是當時中國最爲繁華的都市。自本世紀三十年代開始，一大批文化名人相繼雲集上海，魯迅、茅盾、郭沫若、郁達夫、葉聖陶等人先後居住在上海，從事書刊編印、教學研究、文藝創作以及革命活動，留下了光榮的革命傳統和文化傳統。金庸當時風華正茂，才氣勃發，壯志淩雲，他當然不願意死死地呆在杭州，他渴望著到上海謀求發展；

上海，是他心馳神往的地方。

一九四六年底，金庸接受《時與潮》雜誌社的聘請，辭去了《東南日報》的工作，離開風景迷人的杭州，來到了十里洋場的上海。《時與潮》原先在重慶出版，是抗戰時期最爲暢銷的雜誌之一，國民黨立法委員鄧蓮溪是《時與潮》雜誌的後臺老闆。抗戰勝利以後，《時與潮》從重慶遷移了出來，搬到了人才薈萃、文化繁榮的上海灘。

但要想在上海灘立足並不容易，因爲上海的報刊雜誌是多如牛毛，群雄並立；而若想殺出重圍，獨佔鰲頭，成爲執牛耳的刊物，更是難上加難。《時與潮》在上海灘的命運，是可想而知的，雜誌的經營與發行都不佳。但《時與潮》雜誌編輯部的辦公設備卻很好。鄧蓮溪神通廣大，他給《時與潮》雜誌搞到了一幢氣派宏偉的房子，那是抗戰前國民黨上海市市長吳鐵成的公館，鐵牆高門內是綠草茵茵的花園洋房，環境甚是優美，房子共計有三層。這樣豪華氣派的公館，造價與市價相當不菲，據說價值五百多根金條。《時與潮》雜誌的編輯部就設在公館樓下最南面的一間豪華的小客廳裏。客廳呈橢圓形，四周裝的是厚玻璃板牆壁。任《時與潮》雜誌主編的金庸，說是「主編」，其實手下一個「兵」也沒有，孤家寡人一個，由他一個人獨立承擔雜誌的編輯和排版工作。

一九四七年，金庸的同學余兆文路過上海，順便去看望了金庸。當時金庸一個人坐在那個橢圓形的編輯室裏，不慌不忙地忙碌著，他在一堆花花綠綠的外國報刊雜誌裏挑選著文章，先剪下來，再分頭寄給特約作者去翻譯；譯文寄回來後，金庸再核對一遍，就可以刊用了。

待金庸忙過一陣子後，就開始和余兆文寒暄起來。余兆文問：「你在杭州《東南日報》工作，鄧蓮溪並不認識你，他怎麼會把你從杭州挖過來呢？」

至於個中原因，金庸自己也不大清楚，他說：「不瞞你說，我為《時與潮》雜誌曾經翻譯過一些文章，他們大概是看中了我動作快這個特點吧。在杭州《東南日報》工作時，我一收到這裏寄去的原文稿件，看一遍後，就立即著手翻譯。一篇一兩千的文章，我兩個小時就脫稿了，既不需要謄寫，也不需要修改，所以當天就將譯文寄給他們。這樣翻譯了一段時間後，不知是什麼原因，《時與潮》雜誌就來信說要聘請我做雜誌的主編。我覺得，上海的新聞界、文藝界比杭州活躍，也想到上海謀求發展，結果，我就到這裏來了。」說這話的時候，金庸的臉上帶著微笑，顯得相當自信。

《時與潮》雜誌的後臺老闆鄧蓮溪是一個非常精明的人，極善於算計，甚至有點近乎慳吝與小氣。根據余兆文的回憶，他去看望金庸時，親眼看到花園洋房的幾間高級套房被人用鐵鎖封鎖了起來，讓它們白白地空著；而金庸雖然是《時與潮》雜誌撐台的唯一主編，鄧蓮溪卻只讓他住閣樓，眞的是太不像話了。但金庸當時沒有在乎這一些，他信奉的是「男子漢大丈夫，能屈能伸」，「大英雄能忍人之所不能忍」。可話也講回來，這樣的處境和待遇，又怎麼能長久挽留住像金庸這樣的人才呢？沒過多久，金庸就離開了《時與潮》雜誌。

這時，金庸的堂兄查良鑒正任上海市法院院長，同時又是東吳大學法學院的兼職教授。金庸因了這層關係，和他在中央政治學院的學歷，插班進入東吳大學法學院修習國際法專業。這一舉動說明，他早先的外交官夢想，仍未破滅，他仍然懷著熱忱的希望和美好的憧憬。

之後，上海《大公報》在全國招聘電訊翻譯，金庸憑藉他出色的英語能力和在《東南日報》的工作訓練，毅然前往應聘。

《大公報》是一份歷史悠久的報紙，於一九〇二年六月在天津創辦。創辦人是英斂之，他標舉的辦報宗旨是「開風氣，啓民智」。《大公報》曾於一九二五年停辦，隨即又於一九二六刊，由天津鹽業銀行總經理吳鼎昌任社長，胡政之任經理，著名報人吳季鸞任總編輯。爲了保持報紙獨立、中正的立場，堅決不受各方的制約，從而眞正反映民眾的心聲，《大公報》提出了中國新聞史上前無古人、後無來者的「不黨、不賣、不私、不盲」的口號，贏得了廣大讀者的喜愛。

在創刊之後的很長一段時間裏，《大公報》主要是一份以相當商業化的面目出現在公眾面前的報紙，靠發行所得訂報費、賣報費和廣告收入勉力支援。由於有自己獨特的風格和品位，《大公報》很得一般的中產階級和工商界人士的歡迎和喜愛。九一八事變後，《大公報》從民族大義和民族前途著眼，積極號召民眾站起來抗日救國，刊發了大量的抗日言論。一九三六年四月一日，《大公報》正式發行上海版。抗日戰爭全面爆發後，《大公報》大受抗戰的影響，天津和上海的《大公報》相繼停刊，輾轉遷徙，遷至漢口、香港、桂林、重慶等地出版發行。

抗日戰爭勝利後，上海、天津的《大公報》相繼復刊，準備重整旗鼓，大幹一番。既然要大幹一番，就需要招兵買馬，充實人員，加強力量。

《大公報》是一份大報，與《申報》、《新聞報》並稱爲當時中國的三大報紙，而《大公報》的品位似乎還要高一些，在輿論界更具有權威性，在知識界也更受歡迎。

在當時的中國，《大公報》雖然不是發行量最大的一份報紙，但它確實是一家地位最高、聲望最響、最有影響力和吸引力的報紙。招聘編輯的廣告一打出，頓時應者雲集，應聘者竟然有三千餘人之多，其中不乏各大學新聞系、中文系的畢業生。金庸因看好《大公報》的上海版，而它又正需要三名電訊翻譯，所以也就加入了應聘者的行列。

《大公報》這次招聘人員的目的，就在於發現和錄用眞正優秀的人才，眞正做到公開、公平、公正和擇優錄取。應聘者要經過筆試和面試兩關，這兩關都很嚴格，要求應聘者拿出眞才實學來才能順利過關，濫竽充數者早早地就被淘汰出局了。金庸憑藉他過硬的英文水準、出眾的文筆才華和扎實的工作經驗，力挫群雄，如願以償地進入了《大公報》。結果，《大公報》只錄取了金庸一名電訊翻譯。

因當時的金庸仍然在東吳大學法學院學習國際法，所以開始時他在《大公報》屬於兼職性質，算是半工半讀。

金庸在《大公報》的工作情形，他曾經對余兆文談起過：「《大公報》的要求高得多，有些稿子付印以前，常要幾個編輯過目，經過仔細推敲，方才定稿。報館明確規定：稿子有誤，編輯負責；排錯印錯，唯校對是問。職責分明，賞罰有則。寫錯印錯都要按字數扣薪的。如果超過一定字數，那就要除名解職了。」

金庸曾經對余兆文談起過《大公報》的一些趣事。金庸說：「《大公報》晚上的夜餐倒是報館免費供應的。說起來，多是吃稀飯，可配稀飯的，不是香腸、叉燒，就是醬雞、烤鴨，或者火腿炒雞蛋、油炸花生米，自然也有醬菜。晚班工作完畢，街上沒車了，報館會派車子把所有的編輯一個個送回家去。……《大公報》還有一點蠻有意思的，它上自總編，下至工人，全報館的工作人員對外一律自稱爲『記者』，就是報館的負責人王芸生也不例外。」

抗日戰爭勝利後，國民黨和共產黨在重慶談判，商討和平建國方針。但到了一九四七年後，形勢急轉直下，談判陷入僵局，內戰的全面爆發迫在眉睫。胡政之爲了恪守原先「不黨、不賣、不私、不盲」的自由辦報立場和方針，使報紙的前後風格一以貫之，果斷決定恢復「香港版」《大公報》。年底，胡政之親自掛帥，專門組織了年輕、能幹的採編班子趕赴香港，以求異地發展。後來的事實證明，胡政之的這一決定是極具眼光的，堪稱英明果斷。

初嘗婚姻

《大公報》香港版於一九四八年三月十五日復刊。金庸作爲一名年輕能幹的編輯和記者，也將受命被派往香港。這年夏天，金庸在赴港前專程趕往杭州，直奔杜家，向他的戀人——一位芳齡十八歲的姑娘求婚。這一年，金庸二十三歲，正處於事業蓬勃發展的開端。而這位杜姑娘，就是金庸的第一任夫人。

說起金庸的這段婚姻，還眞富有傳奇色彩。這件事情要從金庸在杭州《東南日報》任編輯和記者說起。

那是一九四七年，金庸那一年二十二歲。當時《東南日報》有一個欄目叫「咪咪博士答客問」，這個欄目辦得有聲有色，頗具趣味性。它吸引了一位姑娘，她就是杜冶秋的姐姐。從而，也就有了與金庸的那一段姻緣。

杜冶秋的父親在上海行醫，而上海是個繁華而又喧鬧的大都市；偏偏他的妻子喜歡清靜安寧，所以妻子三天兩頭就在丈夫的耳邊絮叨。結果，丈夫沒有拗過妻子，就用八根金條頂下了杭州城裏的一座庭院大宅，他的妻子就住到了杭州，由愛子杜冶秋陪伴母親一起生活。杜冶秋原在上海念書，因想像中的西湖一定風景絕佳，遊人如織，一派繁華熱鬧的景象，就想到杭州去玩一玩，兼之因他的父親管教甚嚴，也想借此機會擺脫父親的管教。所以，他就配合著母親嚷著要去杭州。終於，在一個暑假，他如願以償了。

年輕的杜治秋，聰明好學，求知欲強，而又很頑皮，是家裏有名的「皮大王」。他翻閱報紙的目的不是因爲上面有時事新聞，而是因爲上面有好玩的漫畫笑話和趣聞逸事，當他看到「咪咪博士答客問」欄目時，馬上就被它吸引住了，覺得它像是部百科全書，有問必答，並且文字精妙，逗人開懷。

一天，杜治秋被「咪咪博士答客問」上的一個問題吸引住了。有人問：「買鴨子時需要什麼特徵才好吃？」「咪咪博士」回答說：「頸部堅挺結實表示鮮活，羽毛豐盛濃厚，必定肥瘦均勻。」杜治秋看過以後，很不以爲然，搖了搖頭。他不服氣，寫了一封「商榷」信給「咪咪博士」：「咪咪博士先生，你說鴨子的羽毛一定要濃密才好吃，那麼請問：南京板鴨一根毛都沒有，怎麼竟那麼好吃？」

信寄出後，杜治秋覺得又不妥。這分明就是抬槓，死摳字眼；但既然信已經寄出去了，覆水難收，只好「靜觀其變」了。不料，「咪咪博士」卻很快就寄來了回信：「閣下所言甚是，想來一定是個非常有趣的孩子，頗想能得見一面，親談一番。」

杜治秋覺得甚是有趣，隨即回信：「天天有空，歡迎光臨。」

「咪咪博士」來信進一步敲定：「擬於禮拜天登府造訪。」

這天下午，杜家門口出現了一個風度翩翩、舉止瀟灑的年輕人，身著筆挺的西服，戴一副金絲眼鏡，既顯得溫文爾雅，也顯得落落大方。他就是《東南日報》的記者金庸。一向不喜歡跟報界打交道的杜父，只好出面迎接。他把金庸讓進屋裏，寒暄一通過後，知道了事情的原委，便責備杜冶秋，少不更事，盡惹麻煩。

金庸文雅地一笑：「令郎所提的問題很有意思，很俏皮，不失少年人的天眞本性。」

閒談之中，杜冶秋的姐姐上來奉茶，這是杜家的規矩。待見到杜冶秋的姐姐時，金庸大吃了一驚，原來跟他通信的杜家，竟有這樣一位端莊美麗的大姑娘。

杜冶秋的姐姐這一年十七歲，已經出落得亭亭玉立，容貌俏麗，雖然沒有大家閨秀的華貴傲氣，卻儼然有小家碧玉的純情賢淑。金庸一見之下，怦然心動，一雙眼仿佛被鎖住了一般，老想觀看這位杜家小姐，只是出於禮貌，他才把目光移到了別處。

第二天，金庸再度登門造訪，送去了一疊戲票，盛情邀請杜家一起去觀看郭沫若的名劇《孔雀膽》。《孔雀膽》由上海人民藝術劇院前身「抗敵演劇九隊」公演，在杭州的反響極大，人們一時爭相前往觀看。作爲《東南日報》的記者和編輯，金庸自然也是觀看過這出戲劇的。更巧的是，演出場地就在報社的樓上，因而報紙除了一般報道外，也花了不少篇幅進行宣傳。

金庸給杜家留下的印象很不錯，他們爽快地答應了金庸的邀請。一家人興致勃勃地出發了，連杜家一向不喜歡出門的母親和舅親，也破例從眾，他們受到了金庸的殷勤款待。杜父很是高興，也很滿意，離開劇場時，他握住金庸的手，客氣而又不乏眞誠地說：「有空常來玩。」有了杜父的這句話，金庸當然是喜出望外。

此後，金庸就成了杜家的常客。杜冶秋已隨父回上海讀書，金庸拜訪的自然就是杜家母女了。金庸的才氣和瀟脫，大受杜家小姐的欽佩和歡喜。兩人在一起交談，也頗爲投機，日久生情，這一對年輕男女，不知不覺地就墮入了愛河，成爲了一對情侶。兩情相悅，悄然訂立了終身大事。

當金庸得悉將被派往香港任職時，他就想：自己的一樁人生大事必須得先辦好，他馬上趕往杭州，向杜冶秋的姐姐正式求婚。

杜家父母初聞之下，頗感意外，姑娘年紀尚小，還不足十八歲，結婚似乎還嫌小了一些；但見他們情深意篤，又不忍心拆散這對有情人，也就答應了這門婚事。

婚禮在上海舉行，由杜父的好友、上海洛民醫院董院長一手操辦，《大公報》的經理費彝民作證婚人。婚禮辦得很是氣派，很是風光。

新婚不久，金庸就要離開新娘取道奔赴香港任職了。

派金庸去香港，是《大公報》的臨時決定，可它卻是金庸一生的一個重大轉捩點。

數十年後，金庸還在一首詩中這樣寫道，「南來白手少年行」，用它來形容自己當年隻身南下、白手起家的艱辛和豪情。

在香港《大公報》任職的金庸，工作仍然是國際電訊翻譯，負責編輯國際新聞版。

轉耕專欄

在《大公報》做了不久，金庸就離開了。在香港創刊的《新晚報》隸屬於《大公報》，其副刊有一個名叫《下午茶座》的欄目。金庸覺得這個欄目很合自己的口味，更適合於施展自己的才幹。

金庸覺得，做《大公報》的電訊翻譯，不能使自己充分發揮和創造，因爲那份工作做來做去，最多只是對來稿量體裁衣，限制太多了。而編輯副刊，情形就完全兩樣了。它可以有自己的編輯思想，可以形成自己的特色和風格，可以按自己的編輯計劃和要求約請稿件，也更便於自己親自操刀下料——對於有著良好的文學素養和寫作天分的金庸而言，這自是不在話下，而且樂在其中。

《下午茶座》可以說是一個生動活潑、五花八門的副刊欄目，基調是輕鬆、活潑、休閒和消遣，辦得雅俗共賞，既有陽春白雪的高雅，也有市井鄉里的通俗，在當時頗得一般讀者的喜愛。

與《大公報》一樣，《新晚報》也是左傾報紙，但因人事不同，金庸的感覺也就完全兩樣。金庸的興趣很廣泛，對圍棋、音樂、舞蹈、電影藝術等都下功夫研究過，並涉獵過這方面的書籍，編輯《下午茶座》這樣一個欄目，金庸眞有一種如魚得水的感覺。

在編輯《下午茶座》時，金庸還親自執筆寫作，他用的筆名是「林歡」；另外，他還以筆名「姚馥蘭」寫評論。後來寫武俠小說，他才使用筆名「金庸」。據金庸自己講，「姚馥蘭」這個筆名是由英文「your friend」（你的朋友）的讀音得來的，既有以朋友的口吻平等對待和眞心交談的意思，也具有女性的韻致。他想以一個女性的身份來寫電影評論，因爲《新晚報》副刊男性傾向偏重，於是他就以「姚馥蘭」這樣一個十足女性化的筆名來寫作，以圖沖淡一下副刊男性化「一統天下」的風格；並且，「姚馥蘭」這個筆名本身也是大雅大俗的。雅俗共賞本來就是金庸追求的一個目標，他後來的武俠小說，踐履的也就是這樣一個路數。金庸的好友梁羽生，當時也在香港寫專欄文章，談戀愛、婚姻、家庭問題，頗受讀者的歡迎和喜愛，而他用的也是什麼「夫人」的筆名。

對於「林歡」這個筆名，金庸沒有作過專門的說明。據金庸第一任夫人的弟弟杜冶秋所言，「林」是因爲金庸與他的第一任夫人兩人的姓氏都有一個「木」字，雙「木」成「林」；而「歡」呢，正是他們當時夫妻恩愛、生活甜蜜的寫照。

至於「金庸」這個筆名，金庸也沒有做過特意的解釋。一般認爲，「金庸」是他名字「查良鏞」中「鏞」字拆開而已。但也有人認爲，這是金庸大雅大俗的體現，中國人喜歡講「淡泊明志」，「君子不言利」，這是中國古人的說法，而「金庸」筆名中的「金」，卻反其道而行之，這似乎就是「大俗」的一面；而「庸」字，有人認爲就是孔子所講的「中庸之道」的「庸」，這是「大雅」的一面。這樣講，或許本身也沒有錯，但是否眞正合乎金庸本人的本意呢？那只有金庸自己才知道了。

金庸以「林歡」爲筆名在《新晚報》欄目《下午茶座》上所寫的影評，今天已經很難見到，「但曾讀過的人，都說文筆委婉，見解清新，是一時之選」（倪匡語）。

不久，查夫人也來到了香港。

仕途未果

一九四九年，在國共兩黨之間進行的戰爭見了分曉，國民黨潰敗而退至臺灣，共產黨取得了最後勝利。十月一日，中華人民共和國在北京宣告成立。

在遙遠的香港，金庸也關注著中華人民共和國的成立。他早年的一個夢想在他的心中仍然沒有完全幻滅，他仍然在夢想著做一名外交官。金庸隨即來到了中華人民共和國的首都北京，他要去見他的朋友喬冠華，當時，喬冠華正擔任外交部部長周恩來的秘書。

經過輾轉介紹，金庸來到了外交部，他向喬冠華表明瞭自己的意向，新成立的共和國外交部能否接受他做一名外交官。當時在場的還有部長助理楊剛女士，她曾經是《大公報》的駐美特派員，也認識金庸，並且也很欣賞金庸的才華。對於金庸的到來，喬冠華當然很高興，他向金庸道明瞭眞情，中國正需要像他這樣的人才，但由於他出身地主階級，並且接受的又是國民黨的教育，所以必須先在人民大學受訓寫自傳交代，並在適當的時候入黨，然後才能到外交部工作。

言下之意，這件事情實在是難辦，因爲你金庸不是中國共產黨黨員。看著滿臉困惑的金庸，喬冠華接著提議，如果不願意去人民大學，也可以改爲先到人民外交學會工作；並解釋說，人民外交學會是外交部的週邊機構，專門負責與外國的聯絡，如果經過一段時間的工作又表現良好，黨會決定是否吸收你入黨，之後才決定是否能進外交部工作。喬冠華的一席話，無異於劈頭蓋臉的一盆冷水。金庸失望了。

金庸見「外交官」的夢想實現無望，只好告別喬冠華，返回香港。金庸後來說：「我愈想愈不對勁，對進入外交部工作的事不感樂觀。自己的思想行爲都是香港式的，對共產黨也不了解，所以未必可以入黨。而且，一個黨外人士肯定不會受到重視，恐怕很難有機會作出貢獻……」

有的傳記說，金庸的這次北上，導致了他第一次婚姻的失敗。因爲查夫人反對他北上去做中華人民共和國的外交官，迫不得已，只好和金庸分手了。這簡直是無稽之談。眞實情況是，在金庸北上求職時，查夫人曾在一九五〇年回娘家小住。金庸求職未果，隨即到杭州接夫人回香港，繼續編輯他的《下午茶座》。

然而，查夫人居住在香港的幾年，沒有合適的工作可做，甚感寂寞無聊；而金庸當時正在編輯《大公報》的國際新聞版，工作繁忙，作息時間顚倒，難得分身陪伴夫人，從而也就更加劇夫人的寂寞無聊感。當金庸到杭州接她時，她害怕再回到香港重復老樣子的生活。經杜父和金庸的再三勸說，她才勉強同意回香港。就當時的情形而言，他們的關係還是比較和諧的，並沒有感情危機。金庸當時使用林歡作爲筆名，也是一個明證。

但誠如蘇東坡所言：「月有陰晴圓缺，人有悲歡離合，此事古難全」。回到香港以後的查夫人，其狀況仍然沒有大的改觀。原先的生活，她再也不能忍受了。一年後，帶著滿腹遺憾的查夫人，再度回到了娘家。這一次，她是鐵定了心腸，不管杜父和金庸怎麼勸說，她都不願意再回香港。

大約又過了一年，他們辦理了離婚手續。金庸的第一次婚姻就這樣結束了。

影劇生涯

在寫電影評論的那段日子裏，金庸出入電影院的時候也很多，看得多也寫得多，金庸發現自己對電影已經是越來越投入，興趣也越來越大，便開始和電影界展開了廣泛的接觸。到了五十年代後期，他乾脆一腳踏進電影圈，辭去了《新晚報》的工作，加盟「長城電影公司」，開始寫起電影劇本來。

他以林歡爲筆名編寫的電影劇本有《絕代佳人》、《蘭花花》、《不要離開我》、《三戀》、《小鴿子姑娘》、《有女懷春》、《午夜琴聲》等，分別由長城電影公司的當家花旦和小生夏夢、石慧、陳思思、李嬙、傅奇等主演。由夏夢主演的《絕代佳人》曾經獲北京文化部金章獎。據說，三十多年後金庸重回上海，當地招待他看的影片就是這部《絕代佳人》，銀幕上赫然出現的就是「長城電影公司出品」、「查良鏞編劇」的字樣。

金庸後來發現老是編劇本已經不過癮了，乾脆一不做、二不休，又幹起了導演的活兒。一九五八年，他與程步高共同導演了由陳思思、傅奇主演的《有女懷春》；一九五九年，他又和胡小峰聯手，導演了由夏夢和李嬙等主演的《王老虎搶親》。這兩部片子在各處的賣座率都甚高，在香港的電影發展史上都佔有一席之地。

提起他從事電影藝術編導的那段日子，金庸似乎還有那麼一種回味無窮的感情，他說，當年如果不是因爲我全力以赴地搞報紙，也許現在的我仍在電影圈裏活躍著呢。但話也說回來，假如他眞的非常愉快而順利地做電影工作，影壇上也許會多了一位有學識有抱負的名導演，但廣大讀者將失去一位名報人、名作家，就沒有《明報》的問世，也沒有雅俗共賞的武俠小說，也就沒有《笑傲江湖》的武俠小說大家金庸。這是禍，還是福？一時實在是難以說清楚。

金庸是「性情中人」，才氣充沛，感情豐富。這從他筆下的人物形象就可以看出來，如果不是「性情中人」，他是決然寫不出那麼多有血有肉、迷倒眾人的人物來的。金庸自己也承認，他是將自己的感情灌注到書中人物裏的。至於現實生活中的金庸，確實也是如此。

跟杜家小姐分手後的金庸，暫時還是孤身一人。當時金庸在長城電影公司工作，在那裏據說有金庸的一段情。

據說，在長城電影公司工作的金庸，曾經追求過那個非常年輕漂亮的女影星——夏夢。但僅僅是「據說」而已，可有些人添油加醋，傳得神乎其神，爲了不至於以訛傳訛，特引用沈西城的一篇文章，因爲沈西城是一位非常嚴謹的作家，與金庸和倪匡都很熟悉，相信他是不會胡說八道的。

在《金庸與倪匡》一文中，沈西城是這樣說的：

金庸進入「長城」，易名林歡，寫了好幾個劇本，接著還跟胡小峰聯策了《王老虎搶親》，成績不俗。

夏夢是「長城」的當家花旦，李翰祥說過：「夏夢是中國電影有史以來最漂亮的女明星，氣質不凡，令人沈醉。」

金庸很喜歡夏夢，向她追求。沒有人知道他是否成功，但李翰祥卻說沒有失敗。

後來夏夢結婚了，金庸也離開了「長城」，自己創天下。

金庸對這件往事，一直沒有提，但是在他的小說裏，不難看到夏夢的影子，像《射雕》裏的黃蓉，《天龍八部》中的王語嫣，《神雕》中的小龍女，無論是一顰一笑，都跟夏夢相似。讀者如果留意，一定會發覺我並沒有打誑。

但著名專欄作家哈公的說法則與此不同，他認爲金庸並沒有追求到夏夢，至於個中原因，主要是金庸當時的地位和聲望都不高，「查先生是一個專於愛情的人，我跟他共事於長城電影公司時，查先生喜愛上一個美麗的女明星，那女明星是一流的大美人，而我們的查先生，那時不過是一個小編劇、小說家，當然得不到那位女明星的青睞。」

至於事情的眞相究竟如何，看來只有金庸和夏夢最清楚了。金庸既然沒有明說，其他人也就無從知道了。

夏夢後來於一九六七年底離開香港，移民加拿大定居去了。金庸在《明報》還特地撰文歡送，祝福這位「善女人」一生平安，寫了一篇題名爲《夏夢的春夢》的社評。《明報》的社論向來以政治和國際大事爲主；而夏夢離開香港，本身並不能算是一件什麼大不了的事，但金庸竟然如此而爲，可見金庸對她還是很有感情的。不管怎麼樣，金庸自己後來也離開了長城電影公司，進《新晚報》的編輯部去了。進入《新晚報》，對於金庸的一生而言，意義重大，直接影響了他的後半生。

開宗立派

進入《新晚報》，使金庸結識了羅孚和梁羽生，而這兩位朋友，對他日後的武俠小說創作，具有關鍵作用。梁羽生是當時當紅的新派武俠小說作家，而羅孚則是催化劑，直接催生了兩位武俠小說的大家。

對於金庸的報人生涯，《新晚報》也有不可低估的作用。正是在《新晚報》的那段日子裏，金庸熟悉了報紙的經營管理與運作機制，爲他日後創辦《明報》打下了堅實的基礎。可以這樣說，如果沒有《新晚報》的那段日子，也就沒有《明報》後來的輝煌成就。

羅孚是《新晚報》的總編輯，他極具「慧眼」。中國古人常說：「千里馬常有，而伯樂不常有」，而羅孚，就是這樣一位難得的伯樂。羅孚知人善任，相繼挖掘出了梁羽生和金庸這兩位傑出的武俠小說大家。

羅孚深深地知道，讀者是報紙的上帝，如果不緊緊地抓住讀者，就有可能失去報紙的青春和活力，也就沒有報紙存在的市場，也就更談不上報紙的輝煌與燦爛了。所以，他絞盡腦汁，想出了各種各樣的法子來抓住讀者，迎合讀者的閱讀興趣，牢牢地吊住讀者的胃口。推出新派武俠小說，這是羅孚的一個高明之舉。

至於新派武俠小說的開宗立派，梁羽生可以說是有開山之功，而後來金庸推波助瀾，將新派武俠小說推上一個新的高峰，使之如日中天，甚至登峰造極。飲水思源，羅孚堪稱一位偉大的幕後英雄。沒有他的天才策劃，沒有他的慧眼識英雄，也就沒有新派武俠小說的問世和鼎盛，也就沒有梁羽生和金庸的名山事業。羅孚是一位眞正的伯樂。

一九五三年，一場轟動一時的拳師擂臺比武，是新派武俠小說誕生的一個重要契機。這一年，香港的兩位著名拳師——太極派傳人吳公儀和白鶴派傳人陳克夫，因爲門戶之見，產生了歧見和紛爭，因難以用語言來了斷，便相約比武，在拳腳上決出分曉。由於香港政府嚴令禁止這種決鬥性質的打擂比武，而澳門政府卻不禁止，於是，擂臺便轉移到了澳門，地點就在澳門新花園。

兩雄相爭，自然有一場好戲可看，而中國的老百姓，歷來就喜歡充當看客的身份。魯迅先生早就極其沈痛地說過：中國的民眾，永遠只能充當示眾的材料和無聊的看客。這種「看客」心理，在香港市民的身上也體現得極爲顯著；加之香港政府的嚴令禁止，又更加催發了香港市民的好奇心理。打擂比武的消息一傳出，香港市民個個翹首以待，十分關注。至於比武可能出現的嚴重後果，他們就管不了那麼多了。

比武的場面遠沒有想像中的那麼激烈那麼刺激，比武的過程也沒有持續多長時間。原以爲轟轟烈烈的比武，只打了三分鐘就匆匆結束了。太極派傳人跳起來一拳打在白鶴派傳人的臉上，打得他鼻孔流血。比武就以太極派傳人的勝利而告終。縱使如此，香港市民還是覺得飽了一下眼福，畢竟看到了一幕眞實的比武演出。

比武結束後，公眾似乎還意猶未盡。比武本身在市民中引起了轟動，成爲街談巷議的一個熱門話題，甚至有人添油加醋，以訛傳訛，到後來傳得越來越神奇。在香港這種狀況著實熱鬧了好一陣子。

比武一事，隨著時間的推移，一般民眾也就漸漸地淡忘了，他們又開始了一輪新話題的尋找。但觸角敏銳的報界編輯們，卻嗅出了個中三昧，也絕對不會放過這一大好機會，他們抓住這一話題大做文章，添油加醋，各顯身手。《新晚報》就是一個典型，他們出版的關於比武的「號外」頃刻被一搶而空。

身爲《新晚報》總編輯的羅孚，更是慧眼獨具，他看到市民對比武是如此癡迷熱衷，一時計上心來：爲什麼不趁此機會在報上搞個「武俠小說連載」呢？這難道不是招徠讀者的絕好一招嗎？於己於人，都是大大的有好處。羅孚說幹就幹。他首先想到的是梁羽生。因爲梁羽生平素就喜歡論武說劍，是一幫武俠迷中鋒芒最露的一個，「怨去吹簫，狂來說劍」，正是名士風度的體現。

梁羽生，本名陳文統，廣西蒙山縣人，生於一九二二年，比金庸大兩歲。梁羽生於抗戰勝利後到廣州就讀於嶺南大學，專業是國際經濟，一九四九年到香港定居，先在《大公報》

任職，後來轉入《新晚報》。梁羽生出身於書香門第，博學多識，文筆優美，國學根底扎實，爲人也具有紳士風度。經羅孚舉薦之後，梁羽生就正式動筆寫作武俠小說了。

比武後的第二天，羅孚就在《新晚報》上刊出了一則預告，說將有精彩的武俠小說連載奉獻給愛好武俠的讀者。次日，就有了梁羽生的粉墨登場，就有了署名「梁羽生」的《龍虎鬥京華》的登臺亮相。《龍虎鬥京華》在《新晚報》連載，一天一篇，前後共寫了兩年的時間。

沒想到，梁羽生的《龍虎鬥京華》竟然一炮打響，轟動一時，成爲暢銷小說。梁羽生也聲名鵲起，頓時紅極武林，號令江湖，惟其馬首是瞻。而《新晚報》的銷售量也直線上升，爲報紙贏得了豐厚的利潤，令同行分外羨慕。別的報紙見有機可乘，便紛紛效仿，辟出大塊版面，爭相推出自己的武俠小說連載。報人們都深深知道，讀者的閱讀興趣是報紙取勝的法寶，只有順著讀者的閱讀興趣辦報，才能更好地生存和發展。如此一來，稿源就出現了大大的問題。

其時的梁羽生，文債高壘，眞的是分身無術。無奈之餘，報人便向羅孚求援：能否再挖掘一位「武林高手」？

一天，《香港商報》的主編捷足先登，找到羅孚，說稿子就要斷炊了，請他念在同行和多年私交的分上「拉兄弟一把」。羅孚見他言辭懇切，又怎麼能不顧朋友之情呢？見此情狀，羅孚便向報界舉薦了金庸。但《香港商報》的主編有點猶豫，一時遲疑不決，在心裏嘀咕：這個金庸行嗎？可他轉念一想，既然是羅孚舉薦的，應該沒錯。

那是一九五五年的一天，受人之托的羅孚找到金庸，要他給《香港商報》寫武俠小說。金庸沒有托詞，爽快地答應了羅孚的邀請。

金庸與梁羽生本來就相識，早在進入《新晚報》之初，因意氣相投，二人很快就成了好朋友，金庸尊稱梁羽生爲「梁兄」。他們既是文友，也是棋友，閒暇時也喜歡在一起切磋武藝。梁羽生揮筆撰寫武俠小說，金庸早就看在眼裏。金庸也不是等閒之輩，才高八斗，心比天高，也不願意輸給梁羽生。只是金庸當時「內隱」著，不顯山不露水，暗地裏「修煉內功」，不動聲色之間，已經將武俠小說的一招一式演練得極爲嫺熟。

金庸原先廣泛閱讀過古代和近代的武俠小說，又熟悉外國小說，並且有多年寫作的經驗，寫武俠小說應當沒有什麼問題。所以，金庸自然而然地接受了羅孚的要求。

但寫什麼呢？怎麼寫呢？金庸要費思量了。

他想起了家鄉浙江海寧，想起了乾隆皇帝全力以赴修建的海寧海塘，想起了做童子軍時在海甯海塘邊露營的情景，想起了小時候時常看到的乾隆皇帝御詩的石刻，想起了童年時起就聽家父時常講的關於乾隆皇帝出身的故事……

對了，乾隆皇帝，就寫乾隆皇帝的出身問題。於是，就有了《書劍恩仇錄》的問世。

書劍恩仇　初試啼聲

《書劍恩仇錄》每天在《香港商報》上連載一篇，金庸也就每天寫一篇（一千字左右），從一九五五年一直寫到一九五六年。

剛開始的時候，《書劍恩仇錄》並沒有引起讀者的太多注意，反映平平。但連載了一個多月以後，情況發生了變化，讀者和評論家再也按捺不住了。他們紛紛打聽：「金庸」是誰？他是何方高手？他是哪門哪派？怎麼先前就沒有聽說過？

金庸加盟武俠小說創作，無疑壯大了武俠小說的陣營，從而使「新派武俠小說」在二十世紀中葉正式問世了。梁羽生和金庸，也就理所當然地成爲新派武俠小說的兩大開山祖師。爲什麼稱之爲「新派武俠小說」？柳蘇先生有過極爲精闢的解釋：「新派，新在用新文藝手法，塑造人物，刻畫心理，描繪環境，渲染氣氛，……而不僅僅依靠情節的陳述。文字講究，去掉陳腐的語言。西學爲用，有時從西洋小說中汲取表現的技巧以至情節。這使原來已經走到山窮水盡的武俠小說進入了一個被提高了的新境界，而呈現出新氣象，變得雅俗共賞，連大雅君子的學者也會對它手不釋卷。」（《俠影下的梁羽生》）

有一個小小的細節有必要在這裏提一下。在寫作《書劍恩仇錄》時，查良鏞第一次使用了「金庸」這個筆名。

「梁羽生」和「金庸」都是兩人寫作武俠小說時使用的筆名，後來竟然有成爲武俠小說代名詞的趨勢。梁羽生本名陳文統，他所用的筆名「梁羽生」，據說是因爲他曾經以「梁慧如」爲名寫過文史隨筆，所以便有了一個「梁」字；他很喜愛宮白羽和他的《十二金錢鏢》，便有了一個「羽」字。「梁」加「羽」，便「生」出了「梁羽生」。這就是梁羽生筆名的由來，由此也可以看出梁羽生自視甚高。相較而言，「金庸」這個筆名就沒有這番來歷了。一般認爲，它僅是將本名查良鏞的「鏞」拆開成爲「金庸」。

金庸之所以給自己的這部武俠小說處女作命名爲《書劍恩仇錄》，是由小說的內容決定的。因爲該書的主人公陳家洛幫助霍青桐奪回經書（「書」），而霍青桐則以寶劍相贈（「劍」）。而「恩仇」二字呢？因爲《書劍恩仇錄》主要寫陳家洛與乾隆皇帝之間的恩怨情仇，便有了「恩仇」二字。

雖然《書劍恩仇錄》一書中人物打出的旗號是「反清復明」，但寫的又不完全是「反清復明」。其實，《書劍恩仇錄》主要敘述了陳家洛與乾隆皇帝之間的恩怨情仇，並借此來寫滿族和漢族的矛盾。書中虛擬了乾隆皇帝的身份，說他是漢人，是雍正當年爲了爭奪帝位而抱入皇宮養大的一個地道的漢人，並且與陳家洛是同胞兄弟。但身爲漢人的乾隆皇帝已經腐朽變質，他野心很大，心胸狹窄，輕諾寡信，貪圖逸樂，雖然貴爲一代帝王，但基本上還是一個好弄權術的小人。金庸在該書的《後記》裏說：「我在書中將他寫得很不堪，有時覺得有些抱歉。」金庸這樣安排，一方面固然是服務於作品的戲劇性，易於營造衝突；另一方面，也便於展開民族矛盾、人物性格矛盾及統治者與被統治者的矛盾。

而乾隆的同胞兄弟陳家洛，則是紅花會的少舵主，他統率一干英雄豪傑與清廷對抗，與之展開了一場生死之爭，力圖匡復漢家天下。最初，陳家洛並不知道乾隆皇帝就是自己的同胞兄弟，直到後來從文泰來的口中，才知道乾隆皇帝就是自己的親哥哥；他力謀借乾隆皇帝的權力和地位，來完成自己的反清復漢使命。

陳家洛率領紅花會的兄弟們，劫持乾隆皇帝，將他囚禁於杭州六合塔上。這是一個絕好的機會：陳家洛可以挾持乾隆，迫使他發佈有利於漢人的命令，或據以威脅皇族，討價還價，達成自己的交換條件；或事情不成，也可以長期囚禁乾隆皇帝，以引發敵對陣營的恐慌與慌亂，以便有利於排滿事業的推進。

陳家洛與俘虜哥哥相見了，兩人展開了一場互相遊說。乾隆叫他「到京城裏去辦事」，「將來督撫、尚書、大學士，豈有不提拔你之理？這於家於國，對你對我，都是大有好處」。而陳家洛則要乾隆皇帝把滿洲人趕出關外，「做漢人的皇帝，不是滿人的皇帝」。

這番對話，是陳家洛個人生命史上的大事，成敗興廢、榮辱利鈍，都系根於此。但他要求乾隆皇帝所做的，又豈非難於上青天，他最終注定了要失敗。

而對於乾隆皇帝而言，也是一個重大的抉擇。陳家洛要他趕走滿人，這是要冒極大風險的，可能成功，也有可能失敗。倘若失敗，非但皇帝做不成，甚至連身家性命也保不住；倘若成功了，他仍然是做「皇帝」而已，並無傷大雅。既然如此，他又何必冒險聽從陳家洛的話呢？誠如他回到北京皇城所說的：「現在我要怎樣便怎樣，何等逍遙自在，這件大事（指排滿復漢）就算能成，亦不免處處受此人（指陳家洛）挾制，自己豈非成了傀儡？又何必舍實利而圖虛名？」

結果，乾隆皇帝非但沒有像紅花會希望的那樣匡復漢家天下，反而暗中佈置，企圖一舉剿滅包括他的親兄弟在內的紅花會群雄，除掉他的心腹大患。追究根本，統治者的利益遠遠高於血緣、親情和種族的利益，人性中對權位的貪欲戰勝了手足情、民族恨。同時，這也是贏得權力的統治者性格與以陳家洛爲代表的江湖文人性格的差異和衝突。

陳家洛天眞而多情，所患的病症是政治幼稚病，所以他的失敗也是注定了的，他的所作所爲，簡直是癡人說夢，怎麼可能實現呢？而書中最爲感人的，恐怕莫過於愛情故事了。于萬亭與陳世倌和徐潮生、陳家洛與霍青桐和香香公主、陳正德與關明梅和袁士霄……凡此等等，或爲情所苦，或爲情而惑，不一而足。

在《書劍恩仇錄》裏，金庸除了杜撰出陳家洛這個人物外，還杜撰了余魚同等一干武林豪傑；而書中出現的香香公主，也不是傳說中或歷史上的香妃，至少「香香公主比香妃美得多了」。武俠小說畢竟不是歷史人物的傳記，金庸雖然寫了乾隆的出身問題，並做了虛構；但根據歷史學家孟森的考證，乾隆是海寧陳家後人的傳說靠不住，而香妃爲皇太后害死的傳說也是假的。「歷史學家當然不喜歡傳說，但寫小說的人喜歡」，這就是二者的差距。

《書劍恩仇錄》中的情也是頗具觀賞價值的，書中人物大多爲情所苦。陳家洛率領紅花會群雄幫助回疆的木卓倫部奪回經書，霍青桐以寶劍相贈，這一則是表示感激之情，二則是表示自己的愛意。而陳家洛呢？他早就對翠羽黃衫霍青桐暗生情意，一見鍾情；但當他在一次偶然中看見李沅芷（女扮男裝）向霍青桐表示親暱時，心中極不是滋味，甚至對霍青桐此舉十分不諒解，隱隱責怪於她。陳家洛當時之所苦者，乃在於誤認爲霍青桐另外有一個男子。

陳家洛是個很懦弱的人，在愛情上也是如此。他之所以失去霍青桐，一則固然是出於誤會，二則恐怕也與他懦弱的個性有關，他怕娶了像霍青桐這樣一位巾幗英雄而使自己顯得像是「小男人」。在第十七回裏，陳家洛透露了自己的「小男人」心思：「霍青桐是這般能幹，我敬重她，甚至有點怕她」，「日後光復漢業，不知有多少劇繁艱巨之事，她謀略尤勝七哥，如能得他相助，獲益良多，……唉，難道我心底深處，是不喜歡她太能幹麼？」

及至後來，陳家洛見到了香香公主（霍青桐的妹妹），並愛上了香香公主喀絲麗。他之所以愛上香香公主，並不完全是因爲她美若天仙，更重要的是香香公主溫柔可愛，不會武功，不懂謀略，非常崇拜他，把他當成空前絕後的大英雄、大丈夫。陳家洛愛上香香公主，可憐的霍青桐，只好獨自一人品嘗愛之苦果了。可陳家洛與香香公主的好景也不長，當他再次看到香香公主時，她已經是乾隆皇帝的「娘娘」了。乾隆皇帝和陳家洛達成協定，讓他將香香公主帶出皇宮，但他們在一起竟不足一天，香香公主就香消玉殞了。

陳家洛在愛情上的悲劇，一方面固然有他個性的原因，另一方面也有愛情與事業衝突的因素。如書中寫道，乾隆皇帝知道陳家洛深深地愛著喀絲麗，便說要以喀絲麗爲交換條件，要麼得到喀絲麗，要麼「復漢」，二者只能選擇一個，陳家洛的內心激烈地鬥爭著，「『我該爲了喀絲麗而和皇帝決裂，還是爲了圖謀大事而順從他？』這個念頭如閃電般在腦子裏晃了兩晃，這是個痛苦之極的決定，實在不願意去想。可是終於不得不想：『她對我如此神情，拼死爲我保持清白之軀，深信我定會救她。難道我竟忍心離棄她、背叛她？但是要顧全了喀絲麗和我兩人，一定得和哥哥決裂。這百般難遇的復國良機就此放過，我二人豈非成了千古罪人？』腦中一片混亂，眞不知如何是好。」

袁士霄本對「天山雙鷹」之一的關明梅愛之極深，但她最終嫁給了陳正德；而陳正德在臨死之時又擔心老妻對袁士霄舊情未忘，關明梅只好自刎以表深情。

余魚同極爲愛慕駱冰，但遺憾的是，駱冰已經是四哥文泰來的妻子。在小說的結尾，餘魚同勉爲其難地跟李沅芷結爲夫妻，但其內心的不快與悲苦，是可想而知的。

于萬亭（紅花會前任總舵主）一直深深地愛著徐潮生，可徐潮生遵從「父母之命，媒妁之言」，嫁給了陳世倌，致使他終生未娶，又因擔心雍正派遣刺客刺殺陳、徐滅口，「乃化裝為傭，在陳府操作賤役，劈柴挑水，共達五年」。

在這部小說裏，金庸寫「書與劍」的衝突，寫「情與仇」的衝撞，寫「江山與江湖」的對抗，寫「歷史與藝術」交彙，寫「武學與奇情」交融，它們無不顯示出金庸的博大情懷與深厚的文學功底。小說對宏大場面和複雜情節的掌握，對眾多人物形象的刻畫，也是運用自如，初步顯示了金庸作為一名作家的實力。

金庸的《書劍恩仇錄》是不同凡響的。金庸已經在武俠小說創作的道路上邁出了堅實的第一步。據說，《書劍恩仇錄》連載了一段時間後，有不少人向他談起這部小說，還有很多讀者寫信來道賀，其中有銀行經理、律師、大學講師，還有引車賣漿者流，他們有的是七八十歲的老人，有的是八九歲的小兄弟、小姐妹。在南洋，據說，《書劍恩仇錄》還成為電視廣播和街談巷議的話題。一時間，掀起了一股不小的《書劍恩仇錄》潮流。

《書劍恩仇錄》最初是在報上連載的，後來出版單行本時，金庸對每一個句子都做了改動，態度非常認真，由此也可看出金庸的一貫風格：嚴肅認真、一絲不苟。

冷夏在《金庸傳》中這樣說：「有了《書劍恩仇錄》，從此便有了金庸。在今天看來，蔚為壯觀的新派武俠小說，其最初的觸發實在不過是幾個報人、文人的『小遊戲』而已，充其量是對報紙銷路的刺激。但天下事往往如此，一個並不經意的舉動常常正是一項大事業的開端！對查良鏞也一樣，這個時年三十一歲的年輕人本不過是一時技癢，小試身手，但之後卻成爲新派武俠小說的一代宗師！這便不得不令局外人稱奇歎妙了！」

當然，金庸的這部武俠小說處女作並非盡善盡美。比如，它的回目就有問題。梁羽生化名佟碩之在《金庸梁羽生合論》中說：「金庸很少用回目，《書劍恩仇錄》中他每一回用的是七字句式『聯語』回目，看得出他是以上一回與下一回作對的。偶然有一兩聯過得去，但大體說來，經常是連平仄也不合的。就以《書劍恩仇錄》第一二回湊成的回目爲例，『古道駿馬驚白髮，險峽神駝飛翠翎』。『古道』『險峽』都是仄聲，已是犯了對聯的基本規定（《碧血劍》的回目更差，不舉例了）。大約金庸也發現作回目非其所長，《碧血劍》以後諸作，就沒有再用回目，而用新式的標題。」

佟碩之（梁羽生）所言，確實是實話，通平仄，寫對聯，作回目，賦詩詞，並非金庸之所長，而梁羽生卻恰好是個中高手，所以金庸後來也就揚長避短了。

在撰寫《書劍恩仇錄》時，金庸從《新晚報》調了出來，回歸《大公報》。他以前是《大公報》的國際電訊翻譯，編輯的是國際新聞版，現在編輯的則是副刊。金庸這次回歸《大公報》，完全可以說是今非昔比，他再也不是一個默默無聞的小編輯了，他已經是一代武林俠客了，身份、地位和名聲都有了巨大的改變。寫完《書劍恩仇錄》後，金庸已經是鋒芒展露，甚至直逼梁羽生。如長江大河的才情一旦噴發出來，其勢不可遏制，單單一部《書劍恩仇錄》，他覺得很不過癮了。於是便有了《碧血劍》。

碧血劍 淩厲出鞘

《碧血劍》是金庸創作的第二部武俠小說，作於一九五六年，仍然是發表在《香港商報》上。後來出版時他做了較大的修改，增加了五分之一左右的篇幅。他自己在《後記》裏說：「修訂的心力，在這部書上付出最多。」

爲了與《碧血劍》配套，金庸在一九七五年五月到六月間又寫了《袁崇煥評傳》，作爲該書的一個補充。《碧血劍》寫的是明朝末年，因朝政腐敗，致使烽煙四起，李自成、張獻忠等人相繼「揭竿而起」，而關外的滿族人更是虎視眈眈。

小說主人公袁承志，是抗清名將袁崇煥的兒子，因爲崇禎皇帝中了滿族人的反間計，處死了袁崇煥，造成千古冤案。袁承志後爲袁崇煥的舊部將領收養，並學得了一身好武藝。身懷家仇國恨的袁承志，立志要報這個大仇。爲了這個目的的實現，袁承志毅然投身於李自成的義軍隊伍中。但袁承志在李自成隊伍中的所見所聞，使他深有感觸；尤其是當起義軍攻陷北京城的所作所爲，更是使他失望。他離開了起義軍。

他夜探皇宮，親眼目睹了崇禎皇帝的暴虐、冷酷、昏庸和獨斷專行，打破了他對崇禎皇帝的厚望；相反，滿族統治者皇太極並不像他想像中的那麼壞，他有聰明練達的頭腦，他有深謀遠慮的機智。袁承志動搖了，既沒有挽救崇禎皇帝，也沒有刺殺皇太極。

《碧血劍》表面上主要是寫袁崇煥的兒子袁承志的事跡，其實書中的真正主角應該是袁崇煥和「金蛇郎君」夏雪宜。

「金蛇郎君」夏雪宜在書的一開頭就已經死去，他的事跡主要是通過溫青青母親溫儀和雲南五毒教何紅藥之口來回憶和追述的，他的武功主要就體現在袁承志的身上。

相較而言，該書講國家和民族多而涉及個人的少，因而對個人性格和感情的挖掘與刻畫就受到不少限制。不論是第一男主角袁承志，還是「五毒教」眾豪傑，抑或是明末農民起義軍領導人李自成、李岩、紅娘子，他們堅韌不拔追求的是自己的政治信仰和革命目的。

袁承志的性格與乃父袁崇煥大不一樣，袁崇煥是「眞正的英雄，大才豪氣，籠蓋當世，即使他有缺點，也是英雄式的驚世駭俗。他比小說中虛構的英雄人物，有更多的英雄氣概」，「他的性格是一柄鋒銳絕倫、精剛無儔的寶劍。當清和升平的時日，懸在壁上，不免會中夜自嘯，躍出劍匣。在天昏地暗的亂世，則屠龍殺虎之後，終於寸寸斷折」。而袁承志呢？就大不一樣了，連金庸自己也承認，「袁承志的性格並不鮮明」，「在性格上只是一個平凡人物。他沒有抗拒艱難時世的勇氣，受了挫折後逃避海外，就像我們大多數在海外的人一樣。」袁承志的結義兄弟李岩被逼自殺，夫人紅娘子也拔刀自刎，近在咫尺的袁承志，目睹了這一幕幕淒慘的人生悲劇，他的耳邊似乎響起了當日在北京城中與李岩一同聽到的那老盲人的歌聲：「今日的一縷英雄，昨日的萬里長城……」袁承志「心中悲痛，意興蕭索」，他一時心灰意懶，再也無心進取。他後來率領自己的手下和朋友，遠征異域，「終於在海外開闢了一個新天地」，終老於海外。正是「萬里霜煙回綠鬢，十年兵甲誤蒼生」，金庸就此結束了全書。

透過《碧血劍》可以看出，在所歌頌的英雄身上，金庸強調的是英雄執著的獻身精神。這種精神不會因時間的流逝而喪失它激動人心的偉大力量，同時也不能完全否定英雄們當時行爲的合理性。在《袁崇煥評傳》中，金庸是這樣講的：「不要由於後代滿清統治勝過了明朝，現在滿族又成爲中華民族中一個不可分離的部分，就抹煞了袁崇煥當時抗禦外族入侵的重大意義。正如將來大同世界之後，也不能否定目前各國保持獨立和領土完整的主張」，「對於滿洲人入主中國一事，近代的評價與前人也頗有改變。所以袁崇煥的功業，不免隨著時代的進展而漸漸失卻光澤。但他的英雄氣概卻永遠不會泯滅。正如當年七國紛爭的是非成敗，在今天已沒有多大意義了，但荊軻、屈原、藺相如、廉頗、信陵君等等這些人物的生命，卻超越了歷史與政治。」這是金庸的歷史觀和民族觀。

這時的金庸，不但英雄觀念有改變，而且民族觀念也有改變。滿族人建立的清王朝取代了漢族人建立的明王朝，這是中華民族的歷史事實，究竟誰對誰錯、孰優孰劣，千秋功過，後人自有評說。而金庸這部武俠小說中的袁承志，可以反映金庸當時的民族觀念。袁承志的本意是「反清復明」，但他在歷經種種曲折之後，發現清朝新主皇太極並不是他想像中那麼道德淪喪、窮兇極惡，相反，他精明能幹，頗有順天愛民之識。跟皇太極形成鮮明對照的明朝皇帝崇禎，則剛愎自用，糊塗可恨，窮兇極惡，但他也有自己的煩惱鬱悶，從而使兩鬢早白，殊無爲人君的快樂。而明末農民起義軍領袖李自成，在攻陷北京以後，迫不及待地登上了皇帝的寶座，從此不思進取，狂妄自大，貪圖享樂，謀害功臣，致使根基不穩，皇帝寶座還未坐暖，便被清軍擊敗；被趕出北京城的農民起義軍，更是兵敗如山倒。歷史就是那麼的殘酷無情，同時也是那樣的合情合理，說不盡，道不完！

《書劍恩仇錄》和《碧血劍》的發表，既給金庸帶來了巨大的名氣，也大大地改觀了他的經濟狀況。這種情形，大概就像金庸後來所說的那樣，當時的武俠小說創作，在他的生命中所占的比重確實較大。

雪山飛狐 神來之筆

寫完《碧血劍》後，金庸又開始馬不停蹄地撰寫另外一部武俠小說——《雪山飛狐》。《雪山飛狐》和《飛狐外傳》是個姊妹篇，後者是前者的前傳。

一九五九年，香港出現了兩本武俠雜誌，一本是《武俠小說周報》，一本是至今仍在發行的《武俠世界》。這兩本雜誌都很賺錢，金庸見狀，就開動腦筋，他想，自己的《明報》上已經辦了一個武俠小說專欄，爲什麼不再辦一份武俠小說雜誌呢？所以，在一九六〇年的香港，就有了第三份武俠雜誌——《武俠與歷史》。

爲了支撐《武俠與歷史》，金庸眞的是嘔心瀝血，竟然在撰寫《神雕俠侶》的同時，寫作著另外一部武俠小說《飛狐外傳》。因爲是在雜誌上刊登，所以寫作的方式就有所不同。在修訂自己的作品時，金庸這樣說：「《飛狐外傳》寫於一九六〇—一九六一年間，原在《武俠與歷史》小說雜誌連載，每期刊載八千字」，「在報上連載的小說，每段約八百字至一千四百字。《飛狐外傳》則是每八千字寫成一個段落，所以寫作的方式略有不同。我每天寫一段，一個通宵寫完，一般是半夜十二點鍾開始，到第二天早晨七八點工作結束。作爲一部長篇小說，每八千字成一段落的節奏是絕對不好的。這次所作的修改，主要是將節奏調整得流暢一些，消去其中不必要的段落痕跡。」一天寫八千字，金庸好生令人佩服！

至於這兩部小說的關係，金庸也有過說明：「《飛狐外傳》是《雪山飛狐》的『前傳』，敘述胡斐過去的事跡。然而這是兩部小說，互相有關係，卻並不是全然的統一。在《飛狐外傳》中，胡斐曾不止一次和苗人鳳相會，胡斐也有過別的意中人。這些情節，沒有在修改《雪山飛狐》時強求協調」，「這部小說的文字風格，比較遠離這個舊小說的傳統，現在並沒有改回來，但有兩種情形是改了的：第一，對話中刪除了含有現代氣息的字眼和觀念，人物的內心語言也是如此。第二，改寫了太新的文藝腔、類似外國語文法的句子。」

《雪山飛狐》主要是寫金面佛苗人鳳與胡一刀夫婦以及胡斐的江湖恩怨情仇。書中的主要人物不但有直寫、明寫的胡斐，還有倒敘、暗寫的苗人鳳和胡一刀夫婦。

《雪山飛狐》的頭號主角，顯然是胡斐，但根據金庸自己的說法，「《雪山飛狐》的眞正主角，其實是胡一刀」，「胡斐的性格在《雪山飛狐》中十分單薄，到了本書（按：指《雪山飛狐》）中才漸漸成型。」

苗人鳳和胡一刀本來壓根就沒有什麼過節冤仇，更談不上什麼血海深仇，但爲了在武藝上見個高低，兩人展開了一場拼死搏鬥。原因很簡單，他們二人都是武林中人，尚武是他們的共同愛好，武藝上見個高下是他們的共同嗜好；因爲苗人鳳的稱號是「打遍天下無敵手」，那麼，你究竟是不是我胡一刀的對手呢？

沒有料到，兩人經過交手，反而成為了知心朋友，越打越生知己之情，兩人惺惺相惜，難捨難分。這場惡戰，本來大可就此打住。可又有誰料到，奸邪小人田歸農在暗中使毒計，他在苗人鳳的劍上塗抹了毒藥，最終使胡一刀命喪劍下，而胡一刀的夫人冰雪兒也自刎殉情。從此，苗人鳳似乎就和胡家結下了冤仇。

與《碧血劍》不一樣的是，倒敘中的苗人鳳並沒有像「金蛇郎君」夏雪宜一樣在書的一開頭就死去，而是活在整部書中，最後還和胡斐決一死戰，以爭個高低輸贏。更與在愛情上成功的夏雪宜不一樣的是，苗人鳳在愛情上是個失敗者，他深愛著的美麗的妻子藍蘭（小說中為南蘭），對武功壓根就沒有什麼興趣，兼之苗人鳳又不懂女人的心，使得南蘭最終舍他而去，迷戀上了風流倜儻的田歸農。無可奈何的苗人鳳，只好把滿腔的深情厚意傾注給了自己心愛的獨生女兒苗若蘭。

胡斐是《雪山飛狐》的第一男主角，綽號「飛狐」（「飛天狐狸」）。「飛狐」是他名字倒讀的諧音，也是他靈巧機智如飛天狐狸的寫照。胡斐出世不久，他的父母就雙雙身亡，成了一個十足的孤兒，由平四叔把他一手拉扯大。胡斐這個鄉下小子，為人倔強、正直、勇敢，富有俠義心腸。在《飛狐外傳》第一回「風雨商家堡」中，毫無江湖經驗的胡斐，面對強敵和勁敵，敢於打抱不平，挺身而出，置生死於度外，從而贏得了趙半山的喜愛。

借助於苗人鳳的虎威，平四叔從閻基（即後來的寶樹和尚）的手中拿到了「胡家刀法」

的另外幾頁刀譜。之後，胡斐勤練「胡家刀法」，武功日益精進。在他闖蕩江湖的過程中，巧遇紫衣麗人袁紫衣（法號圓性）和藥王高徒程靈素，並與二人有了感情瓜葛。

胡斐一直深愛著的袁紫衣早已出家，不可能與胡斐共結連理；而一直深愛著胡斐的程靈素，卻又未能獲得胡斐的移情相愛，最後爲胡斐而喪身。

金庸在《後記》中說，《飛狐外傳》中的胡斐性格尚未成熟，要在《雪山飛狐》中才能看清胡斐的成長和轉變。《雪山飛狐》故事從天龍門南北二宗高手，與清廷大內侍衛及寶樹和尚在雪地上爭奪闖王軍刀開始，引出苗人鳳、胡一刀兩大豪傑客店激戰的前因後果。

在雪域絕境上的各路人物，爲爭奪闖王軍刀，爾虞我詐，心懷鬼胎。一直到苗人鳳的獨生女兒苗若蘭與婢女在峰上現身，故事才逐漸收緊。每個人都爲軍刀追述自己的經歷，寶樹和尚和苗若蘭則追述苗、胡的激戰往事，二人所講雖大同小異，但仍未將眞相弄個水落石出。反倒自不起眼的平四口中，才道出了事情的關鍵。

苗人鳳出現了，故事的最高潮也就來到了。

置身於懸崖危石之上的苗人鳳和胡斐，要展開一場生死決戰。今日的「飛天狐狸」胡斐，早已是今非昔比；而「金面佛」苗人鳳，仍然是雄風不減當年。這一老一少，你來我往，刀劍相交，險象環生，一時難決勝負：「兩人這時使的全是進手招數，招招狠極險極，但聽得格格之聲越來越響，腳步難以站穩。兩人均想：『只有將對方逼將下去，減輕岩上重量，這巨岩不致立時下墜，自己才有活命之望。』眞的生死決於瞬息，手下更不容。」

交戰中的苗人鳳，一招「追腕翼德闖帳」使將出來，接著就要使出一招「提撩劍白鶴舒翅」；而這一招使將出來，將逼得對方非跌下岩去不可。在這生死關頭，胡斐想起平四所說父親當年與苗人鳳比武的情景，那時母親在他背後咳嗽示意，他心下大悟，如同「身後放了一面鏡子，不須旁人相助，已知他（按：指苗人鳳）下一步非出此招不可，當下一招『八方直入式』，搶了先著」。

此時，只要胡斐一刀砍下去，苗人鳳就必定要敗在刀下，勝負立時就見分曉，而胡斐多年的恩怨，也就此可以了結。苗人鳳歎息著「報應，報應」，閉目待死。但也有可能同時命喪懸崖——因爲岩石本身承受不住他們二人的重量。但他卻又面臨一個兩難抉擇：在這之前他曾經答應過苗若蘭，不殺其父；但若不殺苗人鳳，這一場恩怨又如何了結呢？更何況，等苗人鳳那招「追腕翼德闖帳」使將出來，自己也非死不可。胡斐的這一刀究竟是砍下去了呢，還是沒有砍下去？金庸沒有給出明確的答案。

《雪山飛狐》，就此戛然而止。

金庸自己怎麼說呢？他說：「寫到最後，胡斐的矛盾，就變成了我的矛盾，同時苗人鳳的痛苦，也成了我的痛苦。這兩人如何了斷恩怨情仇，連我也決定不了」，「《雪山飛狐》的結束是一個懸疑，沒有肯定的結局。到底胡斐那一刀劈下去呢還是不劈，讓讀者自行構想。」

十多年來，曾經有好幾位朋友和許多不相識的讀者建議金庸寫個肯定性的結局，但金庸經過仔細的思索，「覺得還是保留原狀的好，讓讀者們多一些想像的餘地。有餘不盡和適當的含蓄，也是一種趣味。在我自己心中，曾想過七八種不同的結局，有時想想各種不同的結局，那也是一種享受。胡斐這一刀劈或者是不劈，在胡斐是一種選擇，而每一位讀者，都可以憑著自己的個性，憑著各人對人性和這個世界的看法，作出不同的選擇」。這是一種含蓄，也正是作品的魅力之所在。

大陸曾經將《飛狐外傳》和《雪山飛狐》糅合在一起，拍成電視連續劇《雪山飛狐》。但不知出於導演的一廂情願，還是因爲出於對觀眾要求完美結局的考慮，它硬是給《雪山飛狐》加了一個大團圓的結局：胡斐的那一刀終究還是沒有砍下去，他與苗人鳳捐棄前嫌，在歡聲笑語中攜手下山，還有苗人鳳那美麗動人的獨生女苗若蘭。可想而知，最終是胡斐與苗若蘭喜結連理，一家三口過著幸福美滿的生活。這種結局好不好，讀者和觀眾自有評說；但無論如何，這是違背金庸原意的，在一定程度上也損害了《雪山飛狐》的獨特魅力。

金庸寫作《雪山飛狐》和《飛狐外傳》的意圖，他自己有過說明：

「我企圖在本書（按：指《飛狐外傳》）中寫一個急人之難、行俠仗義的俠士。武俠小說中真正寫俠士的其實並不多，大多數主角的所作所為，主要是武而不是俠。

「武俠人物對富貴貧賤並不放在心上，更加不屈於威武，這大丈夫的三條標準，他們都不難做到。在本書之中，我想為胡斐增加一些要求，要他『不為美色所動，不為哀懇所動，不為面子所動』。英雄難過美人關，袁紫衣這樣美貌的姑娘，又為胡斐所傾心，正在兩情相洽之際而軟語央求，不答應她是很難的。英雄好漢總是吹軟不吃硬，鳳天南送金銀華屋，胡斐自不重視，但這般誠心誠意的服輸求情，要再不饒他就更難了。江湖上最講究面子和義氣，周鐵鷦等人這樣給足了胡斐面子，低聲下氣地求他揭開了對鳳天南的過節，胡斐仍是不允。不給人面子恐怕是英雄好漢最難做到的事了

「胡斐之所以如此，只不過為了鍾阿四一家四口，而他跟鍾阿四素不相識，沒有一點交情……目的是寫這樣一個性格，不過沒能寫得有深度。只是在我所寫的這許多男性人物中，胡斐、喬峰、楊過、郭靖、令狐沖這幾個是我比較特別喜歡的……武俠小説中，反面人物被正面人物殺死，通常的處理方式是認為『該死』，不再多加理會。本書中寫商老太這個人物，企圖表示：反面人物被殺，他的親人卻不認為他該死，仍然崇拜他，深深地愛他，至老不減，至死不變，對他的死亡感到悲傷，對害死他的人永遠強烈憎恨。」

《飛狐外傳》和《雪山飛狐》雖然是姊妹篇，但二者銜接得並不是天衣無縫。佟碩之（梁羽生）在《金庸梁羽生合論》中說：

「另一個更顯著的前後脱節的例子是《雪山飛狐》與《飛狐外傳》，從這兩部小説敘述的時間來看，《飛狐外傳》是《雪山飛狐》的前傳。但《飛狐外傳》中與胡斐有過戀人關係的袁紫衣、程靈素等人，在《雪山飛狐》中，卻隻字不提，苗人鳳在《飛狐外傳》中是與胡斐見過面的，到了《雪山飛狐》中，又變成了素不相識、初次會面的仇人了……看來金庸是有點犯了為情節而情節的毛病。」

但梁羽生也承認自己「對情節的安排，就遠不及金庸之變化多樣了」。這個問題，金庸其實早就意識到了，只是他沒有加以改動，仍然保留原狀。

射雕英雄 武林至尊

正當讀者熱烈地討論著胡斐的那一刀究竟砍下去沒有時，金庸繼《雪山飛狐》之後又推出了一部力作——《射雕英雄傳》，創作時間是一九五八年。

說來也眞湊巧，金庸在創作《射雕英雄傳》時，當時另一位非常叫座的武俠小說家張夢還，也在報紙上連載著另外一部武俠小說。張夢還這部武俠小說的名字與《射雕英雄傳》有相近之處，叫做《沈劍飛龍記》。

一個在「射雕」，一個在「飛龍」，煞是好看。觸覺敏銳的新聞界，似乎從中嗅出一點名堂，覺得這是一個不錯的題材，大可借此機會炒作一番；以便引起讀者的熱切關注，從而爲報紙的銷售創造有利的條件。於是，便有了「龍雕之戰」的神奇說法；於是，大「雕」和飛「龍」就在天空中擺下了擂臺，準備「決一雌雄」。喜歡看熱鬧的讀者和市民，自然是翹首期盼，盼望著儘早「決出勝負」，看看究竟誰是眞正的「一代天驕」。

張夢還，原名張擴強，一九二九年出生於四川，因爲推崇和景仰民國著名武俠小說家還珠樓主，所以就以「夢還」爲筆名創作武俠小說。除了這部《沈劍飛龍記》外，張夢還另外還創作有《青靈八女俠》、《十二女金剛》等作品。張夢還的這些作品幾乎都有還珠樓主的影子，書中屢屢出現峨眉女俠，頗有還珠樓主的遺風。

《沈劍飛龍記》一書以明朝著名文學家方孝孺的後裔爲主角，筆下揮灑復仇之焰與門戶之爭，情節緊湊而不鬆懈，故事動人而不血腥，整部作品扣人心弦。《沈劍飛龍記》一推出，就十分叫座。《沈劍飛龍記》既然敢跟金庸叫陣，自然不是庸品凡品。張夢還確實具有跟金庸抗衡的一定實力。但金庸這時已經是一代大俠，身份、地位和勢力自然非同尋常；而他這次推出的《射雕英雄傳》，更是精品上品。所以，擂臺上的分曉很快就見出來了。當然，並不是說《沈劍飛龍記》因稍遜一籌就因此而抹煞它的價值，《沈劍飛龍記》本身也是一部相當不錯的武俠小說。

《射雕英雄傳》一出，那可眞的是「全城轟動」，給金庸帶來了聲譽和地位。金庸新派武俠小說作家的宗師地位也因此得以奠定，「武林至尊，誰與爭鋒」。

至於當時的情景，倪匡在回憶中曾經描述過：「等到《射雕英雄傳》一發表，更是驚天動地，在一九五八年，若是有看小說而不看《射雕英雄傳》的，簡直是笑話。」冷夏在金庸的傳記中有過更爲詳細的記述：

……那時，每天報紙出來，人們首先翻到副刊看金庸的武俠小說連載；市民們街談巷議的話題，多半與小說中的人物、情節有關。

一時間，只要是金庸的武俠小說，人們便一路追看下去；看過一遍不過癮，又看第二遍、第三遍；看過連載，又看每「回」一本的小冊子，還要看最後出版的大部頭全本……

在曼谷，當地中文報紙每一家都轉載金庸的作品，並在報館門口貼出昨日和今日所載的作品。當時各報是靠每天往來香港至曼谷的班機送來香港報紙轉載的，因而大家彼此共用；但到了小說的緊要關頭，有的報館為了搶先，便不再坐等班機到來，而利用電臺的設備通過電報來報道香港當天作品的內容，以滿足讀者迫不及待的渴望。

用電報來拍發武俠小說，這在報業史上恐怕是破天荒的舉動。可見金庸作品受歡迎的程度。自《射雕英雄傳》出現之後，查良鏞的武俠小說巨匠、大師地位，人人公認。新派武俠小說一代宗師的至高地位，由此奠定。

那是一九五八年。

那年查良鏞三十四歲。

《射雕英雄傳》確實是一部非同凡響的武俠小說上品，曹正文是這樣稱譽《射雕英雄傳》的：「高山大海，千軍萬馬，筆掀波瀾，氣勢逼人，山水爲之動色，日月爲之慘澹，可謂古今罕見。」費勇和鍾曉毅在《金庸傳奇》中如是說：「《射鵰英雄傳》是金庸最受歡迎的作品之一，也是讀者心目中『中國之魂』的最好的載體。所以，它一發表，便眞正確立了金庸的『武林至尊』的地位……它倒不是金庸最好的作品，但卻是金庸最重要的作品。」

《射鵰英雄傳》的撰寫成功，不僅得到了市民讀者的追捧，也獲得了專家學者們的讚譽。夏濟安先生一直從事文學研究，閒暇時光也喜歡閱讀武俠小說。早在五十年代初（當時梁羽生和金庸還沒有涉足武俠小說的創作），他就預見，武俠小說的前途不可限量。他對朋友說，「武俠小說這門東西，大有可爲，因爲從來沒有人好好寫過」，並且表示，將來要是實在沒有其他辦法，他一定會去寫武俠小說的。後來他到臺灣，一個很偶然的機會他讀到了金庸的《射鵰英雄傳》，禁不住拍案叫絕，連忙給好朋友寫信：「眞命天子已經出現，我只好到外國去了。」金庸自從寫出《射鵰英雄傳》後，他的武俠小說創作就漸入佳境，進入了創作的眞正成熟期。之後的金庸，扶搖直上，佳作連連，眞正成爲了新派武俠小說的一代大宗師。

在《射鵰英雄傳》裏，金庸塑造了一個又一個個性分明、經歷非凡的人物，東邪、西毒、南帝、北丐、周伯通、裘千仞、江南七俠、郭靖、黃蓉、瑛姑、全眞七子、成吉思汗……。他們躍然紙上，呼之欲出，家喻戶曉。

《射鵰英雄傳》的時代背景是宋末元初，正好處於易代之際，中間又間雜著女眞金國政權和大理政權等，可以說是錯綜複雜，眞的是「亂花漸欲迷人眼」。書中人物的活動地點，更是遼闊不可方計，一會兒是風景綺麗的江南，一會兒是冰雪連天的西藏，一會兒是黃沙漫漫的漠北，一會兒是世外桃源的桃花島……

《射雕英雄傳》寫的是眾多的英雄俠客，不是「只識彎弓射大雕」的成吉思汗，反倒是「大勇止干戈，義氣衝霄漢」的傻小子郭靖；《射雕英雄傳》所關注者，更多的是英雄俠客們的俠義之舉，而不是荼毒生靈的殘酷征戰和大規模屠殺。

至於《射雕英雄傳》的主題，在書中是通過郭靖與成吉思汗的一番對話來揭示的。成吉思汗臨死之前，曾經與郭靖攬轡並騎馳騁於大漠草原。望著遼闊而美麗的草原，回思自己南北征戰，東西廝殺，成吉思汗浮想聯翩；經過多少艱辛，犧牲多少性命，才換來了疆域如此廣大的蒙古帝國，成吉思汗的內心湧現出高傲與自豪。他得意洋洋地對郭靖說：「靖兒，我所建大國歷代莫可與比。自國土中心達於諸方極邊之地，東南西北皆有一年的行程。你說古今英雄，有誰及得上我？」

他的一席話並沒有獲得郭靖的首肯。郭靖認爲，人死一場空，一撮黃土，一座荒塚，國土雖大，卻無大用；更何況，「自來英雄而爲當世欽仰，後人追慕必是爲民造福、愛護百姓之人。以我之見，殺得人多未必算是英雄。」兩人在草原上的這席對話，無疑就是《射雕英雄傳》主旨之所在。直到小說的結尾處，金庸還這樣寫道：「當晚成吉思汗崩於金帳之中，臨死之際，口中喃喃念道：『英雄，英雄……』，想是心中一直琢磨著郭靖的那番言語。」

《射雕英雄傳》由金兵南下擄掠開端。郭嘯天和楊鐵心這兩位山東好漢，因不堪忍受金人南下的燒殺肆虐，便移民到了江南臨安的牛家村。郭、楊二人的妻子同時懷孕，兩人約定：如果是一男一女，便指腹為婚；如果同是男孩或女孩，便結拜為兄弟或姐妹。沒有料到，他們雙雙家破人亡。郭嘯天的妻子李萍被兇惡的段天德擒獲，曆盡艱難險阻，終於逃出魔掌，在荒漠的草原上生下了一個男孩，他就是郭靖。而楊鐵心的妻子包惜弱，被金國王爺完顏洪亮騙走，並嫁給了完顏洪亮，也生下了一個兒子，他就是完顏康（楊康）。

之後，小說引出丘處機、江南七怪的打賭。江南七怪在草原上尋找到了郭靖，按照打賭時所訂立的「遊戲規則」，他們應該收郭靖為徒，所以，他們就開始傳授郭靖武功；但郭靖資質駑鈍，反應遲鈍，學武老是不得其法。在一個偶然的機會，他遇到了聰穎過人而又刁鑽古怪的黃蓉。在黃蓉的機智「狡詐」和「矇騙」之下，貪圖美食的洪七公乖乖地「上當受騙」了，郭靖也就學會了丐幫幫主洪七公至剛至陽至猛的「降龍十八掌」。因為郭靖豪邁忠厚，心地善良，最後終於成了「為國為民」的一代大俠。

而完顏康則是養尊處優的小王爺。他天資聰穎，機智靈敏，師從「全眞七子」之一的丘處機，學武是一點就通；但因從小就生活在王宮之中，他形成了只顧自己、不顧他人的自私自利的個性，他貪生怕死，他奸詐狠毒，他作惡多端，人品低下。後來，僥倖逃得性命的楊鐵心，帶著義女穆念慈來尋訪郭靖母子和他們母子二人。完顏康才知道自己的身世，但他貪圖富貴享受，決然不聽從義正詞嚴的勸告。穆念慈對他一見鍾情，卻怎麼也說不動他。在嘉興鐵槍廟，完顏康落得了一個慘死的可悲下場。

在《射雕英雄傳》中，除了這兩條主線外，還有其他一些支線。如書中引出的蒙古大汗和金國王爺；再到後來，東邪黃藥師、西毒歐陽鋒、南帝一燈大師、北丐洪七公、老頑童周伯通、鐵掌水上漂裘千仞等相繼登臺亮相，令人眼花繚亂，目不暇接。

金庸在《射雕英雄傳》中塑造的郭靖，也許有的人認爲他的人格太高尚、太完美了。確實，郭靖是金庸筆下一個高、大、全的人物形象，他也體現了那個時代的價值取向，心地寬厚、胸襟廣闊、「爲國爲民，俠之大者」。金庸刻意把郭靖寫成一個最符合儒家做人標準的人物，他長得高大威猛，相貌英俊；可他內心善良仁慈，爲人誠實憨厚。他具有吃苦耐勞的品質，他具有忠心耿耿的俠義，他具有堅貞不二的愛情，他剛毅木訥不善言辭……

在北京大學期間，嚴家炎曾經問過金庸：「查先生對郭靖這個人是怎樣的看法？有的人很喜歡他，有的人覺得他太假。」金庸說：「我是想塑造一個中國北方忠厚樸實的、勤奮而且具有偉大同情心的、但絕不笨的人物，當然不能寫得太好，寫得太好就會給人假的感覺，我力圖給讀者一個眞實的人物形象，肯定有人不喜歡他的，比如南方人就可能嫌他太木訥了。」確實，郭靖並非不食人間煙火的神仙聖人，他也有七情六欲，他也會痛苦，他也會歡笑，他也有個人利害得失的權衡，但他可以將個人與國家、家事與國事和諧地結合起來。這，就是郭靖的風格與立場。當然，書中的郭靖是個傻小子，也許在有些人看來，他還有些迂腐。但這些都不是問題的關鍵；恰恰相反，正因爲有這些方面的「不足」與「缺陷」，才使郭靖更加具有人性，更加貼近大眾，從而也使大眾可以更好地接受郭靖。

但就根本而言，金庸在刻畫郭靖這人物形象時，注重的是處於第一位的「俠」，而不是居於第二位的「個性」。按照精神分析學的說法，一個人有三個「我」：「原我」、「超我」和「自我」。而金庸注重的是郭靖的原我和超我，相對而言，自我則在一定程度上被忽略了。

關於這一點，臺灣的曾昭旭在《金庸筆下的性情世界》中有過精闢的分析：

在這裏，郭靖是代表了純樸堅實的先天理性，黃蓉則代表了活潑輕柔的生命之流。理性是人內在的真正主宰，因此它是獨立完足的，才能判斷是非，指導方向。但理性也有先天後天之別，先天理性純以純樸的元氣直行，所以他對是非的判決是不必經過種種曲折考慮的，他只是念念知是知非。僅就利己而言，這就夠了，不過人的理想，除了利己，還要利人，而在利人的路上，便有了同情、瞭解、寬恕、權衡種種曲折，所以更要有清晰縝密的條理去斟酌分疏，才能成功。而這一種理性是後天理性（當然，後天理性還是應該統於先天理性的，不然就變成了無本的花葉了）。郭靖並沒有這一種理性，他只是純然的渾厚，毫沒有外露的精彩。因此表面看來，他像是個傻小子，楞小子，遠不如楊康或歐陽克公子的聰明花巧。他練的功夫，也是以剛猛純陽的降龍十八掌為主，但『至巧不如至拙』，他這種樸純卻是真能自主的。當他初遇洪七公，初學了降龍十八掌的一招『亢龍有悔』時，就使武功高出他當時十倍的敵手無可奈何。這就隱示了郭靖或說先天理性的寶貴了。

《射雕英雄傳》中的郭靖，後又出現在《射雕英雄傳》的續集《神雕俠侶》裏。他「爲國爲民，俠之大者」的形象得到了進一步的深化，「死守襄陽」就是其中最大的一個力證。

金庸搖轉他的生花妙筆，在《射雕英雄傳》中揮灑了一幕又一幕恩怨情仇，楊鐵心與包惜弱的情深義重，完顏洪亮對包惜弱的一片癡情，楊康與穆念慈的情義纏綿，郭靖與黃蓉的純眞情感，周伯通與瑛姑的一場情怨，華箏對郭靖的單向情癡，讀來或令人歎息再三，或令人羨慕不已，或令人扼腕抱憾……

黃蓉聰明機智，慧心秀口，武學文才，樣樣都不輸於郭靖，但她終究還是愛上了她的「靖哥哥」，反而不是風流瀟灑、聰明多情的歐陽克。她因被父親黃藥師狠狠地責備了幾句，一氣之下，離家出走。女扮男妝的黃蓉，巧遇傻小子郭靖，兩人由友情逐漸昇華出愛情。黃蓉與郭靖在個性上有巨大差異，但他們仍然結爲恩愛夫妻，成爲矛盾的統一體。他們也就成了金庸筆下最幸福、最圓滿的一對夫妻。

曾昭旭是這樣分析黃蓉和郭靖的個性差異的：

郭靖代表了純樸堅實的先天理性，黃蓉則代表了活潑輕柔的生命之流。如此一個靈慧的生命去和剛毅的郭靖相處，是怎樣一種形態呢？我們可以看到，但凡在小事上，郭靖總是笨拙窘困。在生生滅滅、遷流不息的情形下隨機應變，以呈露生命姿彩，這本是黃蓉的能耐和本色。但一旦臨到大關節，便由郭靖做主，黃蓉從不敢以一言相勸。要知忠義誠信、道德理想這些屬於價值層面的判斷，原非無善無惡的生命所知，流暢自然的生命，在此時是要謙退守分的。

但倪匡本人很不喜歡黃蓉，「這樣的女人，唯有郭靖這樣的笨人，可以終生相對」，並說黃蓉「做了郭靖妻子後，竟然改變恁大，不僅少了千般玲瓏，萬般剔透，而且還變得自私自利」。他指的是黃蓉在對待楊過和小龍女這一問題上。

這恐怕只是倪匡本人的一己之見。金庸筆下的黃蓉，是頗得男女讀者的喜愛的。項莊「挺身而出」，為黃蓉力加辯護：

「個人一直認為郭靖與黃蓉都是絕代之人，在金庸小說人物中空前絕後。郭靖之所以絕代，並非僅僅因他大仁大義與愛國愛民。大仁大義與愛國愛民的人在歷史中了不起，在文學藝術中未必動人，更未必絕代。郭靖之絕在一個『真』

字，怎麼想就怎麼做，在俗人眼中幼稚甚至若愚。故此巧如黃蓉，靈如楊過，逸如洪七公，強如成吉思汗，都向他說個服字……黃蓉之所以絕代，同樣在一個『真』字，不過她是巧而真，看來就處處用心機，處處占人上風。這樣的女子並非不可為妻，而是只有像郭靖那樣的人才可以娶之為妻，以大拙對大巧，拙而真就壓倒了巧而真。」

香港女作家嚴詞指出，倪匡之所以出此言，是因爲他「太有現實生活代入之感」，所以才不喜歡黃蓉。她信誓旦旦地說：「我愛黃蓉，既因她巧，亦因她眞，除了巧和眞，她又是個十分有趣的人，男人娶她爲妻，包管一輩子不悶。小龍女雖好，不過言語單調，其悶無比，假使我是男人，我會遠遠地欣賞她，而不會娶她。到底，情深一片是什麼東西呀？日日夜夜相對，也得有點生活情趣才成！像黃蓉，即便是多彩多姿，有解決不了的困難時，她夠聰明跟你一塊兒去想；平日無事，她又不會讓一天白白地過，逗逗你，撒撒嬌，吃吃醋，玩玩煮飯仔，捏個靖哥哥捏個蓉兒，用一千種方法告訴你她愛你、在乎你。我說她才是標準的解語花。」

《射雕英雄傳》確實是一部武俠小說的傑作，但話又說回來，《射雕英雄傳》也並不是十全十美。

佟碩之在《金庸梁羽生合論》這篇長篇大論裏，既指出了梁羽生和金庸所創作的武俠小說的優點，同時也點出其中的缺陷與不足。其中有一點是關於《射雕英雄傳》的缺陷與不足：金庸的小說最鬧笑話的還是詩詞方面，例如在《射雕英雄傳》，就出現了「宋代才女唱元曲」的妙事。

《射雕英雄傳》的女主角黃蓉，在金庸筆下是個絕頂聰明的才女，「漁樵耕讀」這回用了許多篇幅，描寫這位才女的淵博與才華。黃蓉碰見「漁樵耕讀」中的樵子，那樵子唱了兩首曲牌「山坡羊」的曲兒，黃蓉也唱了個「山坡羊」答他。

樵子唱的三首，第一首是「城池俱壞，英雄安在？」，第二首是「天津橋上，憑欄遙望」，第三首是「峰巒如聚，波濤如怒」。這三首「山坡羊」的作者是張養浩，原題第一首是《咸陽懷古》，第二首是《洛陽懷古》，第三首是《潼關懷古》（隋樹森編的《全元散曲》有收錄，見上卷，第四三七～四三八頁）。張養浩元史有傳，在元英宗時曾做到參議中書省事，生於西元一二六九年，卒於一三二九年。《射雕英雄傳》最後以成吉思汗死而結束，成吉思汗死於西元一二二七年八月十八日，黃蓉與那樵子大唱「山坡羊」之時，成吉思汗都還未死，時間當在一二二七年之前。張養浩在一二九六年才出世，也即是說要在樵子唱他的曲子之後四十多年才出世。

黃蓉唱的那首「山坡羊」：「青山相待，白雲相愛」。作者是朱方壺，原題為《道情》（見《全元散曲》下卷，第一三〇〇頁）。此人年代更在張養浩之後，大約要在黃蓉唱他曲子之後一百年左右才出世（《太平樂府姓氏》將他列為元代後期八十五位作家之一。據鄭振鐸推斷，這批作家的年代大約是西元一三〇一年到西元一三六〇年）。

還有一點，根據中國舊小說的傳統，書中人物所作的詩詞與聯語，如果不是注明「集句」或引自前人，則定然是作者代書中人物作的。例如《紅樓夢》中林黛玉的葬花辭，薛寶釵的懷古詩，史湘雲的柳絮詞等等，都是曹雪芹本人的手筆。元春回府省親時，賈政叫賈寶玉題匾、擬聯等等，也都是曹雪匠本人的大作。曹雪芹決不能叫林黛玉抄一首李清照詞或賈寶玉抄一首李白的詩以顯示才華，其理明甚。

《射雕英雄傳》這回寫黃蓉唱元曲之後，又碰到一位書生，連篇累牘描寫黃蓉的「才華」，如談《論語》的「微言大義」啦，猜謎語啦，對對子啦等等，這些都是抄自前人的舊作，而且是並不怎麼高明的作品，這裏限於篇幅，不一一列舉了。

老實說，金庸用了幾乎整整一回的篇幅（比梁羽生之寫唐經天還多得多）寫黃蓉的才華，我是一面讀一面替這位才女難過的。宋人不能唱元曲，這是常識問題，金庸決不會不知道。這也許是由於他一時的粗心，隨手引用，但這麼一來，就損害了他所要著力描寫的「才女」了，豈不令人惋惜。

金庸的武俠小說流行最廣，出了常識以外的錯誤影響也較大。所以我比較詳細的指出他這個錯誤，希望金庸以後筆下更多幾分小心。

看來，馳騁疆場的老馬有時也會失前蹄，作爲武俠小說大家的金庸，有時也難免在作品中出點紕漏。金庸一直認爲，他自己只是一個「業餘武俠小說作家」，所以對於武俠小說的寫作，他始終沒有全力以赴。因爲他看到了武俠小說的局限性和本身的不足，創作武俠小說雖然也可以糊口，甚至也可以藉此發財致富，但終不能成爲自己事業的象徵。

隨著「武林盟主」地位的奠定，金庸又在開始思考另外一件大事了，他準備再開創一片廣闊的新天地，因爲武俠小說的寫作已經不能滿足他的成就感了。

在寫出《射雕英雄傳》後，金庸又做了一次他人生之路的重大選擇。他離開了長城電影公司，他準備去「自立門戶」。之後，在香港就有了一份叫做《明報》的報紙。再後來，《明報》日漸壯大，躍居香港三大報紙之一。又後來，《明報》的觸角伸向了其他領域，並成立了《明報》集團。金庸，就自然地成了《明報》集團的老總；而《明報》，就成了金庸一生輝煌事業的象徵。

第三章

明報王國 事業象徵

創辦明報

如果以職業而言，金庸一生的主要角色是一個「報人」。

金庸，一生與報紙結下了不解之緣。抗戰勝利後，金庸出任杭州《東南日報》的外勤記者，正式進入了報界。後來，他在一九五九年創辦自己的報紙《明報》，而《明報》也就成爲他一生事業的象徵。金庸曾經帶著滿懷深情而又不無驕傲與自豪的口吻說：「《明報》是我畢生的事業與名譽，是我對社會、對朋友、對同事的責任。」一直到一九九三年四月辭去《明報》集團董事局主席職務，他才基本上從「報人」這一身份中脫離出來。可以這樣說，金庸的一生，都是在報界沈浮拼搏的。

除了從事報界活動、扮演報人身份而外，金庸還是「武俠小說作家」和「社會活動家」。當然，金庸也不同意把「報人」放在比「小說家」更重要的位置。他說，報人和小說家是兩個不同的行業，本身就缺乏可比性，一如「編輯」和「經理」缺乏可比性一樣；在大陸，也沒有重視「報人」而輕視「小說家」的意思。

金庸既是一個極具有創造性的人，又是一個崇尚自然灑脫和隨緣任運的人，他一直在追求著獨立與自由。大凡這樣的人，最難忍受的就是受人管束和聽命於人。他在《新晚報》任編輯的那段日子裏，雖然也可以按自己的設想組織和編輯稿件，但報紙終究是別人的，所以，在這樣的環境裏的金庸，也就談不上有徹底的「獨立與自由」了。而武俠小說創作，當然完全是憑自己的愛好與興趣，他可以隨心所欲地寫，別人無法干涉，也不容別人置喙。但在金庸看來，這一切畢竟只是「紙上談兵，筆頭殺賊」，雖然可以體驗一下「千古文人俠客夢」，但無法完成自己的「名山事業」。

能將兼濟天下之志、參與社會與政治的熱情結合在一起，又不失獨立自由的書生本色的，莫過於做一個報人了。在當時人的心目中，辦報是眞正的文化事業。

金庸多年在報界做事，已經深諳辦報的一切環節，知曉如何經營和管理。同時他也很清楚，他這幾年從事武俠小說創作，已經擁有無數的讀者，這是一筆可貴的無形資產。金庸的武俠小說在《香港商報》連載，讀者是爭相購閱，這也就意味著，一旦自己辦報紙，在自己的報紙上連載武俠小說，讀者是很歡迎的，報紙的銷售應當是沒有什麼問題的。

條件已經成熟，金庸就要開創自己的「名山事業」了。一九五九年，金庸在一番深思熟慮之後，依然選擇了辦報，開始了眞正的自立門戶，尋求個人眞正的發展。

辦報的艱難，是可想而知的。在傳媒十分發達、報社林立的香港要創辦一份像樣的報紙，所冒風險、所嘗艱難，不言而喻。辦報時是歡歡喜喜，卻有可能被大報擠垮，到頭來是竹籃打水一場空。在香港，流行過這樣一句話：「假如你與他有仇，最好勸他拍電影；假如你和他有三世之仇，最好勸他辦報紙。」這話的意思是說，拍電影和辦報紙，都是要冒巨大風險的，失敗的可能性極大。金庸當然也知道這一點，但他不是畏縮怕死、瞻前顧後之輩。他一生極其推崇和佩服曾國藩，而曾國藩之過人之處，就在於天性極爲淳厚、修行極爲嚴謹。金庸說過這樣的話：「紮硬寨，打硬仗；多條理，少大言；不爲聖賢，便爲禽獸；莫問收穫，但問耕耘。」金庸木訥寡言，但他有堅毅的個性。

金庸既然已經做了「紮硬寨，打硬仗」的準備，就必然有決心，「有志者，事竟成，破釜沈舟，百二秦川終歸蜀；苦心人，天不負，臥薪嘗膽，三千越甲可吞吳」，所以他是義無反顧，不達目的誓不罷休。

金庸並非一介莽夫，他對創辦報紙是有過周密考慮的。資金方面，因他翻譯的外國作品很是暢銷並借此獲得過豐厚的稿費，加上武俠小說的稿費和版稅收入，其數目是頗爲可觀的，已有二三十萬元。即使辦報不成功，他也可以依靠他的武俠小說和翻譯外國作品的收入來過日子，並可以保證一定的基本生活水準。於是，金庸找來他的同鄉、中學同學沈寶新，邀請他做自己的合夥人。金庸出資八萬元，當然還有無法估價的無形資產——武俠小說的「品牌」與「聲譽」；沈寶新出資二萬元。這樣，總共十萬元的資產，金庸和沈寶新開始了《明報》的創業生涯。

一九五九年，一份叫《明報》的報紙在香港註冊；五月二十日，《明報》正式創刊了。

報名由當時香港著名的書法家王植波題寫，並一直沿用至今。

之所以取名爲《明報》，涵義是多方面的。《大學》中有「明明德，新民，止於至善」的說法；《紅樓夢》中薛寶釵也知道：「世事洞明皆學問，人情練達即文章」，並用以作爲賈寶玉爲人處事的信條。在成語中，也有「明察秋毫」、「明辨是非」、「明鏡高懸」等。

「明」字，在金庸的心目中是具有極高地位的，也是情有獨鍾的。在《倚天屠龍記》裏，金庸特意寫了「明教」這樣一個組織，而其總壇就在「光明頂」。金庸之所以要給自己創辦的這份報紙取名爲《明報》，其期望値顯然是很高的，「明」字含有「明理」的意思，同時也象徵著「光明的前途」，即以「明鑒」、「明察」來參與社會事物，爲公眾明白事理眞相而努力。俗話說，「名不正，則言不順」。「明」之本意，就是要人明白「名」與「順」的關係。

金庸辦報的宗旨，立意甚高，但「名者實之賓」，既然已經確立了辦報的宗旨，而接下來，關鍵問題就在於做，踏踏實實地做，做出眞正的表率，以使讀者心服口服。

而今，《明報》已經是香港三大報紙之一，麾下人才濟濟；可當初它創辦時，規模實在是小得不得了，總共只有四個人，沈寶新負責經理和發行，金庸身兼主筆和總編輯之職，潘粵生作他的助手。報紙的版面，也只是四開本的「小報」，只有今天一張報紙的一半，頭版主要是時事新聞和言論，第二版是娛樂消息，第三版是小說連載，第四版是社會新聞。

當時香港的報紙，大致有這麼兩類：一類是層次比較高的，如《星島》、《華僑》和

《工商》等，具有較高的社會聲譽和知名度；一類的層次比較低，如《響尾蛇》、《超然》等，主要以色情內容招徠讀者，迎合一部分男性讀者的低級趣味。

那麼，《明報》決定要走哪一條路線呢？在《發刊詞》中，金庸表明了《明報》的立場：維護「公平與善良」。半個月後，金庸再次在社評中表明《明報》的立場：

「我們重視人的尊嚴，主張每一個人應該擁有他應得的權利，主張每個人都應該過一種無所畏懼、不受欺壓與虐待的生活。

我們希望世界和平，希望國家與國家之間，人與人之間，大家親愛而和睦。

我們希望全世界經濟繁榮，貿易發展，自然也希望香港市面興旺，工商業發展，就業的人多。希望香港居民的生活條件能不斷的改善。

我們辦這張報紙的目的，是要為上述這些目標盡一點微薄的力量。如果我們報導戰爭與混亂，報導兇殺與自殺，我們是很遺憾的；如果我們報導和平與安定，報導喜慶與繁榮，我們是十分高興的。

我們要盡力幫助社會公正與善良，那就是我們的立場。」

這樣的立場，是典型的自由主義立場。在香港那樣的社會裏，這樣的立場原本不稀奇，關鍵是要給《明報》在報業市場中定位，即奉行一條「中間路線」，既要有嚴肅正經的社評，也要有軟性香豔的小說，做到眞正的「雅俗共賞」。

神雕俠侶　大放異彩

《明報》創刊後，金庸一手寫社評，一手寫武俠小說，從第一天開始，《明報》就連載金庸的《神雕俠侶》，每日一篇，每篇大約兩千字，都登在第三版上。金庸非常刻苦，為了實現他的遠大抱負，他的工作量是空前的，因而每天寫作武俠小說的字數也隨之增加了。

《神雕俠侶》是《射雕英雄傳》的續篇。據金庸自己說，《神雕俠侶》的第一段發表於一九五九年五月二十日的《明報》創刊號上。這部小說大約寫了三年，也就是說在《明報》上連載了三年。這是一場馬拉松式的寫作。可想而知，金庸當時的心理壓力是如何的巨大，寫作是如何的勤奮刻苦，辦報是如何的嘔心瀝血。個中艱辛，讀者也不難明瞭。

俗話說得好，「萬事開頭難」，而白手起家、開創自己事業的新天地更是難。在《明報》創刊後的那幾年裏（尤其是前三年），金庸和手下的同事，更是有深刻而切身的體驗和感受。這三年，是《明報》創辦後最為艱苦的三年，甚至一度面臨倒閉的危險。《明報》的老職員後來回憶說：「查先生那時候眞的很慘，下午工作倦了，叫一杯咖啡，也是跟查太太兩人喝。我們看見報館經濟不好，也不奢望有薪水發，只求渡過難關。」那時，金庸住在尖沙咀，深夜下班時，天星小輪已經停航，要改乘俗稱「嘩啦嘩啦」的電船仔渡海。如果乘客要求即到即開，必須支付三元船費，否則，只好等到有六個人才能開船。當時的金庸夫婦，為了節省船費，寧願在寒冷的冬夜捱著，也不願意支付包船費。

《明報》初創時期的艱苦和後來壯大時期的卓絕，一直使金庸記憶猶新，他後來說：「重新修改（按：指《神雕俠侶》）的時候，幾乎在每一段故事之中，都想到了當年和幾位同事共同辛勞的情景。」金庸的好朋友倪匡，曾經直言不諱地說過：「《明報》不倒閉，全靠金庸的武俠小說。」這話雖然是誇大了一點，卻無疑是一針見血的實話。金庸的武俠小說雖然不能馬上改善《明報》的經濟狀況，但至少可以維持《明報》的銷售量在六千份左右。金庸和沈寶新硬是苦苦支撐著《明報》，甚至不惜以典當來維持報紙。

《明報》創辦幾個月後，金庸就四處招兵買馬，先是把在《晶報》當記者的雷煒坡拉過來當採訪主任，之後又聘請在《紅綠報》工作的龍圖山加盟《明報》。

《明報》創業時期的艱難和《神雕俠侶》的輝煌，似乎是截然對立，可它們又是緊密結合在一起的。一「艱難」一「輝煌」，其中滋味，金庸有深切的體會。

那麼，《神雕俠侶》究竟是部什麼樣的武俠小說呢？《神雕俠侶》也是金庸創作的一部宏篇巨著，他企圖通過「神雕俠」楊過這個角色來抒寫禮法習俗對個人心靈和行為的拘束。如書中寫到的師生不能結婚的觀念，在當今看來，這似乎是不可能的，但在楊過所處的時代卻是天經地義的。這其實也不難理解，一個時代有一個時代的行為準則和道德規範，然則我們今日認為天經地義的許許多多規矩習俗，數百年後是不是也大有可能被人認為毫無意義呢？或許，因為道德規範、行為準則、風俗習慣等等社會的行為模式，經常隨著時代而改變，然而人的性格和感情，變動卻十分緩慢。三千年前《詩經》中的歡悅、哀傷、懷念、悲苦，與今日人們的感情仍是並無重大分別。我個人始終覺得，在小說中，人的性格和感情，比社會意義具有更大的重要性。

同時金庸也相信，不管社會和時代怎麼變，其中一些根本的東西應該是萬古不變的，也應該是具有重要的積極意義的，如郭靖所堅守的「為國為民，俠之大者」，如父母兄弟之間的親情、朋友之間的友誼、兩性之間的愛情、個人所應具有的正義感、為人上的仁善、樂於助人以及為社會獻身等，相信今後將長期為人們所讚美，這似乎不是任何政治理論、經濟制度、社會改革、宗教信仰等所可替代的。

楊過是楊康和穆念慈的兒子。他出生之前，父親就已經慘死了，出生之後，母親也死去了。無依無靠的楊過，後來被郭靖和黃蓉收養。郭靖的仁愛和忠厚一度使楊過感到了人世的溫暖，但黃蓉的多疑與冷漠，使他感到委屈和不暢。郭靖便把楊過送到了終南山，跟從全眞教學藝，希望他學到正宗的內功。但在終南山學藝的楊過，卻惹了許多麻煩。他反叛師門，逃了出去，進入了古墓，拜小龍女為師，學會了古墓派的高深功夫。在古墓的日子裏，他和小龍女產生了感情，但小龍女是他的師父，是他的「姑姑」，這是違背禮教大防的。

從此，楊過和小龍女的命運就開始坎坷起來。之後，楊過身中情花之毒；小龍女也跟他分別了。十六年過去了，楊過來到了他與小龍女約定見面的地方。長久的期盼和等待，楊過沒有得到小龍女的音訊；楊過沒有見到他苦苦思念的小龍女。心灰意懶的楊過，縱身跳向谷底。

楊過死了嗎？沒有。楊過和小龍女這對有情人，終於結合在一起了。

元好問曾經寫過一首膾炙人口的《摸魚兒》：

問人間，情是何物，直教生死相許。天南地北雙飛客，老翅幾回寒暑。歡樂趣，離別苦，是中更有癡兒女。君應有語，渺萬里層雲，千山暮景，隻影為誰去。橫汾路，寂寞當年簫鼓。荒煙依舊平楚。招魂楚些何嗟及，山鬼自啼風雨，天也妒，未信與，鶯兒燕子俱黃土。千秋萬古，為留待騷人，狂歌痛飲，未訪雁丘處。

這首《摸魚兒》的前半闕，在《神雕俠侶》中反復出現，唱自赤練仙子李莫愁之口，音調哀婉淒清。只是金庸做了一些改動，一改而爲「問世間，情是何物，直教生死相許。天南地北雙飛客，老翅幾回寒暑。歡樂趣，離別苦，就中更有癡兒女。君應有語，渺萬里層雲，千山暮雪，隻影爲誰去」，較原詞更琅琅上口。

《神雕俠侶》是部寫情的作品。倪匡說，金庸的小說每一部都有男女之情，但惟獨《神雕俠侶》堪稱天上極品，無可匹敵，是天地間第一部「情書」。

在《神雕俠侶》一書中，金庸寫了好幾個人的愛情故事：楊過和小龍女的患難眞情；李莫愁和陸展元的淒慘悲情；公孫綠萼、程英、陸無雙、郭襄對楊過的單戀癡情；以及中年的郭靖和黃蓉的伉儷深情等。

尤其是其中的楊過，更是至情的象徵，費勇、鍾曉毅在他們合著的《金庸傳奇》中稱之爲「絕代情聖」，「神雕大俠的形象，因了一種至情至性，散發出特殊的光芒」，楊過是楊康和穆念慈的兒子，出生後就成了孤兒。郭靖和黃蓉收養了他，後來又將他送到武當派門下學武，但他不堪忍受武當派的生活，逃難之時進入了古墓，從而認識了小龍女。結果，就有了這對情侶的悲歡離合。

小龍女以她絕世美麗之容、飄塵出世之姿，深深地征服了讀者的心。她冷漠，冷漠得至情至聖；她清淡絕俗，清淡絕俗得幾近透明。她就像一位不食人間煙火的世外仙子，除了楊過而外，任何人都打動不了她的心；楊過風流倜儻、瀟灑俊逸的一代大俠，走南闖北，獨來獨往，桀驁不馴，自創一派的「黯然銷魂掌」，更是獨步江湖，可心不旁騖，對小龍女是忠心不二。

楊過和小龍女的愛是反傳統的。小龍女是他的師父，他稱她爲「姑姑」，在當時人的眼裏，他們二人是不可以相愛的，更不可以結婚。但他們相愛了，並且愛得深刻眞摯，愛得生死相許，最後還結爲秦晉之好。他們的這種愛情，黃蓉反對，郭靖也反對，全武林人士都反對，惟獨首肯的是瀟灑飄逸、不拘禮法的東邪黃藥師——因爲黃藥師本人從來就討厭陳舊的禮法習俗。

他們的愛是不計較的。楊過的手被郭芙一劍砍去，成了獨臂大俠，他不計較，小龍女也不計較；小龍女的貞操早已被尹志平奪去，她自己不在乎，楊過更不在乎。他們的愛，是對對方無窮的愛意，而不是身體任何的一部分。他們生活在一起慣了，自自然然地覺得誰也不可缺少對方，失去對方，就是人生最大的缺陷和極大的不完美。他們的愛，如同一顆種子，既然萌了芽，就會生根、長葉、開花、結果。他們的愛，與大自然一樣自然，一如雲來了就會下雨，雲去了就會出太陽，太陽有升起和落下的時候。二人後來在金庸的任何一部小說中再也沒有出現過。

爲了小龍女，楊過心甘情願等她十六年。十六年，一個人的人生究竟有多少個十六年？但他等了。十六年後，楊過來到了他與小龍女約定見面的地點，但他苦苦思念的小龍女沒有出現，他馬上醒悟了，意識到這只是一個善意的騙局。他整個人都崩潰了，萬念俱灰。他猛然想起了蘇東坡悼念亡妻的詞：

十年生死兩茫茫，不思量，自難忘。千里孤墳，無處話淒涼。縱使相逢應不識，塵滿面，鬢如霜。夜來幽夢忽還鄉，小軒窗，正梳妝。相顧無言，惟有淚千行。料得年年腸斷處，明月夜，短松崗。

他準備一死以殉情；可天公作美，讓他不死，並且讓他們最終團圓在一起，成為生死不分的一對情侶。原來，小龍女並沒有死，非但沒有死，還得到了靈丹妙藥，去盡體內之毒，只是困在谷底出不來。楊過躍入谷底後，這對苦命的鴛鴦情侶竟然重逢了。故事的最後，楊過和小龍女攜手飄然而去。

這才是眞正的「生死相許」，這才是「相愛」，這才是眞正的「殉情」。

楊過和小龍女這對至情情侶之所以最後仍能結合在一起，這是由他們的性格和互相鍾情決定的，在該書的《後記》裏，金庸如是說：

「武俠小說的故事不免有過分的離奇和巧合。我一直希望做到，武功可以在事實上不可能，人的性格總應當是可能的。楊過和小龍女一離一合，似乎歸於天意和巧合，其實卻須歸因於兩人本身的性格。兩人若非鍾情如此之深，決不會一一躍入谷中；小龍女若非天性淡泊，決不能在谷底長時獨居；楊過若不是生具至性，也決然不會十六年如一日，至死不悔。當然，倘若谷底並非水潭而系山石，則兩人躍下後粉身碎骨，終於還是同穴而葬。世事遇合變幻，窮通成敗，雖有關機緣氣運，自有幸與不幸之別，但歸根結蒂，總是由各人本來性格而定。」

金庸的這個安排令廣大讀者拍手稱快，個個叫好，個個歡喜；但有些評論家對金庸如此處理楊過與小龍女的結局大爲不滿：「小龍女被姦污之後再出現，還有什麼光彩可言？還不如讓楊過一輩子苦苦思戀的好。」對這種言論，金庸做過正面的解釋，因爲他有自己當時的苦衷。根據倪匡的說法：「金庸在寫《神雕俠侶》時戲劇收場，絕對可以原諒，因爲那時正是《明報》初創時期，《神雕俠侶》在報上連載，若是小龍女忽然不見，楊過淒淒涼涼、鬱鬱獨身、寂寞人世，只怕讀者一怒之下，再也不看《明報》。」

相較而言，李莫愁就悲苦得多，她心愛的陸展元與別人結婚生子，落得自己以處女之身卻沒有著落。她將遺憾變成了怨恨，變得似乎是無惡不作。不過她確實是一個値得同情的人。在絕情谷，她目睹楊過被情花所刺，目睹楊過和小龍女這對情侶的感人情景，她想到自己的意中人陸展元，後花毒發作，她滾入熊熊烈火之中，傲然挺立，用淒厲的歌聲唱出了元好問的那首《摸魚兒》：「問世間，情是何物，直教生死相許。天南地北雙飛客，老翅幾回寒暑。歡樂趣，離別苦，就中更有癡兒女。君應有語，渺萬里層雲，千山暮雪，只影爲誰去……」然後聲若遊絲，悄然而絕。她因愛生恨地作惡，是値得同情的，也是値得原諒的。

程英、陸無雙、公孫綠萼、郭襄呢？她們對楊過是「一片冰心在玉壺」，但她們的愛呢？她們所付出的愛是得不到回報的，只能抱憾而去。

太多的遺憾，太多的不盡如人意。有人曾經做過比較研究，認爲楊過的所作所爲是對郭靖所代表的儒家大俠精神的公然挑戰和反叛：

「按照楊過少年時的表現，他完全應該歸入邪徒一類，無論如何也成不了俠。因為他與郭靖幾乎處處相對立，相矛盾。郭靖心懷寬廣，楊過心胸狹窄；郭靖愚鈍樸實，楊過機靈狡詐；郭靖端方正直，楊過倔傲偏激。楊過居然拜西毒歐陽鋒為義父，進而在桃花島上用蛤蟆功打傷武氏兄弟，甚至在全真教中做出了最為正派俠道所不能容忍的事情：欺師叛祖，反叛出門做了古墓派的傳人。後來又公然對抗禮教大防，要娶他的師父小龍女為妻……此人的所作所為，幾乎一無是處，與「俠」的標準更是南轅北轍。」

陳墨在研究中說，郭靖這位「俠」與楊過這位「俠」，具有本質性的不同。郭靖是儒家大俠，爲國爲民，犧牲自己；楊過是道家大俠，至情至性，實現自我。郭靖最後仍爲襄陽太守而殉難，死而後已；楊過則在華山之巔與眾人告別，歸隱林泉。說到底，他們二人的差別不是「儒家」與「道家」的差別，而是「神」與「人」的差別。郭靖是一個理想人格的典範，有如天神；楊過歷盡人世的坎坷，有情有慾，恰似常人。

但無論如何，楊過是金庸非常喜歡的筆下人物之一。《神雕俠侶》在《明報》上的連載剛剛結束，金庸又馬不停蹄地開始了另外一部武俠小說的創作，這就是《倚天屠龍記》。

因爲《神雕俠侶》在《明報》的連載，已經牢牢地拴住了萬千讀者的心，金庸當然不會放過這個趁熱打鐵的機會。讀者喜歡看什麼，金庸就寫什麼，爲了報紙的生存和發展，金庸已經豁出去了。而精明的金庸又發現了一個特點，那就是：長篇小說更能吸引讀者的注意力。像《射雕英雄傳》和《神雕俠侶》這樣宏偉的長篇巨著，讀者就非常喜歡；相反，作爲中篇小說的《雪山飛狐》，雖然博得了行家高手的好評，但在讀者群中所引起的轟動效應，就遠遠不如《射雕英雄傳》和《神雕俠侶》了。所以，金庸這次推出的《倚天屠龍記》，仍然決定走長篇小說這樣一條道路。

倚天屠龍　誰與爭鋒

《倚天屠龍記》是《神雕俠侶》的續篇，而《神雕俠侶》又是《射雕英雄傳》的續篇。這三部武俠小說結合在一起，被人們稱爲「射雕三部曲」。

《倚天屠龍記》從一九六一年七月六日開始在《明報》上連載，前後總共延續了近三年的時間。在《倚天屠龍記》裏，金庸的才情一如長江大河，浩浩蕩蕩，綿延不絕，氣勢如虹。曹正文認爲，金庸武俠小說創作的第三個高峰就是由《倚天屠龍記》、《射雕英雄傳》和《神雕俠侶》這「射雕三部曲」構成的，甚至認爲，《倚天屠龍記》是「射雕三部曲」的壓軸之作。他說：「《倚天屠龍記》是射雕三部曲的第三部，它與《射雕英雄傳》一樣氣勢磅礴，壯闊宏偉，且在寫情上也可和《射雕英雄傳》媲美。」冷夏也十分稱道《倚天屠龍記》，說《倚天屠龍記》以其磅礴的氣勢、豐富的想像力、悲壯的場面，傾倒了無數讀者，《明報》也「倚天」得以維持下去。

《倚天屠龍記》刊登後，也是非常轟動。《倚天屠龍記》在報紙上連載時，整個東南亞都爲之而轟動，人們開口閉口談論的都是《倚天屠龍記》的情節如何，人物如何……

到了一九六三年後，金庸因要忙著撰寫《天龍八部》，而《天龍八部》又進入了緊張激烈的高潮階段，所以一時難以分出更多的心力與精力同時推進兩部作品。他覺得《倚天屠龍記》已經寫得差不多了，準備就此打住。這下可急壞了一個人——這個人是新加坡一家報館的主人。他特意從新加坡趕到香港，要求金庸別結束《倚天屠龍記》，繼續寫下去。可金庸的全部身心已經轉移到《天龍八部》的寫作上去了，不可能再答應這個要求。

於是，新加坡報館主人又專門去會晤了倪匡，當時金庸也在場，金庸問倪匡，是否願意執筆撰寫《倚天屠龍記》的續集。倪匡一聽，只覺得腦子裏「轟」的一聲，升騰起一股飄飄欲仙的感覺。

倪匡最終沒有答應續寫《倚天屠龍記》。悻悻然的新加坡報館主人，只好空手回到了新加坡。

《倚天屠龍記》也是一部情義之作，金庸說這部作品的主題主要是寫男人和男人之間的情義。在《倚天屠龍記》裏，金庸特意安排成昆和謝遜有師徒情誼，並且二人情若父子；但成昆爲了滿足他的權力欲，竟然陰謀殺害謝遜全家，逼得謝遜發狂。謝遜一生的罪孽也就由此而起。謝遜寄跡魔教是受迫害者，而成昆這個大奸巨惡，竟然棲身少林寺。這善惡眞相，外人一時又哪里覺察得出來呢？直至最後，中原六大門派和魔教的決戰，又有多少正義與邪惡可言呢？

《倚天屠龍記》中，武當七俠之義和張三豐的師徒之情很感人。但七俠之義，同氣連枝，其實也不過是幫會私交重於一切而已。俞岱巖如果有著社會的正義感，雖然殘廢，咬咬牙也就忍受了。張翠山如果不是念及男人間的情義，他也決不會自殺。這其中善惡是非的糾纏，張三豐有椎心之痛。金庸在《倚天屠龍記》的《後記》裏說：「張三豐見到張翠山自刎時的悲痛書中寫得太膚淺了，其實人生不是這樣的，因為那時我還不明白。」

金庸說，一部好的作品（不僅僅是武俠小說），應該表現人的感情和人處於複雜社會環境中的人性和矛盾，而不是什麼所謂的「主題」；如果文學作品為了說明「道理」，宣揚「主義」，那麼完全可以用社論之類的東西來代替，「那些文字是講道理的，但不是作品。」

當然，一部好的武俠小說，所表現的不僅僅是人的情義、江湖的恩怨、門派的爭鬥，還在於抨擊邪惡，頌揚正義，努力闡明作者的社會歷史觀，極力弘揚傳統文化中的精髓和活力，以及高舉美好人性的大旗。因為武俠小說中的世界也就是人的世界，它是濃縮了的社會。這是一個作家的職責，也是人的職責。作為武俠小說大家的金庸，當然是責無旁貸的。

《倚天屠龍記》中所寫愛情，可以說是一波未平，一波又起。這集中地體現在張無忌的身上。先有蛛兒，可她的結局並不好，為了那個曾經打她咬她的倔強兇狠的「阿牛」張無忌，她後來發瘋了。多麼可憐！之後，又有光明頂上遇到的小昭，她是波斯明教的聖女，出於教規，她保持著童貞之身，不能和張無忌長相廝守，注定了分離的命運。

而張無忌與周芷若的愛情，也是驚心動魄的。當周芷若向張無忌刺出那「倚天」一劍時，她是什麼樣的感受啊！假如沒有滅絕師太的阻撓，假如沒有趙敏的競爭，他們是會幸福地結合在一起的。可事態的發展偏偏不如人意。滅絕師太臨終之前，切切關照周芷若，一定用自己的美色勾引張無忌，以圖獲得「屠龍刀」，周芷若後來照她師父的話做了，她逐漸變成了一個兇殘狠暴的「壞女人」。

《倚天屠龍記》裏成功的愛情故事，最後該由趙敏來述說。但這個成功的愛情故事所昭示的，似乎是這樣一個令人深思的問題：愛，是要不擇手段地去掠取的——假如趙敏不用盡心機，她會得到張無忌嗎？不會，肯定不會。但讀者也爲張無忌捏了一把汗，趙敏這樣厲害的女人，讀者在閱讀的過程中就已感受到了她的厲害，而張無忌要和她長相廝守，他的日子會過得怎麼樣呢？或許就是因爲這個原因，有人在列舉金庸筆下的「十大美人」時，理所當然地將趙敏排除在外了。

金庸對於人性的思考，在《倚天屠龍記》中體現得比較深刻。

《倚天屠龍記》的主角張無忌及其義父謝遜，是兩個比較複雜的角色。金庸在《倚天屠龍記》中安排成昆和謝遜有師徒情誼，並且情若父子。但成昆爲了滿足自己的權力欲，竟然強暴了謝遜的妻子，後又陰謀殺害了他的全家，逼得謝遜神智不清（間歇性的神智不清），忽忽如狂。謝遜一生的罪孽，也就由此肇端。謝遜先是寄籍於魔教，後又出走江湖，是個淒慘的受迫害者；成昆棲身少林寺，陰謀顛覆明教，是眞正的大奸巨惡。而成昆之所以要如此，是因爲師兄、明教教主陽頂天搶了他的情人。他們是正還是邪，一時殊難判別。直至後來，六大門派圍攻明教，試圖決一死戰，他們的所作所爲，又有多少正邪之分呢？愚昧、盲目、血腥屠殺、勾心鬥角。

張無忌具有正邪兩派的血統，乃父張翠山是「武當七俠」之一，是公認的正派人物；乃母殷素素是天鷹教殷天正之女，是公認的邪派人物；義父謝遜，是正是邪，或者正邪兼有，一時難以判斷分清。張無忌就在這樣的環境中長大，後來碰到了形形色色的人物。羅龍治在《從倚天談善惡之際》中說：

「張無忌有正邪兩派的血統，從小就在正邪、善惡激烈掙扎的環境中成長，他的性格反而顯得寬厚。只有他才能發現胡青牛『見死不救』的慈悲，也只有他才能體會謝遜的地獄生涯。這種人在現實中是不存在的。他武功再高，也早被周芷若殺死了。他對愛情的經驗再豐富，也逃不出有權利野心的趙敏，他只好被捉去畫眉。他的寬厚的性格不改，他永遠也敵不過野心家朱元璋的奸計。」

金庸自己是這樣解釋的：

「在《倚天屠龍記》中，我要寫的確是我對人生的一種看法，想表達一個主題，說明這世界上所謂正的邪的，好的壞的，這些觀念有時很難區分。不一定全世界都以為是好的，就一定是好的，也不一定全世界都以為是壞的，就一定是壞的。同時，一個人由於環境的影響，也可以本來是好的，後來慢慢變壞了，譬如周芷若。而趙敏，則是反過來，本來是壞的，由於環境，後來卻變好了。……人生不一定善有善報，惡有惡報，好人壞人分明的。人生其實很複雜，命運跟著遭遇千變萬化，如果照一定的模式去描寫的話，就太將人生簡單化了。」

《倚天屠龍記》既征服了讀者，也支撐了《明報》。

白馬西風　鴛鴦連城

在這期間，金庸撰寫的另外三部武俠小說也是必須提到的。這就是《白馬嘯西風》、《鴛鴦刀》和《連城訣》。

《白馬嘯西風》的寫作時間是一九六〇年，是金庸創作的一部中篇武俠小說。

在《白馬嘯西風》裏，最爲蠱惑人心的是一張高昌古國迷宮的地圖，武林人物爲此而展開了血腥的大拼殺、大搏鬥；而書中展現的愛情故事，則或纏綿誘人，或辛酸感人，或淒慘動人，但其結局多不盡如人意，失戀者多，成功者少。

李文秀的父母「幸運」地得到了這張高昌古國迷宮的地圖，但「不幸」也隨即而來，結果她們慘遭同門師兄的殺害；李文秀不省人事地昏倒在馬背上，幸虧白馬通靈，它聞到了水草的氣息，冒著風沙，奔馳到一片哈薩克人居住的草原上。在草原上，李文秀得到一位漢族老爺爺（馬家駿所扮，原因是出於躲避師父瓦耳拉齊的追殺）的幫助，從此在草原上過著平靜而安寧的生活，她學會了哈薩克語，也學會了草原上的許多事情。她慢慢地忘記了父母的慘遭死亡，沈浸在草原的歡歌笑語中。

隨著蘇普的出現，也就注定了李文秀的後半生將爲之而改變。蘇普的父親十分痛恨漢人，因爲他的妻子和一個兒子就是被漢人強盜害死的。但儘管如此，仍然擋不住蘇普與李文秀的交往。日久生情，經常在一起玩耍的蘇普和李文秀，漸漸萌生了朦朧的愛情。但是善良的李文秀，竟然將蘇普送給自己的定情信物轉手送給了草原上的另一位姑娘阿曼；而李文秀自己則忍受著單相思之苦。而另外一個人則深深地愛著李文秀，他就是馬家駿。

人生本來就是不如意事十之八九，但書中人物卻表現出可貴的精神和品質。李文秀因爲愛著蘇普，才去救阿曼；馬家駿因爲愛著李文秀，才同意跟她一起去迷宮。而愛有時候卻偏偏喜歡捉弄人，史仲俊死於所愛的人之手，瓦耳拉齊親手毒死了心愛的人，自己得不到，也不讓別人得到……

得到了寶藏又怎麼樣？失意的李文秀，只好痛苦地回到中原：

白馬帶著她一步步地回到中原，白馬已經老了，只能慢慢地走，但終於能回到中原的，江南有楊柳、桃花，有燕子、金魚……漢人中有的是英俊勇敢的少年，倜儻瀟灑的少年……但這個美麗的姑娘就像是古高昌國人那樣固執：「那都是很好很好的，可我偏不喜歡。」

關於愛，即使是包羅萬象的《可蘭經》，也無法回答這個問題：「如果你深深愛著的人，卻深深的愛上了別人，有什麼法子？」《可蘭經》不能回答，傷心的李文秀當然也不能回答。可憐的李文秀，她在中原的生活究竟會怎麼樣呢？只好留給讀者去構想了。

《鴛鴦刀》發表於一九六一年，是一部短篇武俠小說，全書僅三萬餘字。金庸在《鴛鴦刀》上所花的心血與精力並不是太多，但「大師一出手，便知有沒有」，這部武俠小說寫得還是很不錯的。整部小說就像是一個個寓言故事，發人深思，而人物性格特異，語言老辣詼諧、幽默風趣，令人莞爾。陳墨說《鴛鴦刀》寫的差不多是一個「渾人的世界」。

翻開《鴛鴦刀》，首先映入眼簾的是「太岳四俠」，大名鼎鼎，如雷貫耳，可又有誰會料到，深不可測的「太岳四俠」，竟然是草包四個，外強中乾，不但沒本事可以炫耀，而且喜歡強詞奪理，大掉秀才的腐朽與酸臭。而他們偏偏遇到的是「要想講打，不妨便來，且不必通名」的少女蕭中慧，面對這個不講理的小辣椒，他們只好自認倒楣了。

另外一個滑稽人物逍遙子，自認為自己的點穴功夫還不錯，點在自己的身上總是很準，可點在別人的身上，往往就變得似是而非了，結果不是他點倒別人，而是別人點倒他。他又偏偏嘴硬，說什麼「非戰之罪，雖敗猶榮」。臨危之際，他還好學不倦，相信所謂的「朝聞道，夕死可也」，真是一個大渾人。

之所以取名爲《鴛鴦刀》，是因爲該書寫了一對「鴛鴦」的「夫妻刀法」。

林玉龍和任飛燕已經是一對老夫老妻了，孩子也不小了，可他們就喜歡整天打打鬧鬧，鬧得雞犬不寧。一位和尚見了於心不忍，便傳授了一套「夫妻刀法」給他們，本意是希望他們夫妻倆通過練習這套夫妻刀法而悟道，成爲一對恩愛夫妻。這套刀法的關鍵在於夫妻二人臨敵時互相回護，就可以威力無窮，但他們就是格格不入，老是練不好。

而另外一對情侶袁冠南和蕭中慧，只學了「夫妻刀法」的十二招，在強敵闖進來時就可以抵禦敵人的進攻。這是什麼原因呢？「兩人事先並不練習，只因適才一個要對方先走，另一個又一定要留下來相伴，雙方動了俠義之心，臨敵時自然而然的互相迴護」。金庸還特意給「夫妻刀法」的十二招取了名字，每一招都是一句詩，每一句都表示著一種美好的心態。

《鴛鴦刀》中的故事情節是圍繞一件奪來奪去的寶物展開的，即一對刻著「仁者無敵」的利器（鴛鴦刀），而仁者無敵恰好就是鴛鴦刀的秘密。因而，《鴛鴦刀》的主題也就是「仁者無敵」。顯然，金庸通過這部武俠小說想告訴讀者的，也就是「仁者無敵」這個規律和原則。而在生活中，作爲夫妻或朋友，貴在「心心相印」。

《連城訣》的發表是在一九六三年，即《倚天屠龍記》和《天龍八部》交叉的間隙，這也是一部武俠小說的精品。在《連城訣》中，最爲蠱惑人心的是「連城訣」和江陵天寧寺內的「金佛寶藏」，但金庸寫作的目的似乎不在這裏，而是在於「愛情」這一主題。

金庸是寫情的高手，《連城訣》中出現的幾對男女，或悲壯，或纏綿，或抱憾，給讀者留下了深刻的印象。只要是讀過《連城訣》的讀者，就可以發現，書中幾對有情男女的愛情是如何的脆弱，愛情的堅貞與純潔是如何的不堪一擊，就像一個脆弱的雞蛋，只要被外物輕輕一撥，立時瓦解。

狄雲是一個沒有見過世面的鄉下少年，從小跟他師父戚長髮一家住在一起。他與師父的女兒戚芳青梅竹馬，兩小無猜。他們本來是天生的一對情侶，如果不是命運的捉弄，他們兩人一定會喜結良緣，安安心心地過一輩子的太平日子，幸福而美滿。但當他們師徒三人進入荊州城之後，一切就陡轉直下了。狄雲大師伯萬震山的兒子萬圭看上了戚芳，爲了得到戚芳，萬圭便設計陷害狄雲。

狄雲畢竟是一個鄉下少年，江湖的許多規矩與人心的險惡，他都不懂。初抵萬震山家，狄雲就和呂通爭打起來，一定要呂通賠師父的新衣。他這是以尋常社會之舉試之於武俠社會，自然不能通行。結果，他一來讓武人（萬震山師徒）很看不入眼，以致不滿乃師戚長髮疏於調教；二來狄雲自身也立時吃了苦頭：先是讓呂通打了一頓，老叫花子解了他的圍，夜裏激得萬家八名弟子非得和他比武不可，他右手五指被削，被人誣陷爲拐騙良家婦女、劫財劫色的賊人，被送進了死牢，琵琶骨也鎖上鐵鏈。

狄雲就此斷送了自己的愛情，師妹戚芳誤他爲貪財好淫之徒，對他陡生怨恨之情。最後，似乎是沒有選擇的戚芳，乖乖地投進了萬圭的懷抱，狄雲爲此傷透了心。狄雲之所以在愛情上和社會上失敗，泰半是因爲他不明了武俠社會的種種規矩。

話說回來，戚芳在一時的誤會之下，竟然這麼快地就拋棄了狄雲，全然不顧惜當年的深厚感情，就主動地投入了別人的懷抱，這是否也是愛情脆弱的表現呢？

《連城訣》的第二則愛情故事是關於「鈴劍雙俠」的。

水笙和表哥汪嘯風原是天造地設的一對有情男女，所謂「鈴劍雙俠」指的就是他們。他們各有一匹駿馬，一白一黃，與他們所穿白衫黃衫一般顏色，「端的是人俊馬壯」。他們二人形影不離，情深意篤，讓天下人士羨慕不已。但他們的愛情也是經受不住考驗的。

水笙被淫僧血刀老祖擒獲，汪嘯風與水笙被迫分散，黃馬與白馬也相繼死去。「江南四俠」追趕至藏邊雪穀，因突然發生雪崩，便與人世相隔絕。「江南四俠」中的陸、水、劉三位俠客均葬身死谷。水笙數度得狄雲解救，才化險為夷，內心非常感激。兩人也捐棄前嫌，化敵為友。水笙初見狄雲，因狄雲身穿血刀門衣衫，兼之又是光頭，認為是邪派人物，便驅馬踏斷狄雲右腿。二人因此結怨。

與世隔絕的水笙和狄雲，在雪谷中相依為命，互相幫助，但也僅僅是局限於此，二人並未逾越男女界限。但不幸的種子就此埋下了。第二年雪化之後，汪嘯風來到了谷中。他非但不體諒水笙，安慰水笙這幾個月來的擔驚受怕，而是懷疑水笙，認為他和狄雲有了苟且之事，誤以為水笙已遭淫汙。愛情的堅貞與純潔，絲毫也擋不住汪嘯風的肆意猜疑。身為「局外人」的狄雲，也無法使汪嘯風相信水笙。當年為世人所羨煞的「鈴劍雙俠」，就此勞燕分飛了。後來，狄雲受形勢之逼，殺了水岱，使水笙也蒙受殘缺。最後，狄雲與水笙兩個歷盡劫難的殘缺之人，終得結合。

而丁典和淩霜華的命運，也是極爲淒苦的。丁典一直爲不得與淩霜華相守相見爲苦，他決意死後也要與淩霜華同葬一穴，臨死之前將身體託付狄雲。狄雲懷著丁典的骨灰，歷盡人世慘劫，終於將他安葬在愛人的身畔。

陳墨評論說：「這樣的故事怎不叫人疑惑？難道僅僅埋怨環境與他人的歹毒與陰狠，而不反思情人內心的堅貞與信念？兩個故事，如此異曲同工，更加證實了一種可怕的猜測……」。

這就不由得讓人聯想到「和生的故事」。和生當年不是也有一個美麗動人的未婚妻嗎？可後來呢？和生中了邪惡的土財主的奸計，被人打傷打殘，而心愛的未婚妻，也被土財主的兒子霸占了，成了惡少爺的小妾。這怪誰？怪和生沒有福氣？怪和生沒有金元珠寶？怪土財主邪惡？怪土財主兒子姦淫？說來說去，恐怕應該是命運在作怪。

但「和生的故事」本身所體現出的「眞理」，卻是令人非常寒心的：愛情難道就那麼脆弱，就那麼經受不住風波，如同一件美麗而易碎的玻璃器皿，如同一個渾圓但卻不知內裏底細的雞蛋，輕輕一捅，或者僅僅是輕輕的一撥，它就坍塌了。

這個故事，在幼小的金庸的心裏打下了極其深刻的烙印。直至金庸成人以後，「和生的故事」仍然縈繞在他的腦海，久久不絕。

《連城訣》中的愛情故事，難道就沒有「和生的故事」的影子嗎？

明報傳奇

原先很多人以爲會倒閉、會垮掉的《明報》，憑藉金庸和沈寶新的苦心經營，竟然奇蹟般地生存了下來。

爲了《明報》的生存和發展，金庸是豁出去了，天天熬夜，寫社評，寫武俠小說，像一部高速運轉的機器，不停地忙碌著，因爲他別無選擇。金庸的社評，見解深刻，獨樹一幟，在廣大讀者（尤其是知識份子）中享有很高的聲譽，從而建立了《明報》的權威性地位；金庸的武俠小說，打穩了《明報》的基礎，使報紙的銷售量逐漸攀升。《明報》逐漸走出困境，發展壯大起來。

一九六七年，文化大革命的極左思潮也蔓延到香港，引起了一陣子不小的鬥爭狂潮，這一年的夏天發生了暴動，燒巴士、燒電車、殺警察、打司機、燒貝夫人健康院、炸郵政局、用定時炸彈炸打埔鄉事局、向警察投擲魚炮和爆炸水管等。

出於赤誠之子內心的正義和保存中國文化傳統的考慮，金庸見不慣一些別有用心的人肆意破壞文物、摧殘民族文化的行徑，便在《明報》撰文批評。沒想到此舉引來了許多麻煩。金庸被當時的左派視作反動派，要將他「鬥垮鬥臭」，並揚言要「消滅」他。香港商業電視臺著名播音員林彬就慘遭不幸，被暴徒淋上汽油活活燒死。在那些風雨飄搖的日子裏，《明報》也受到極大的衝擊。左派分子不斷騷擾《明報》，寄土製炸彈，煽動《明報》內部員工「起義」，派人襲擊報社。不過卻適得其反，《明報》的銷售量竟然從文化大革命前的五萬份增加到八萬份，堪稱因禍得福。

在這種情況下，金庸仍然堅持著《明報》的辦報立場，維護社會的「公正與善良」，對於林彬的慘遭不幸，《明報》表示沈痛的哀悼，金庸撰寫了《燒不死正義的聲音》、《敬悼林彬先生！》等社評，哀悼林彬，痛斥左派分子的暴行，表現了大無畏的精神和決不妥協的決心。

金庸害怕了嗎？在回憶這段時期的生活時，金庸說：「有人嚷著要燒死我……當時眞的非常危險，是我的人生中比較大的一次考驗……我當然有些擔心，但我寫武俠小說的主角都是大丈夫，到了這個關頭一定要堅持到底，沒有退縮餘地。要麼就只有謹愼行動，非必要也不會外出」。他還幽默地說：「我武俠小說中的人物都是從來不低頭的，我可能打不過你，但不會怕你；我還是要寫我的時評，還是要堅持講眞話，還是要宣揚愛國主義，還是要維護中國文化；如果讓我重新選擇一次，我還是希望辦報，下輩子還是想做記者。」

不久，暴動繼續升級，鬧得香港社會一時人心惶惶，不少人因擔心個人前途而移民海外。尤其是到了「六七暴動」後，形勢進一步惡化。有人將「六七暴動」稱爲「香港式的文化大革命」。作為《明報》主角的金庸，也不得不為報紙的前途考慮了。早在一九六六年，他就到新加坡考察過，並準備在當地籌備出版一份報紙《新明日報》。他當時打的如意算盤是，萬一香港的出版業務眞的出了差錯，還可以到新加坡再幹一番事業。《新明日報》是一九六七年一月創立，由《明報》與當地人合辦的，《明報》占的股份較多。可他怎麼也沒有想到，由於新加坡與馬來西亞政治分家，結果導致《新明日報》也一分為二，分為「新加坡《新明日報》」和「馬來西亞《新明日報》」兩家。加之當地對報紙的限制實在是太多，意興闌珊的金庸，只好將報紙的絕大多數股權出售給當地的合作者，然後回香港專心發展《明報》去了。

為了更好地保存和弘揚中國文化，金庸決意創辦《明報月刊》。一九六五年底，經過精心策劃和組織，《明報月刊》正式創刊，它宣稱堅持「獨立、自由、寬容」的精神，以文化、學術和思想為基本內容。

《明報月刊》的編輯宗旨，是要把它辦成海外學者的言論與學術陣地，辦成「五四時代北京大學式」、「抗戰前後的《大公報》式」的雜誌，以嚴肅負責的態度，對中國文化與民族前途進行學術研究與學理探討，同時也要溫和可親，既富於學理，也具有人情味。《明報月刊》的目標是非盈利性質的，即使虧本，也在所不惜。金庸自任《明報月刊》的總編輯，聘請許冠三、司馬長風兩人選稿，編輯有王世瑜和黃俊東。《明報月刊》最初刊登的文章，尺度都很嚴，走的是一條純學術路線。後來胡菊人出任總編輯，前後長達十三年，將《明報月刊》辦成了一份綜合性的高水準讀物，形成了一個高級學術刊物的形象。從第一期起，《明報月刊》就展露出勃勃生機，它除了刊登海外學人的一些學術水準較高的稿件外，還刊登大量關於中國政壇、政要內幕的長篇文章。所以，《明報月刊》也就自然而然贏得了海內外的普遍關注。

除了《明報月刊》外，金庸先後創辦了《武俠與歷史》雜誌、《新明日報》新馬版、《明報周刊》、《財經日報》等報刊。後來又成立了明報出版社和明窗出版社，使《明報》初步具備了報業集團的雛形。

《明報周刊》一九六八年創辦。周刊本是報紙的附加品，爲了激發讀者的興趣，許多報紙將周刊作爲禮品饋贈給讀者。可是金庸認爲，只要周刊辦得好，也可以定價出售，他認爲首先要在內容上改革，其次要在裝潢上進行包裝，他說：「我們可以加多一些彩色，內容走一些較適合家庭婦女們看的軟性文章路線，我想是會有銷路的。」經過一番爭執後，《明報周刊》正式出爐了。

《明報周刊》初創時期，需要一篇武俠小說，以便更多地吸引讀者的注意力。這篇武俠小說的署名是「金庸、倪匡合著」，但事實上完全由倪匡一人執筆撰寫，只是借用了「金庸」的大名而已。事實上，由兩人合作寫武俠小說，幾乎是不可能的事，並且，金庸的武俠小說是不可能由別人代寫的，更何況倪匡本人也認為自己的創作能力與金庸有「好幾百萬光年距離」。

《明報周刊》的第一任主編是潘越生，任期業績平平。到雷坡第二任主編時，她銳意求新和改革，大大地刺激了《明報周刊》的銷路。金庸之所以要起用一位女性來做《明報周刊》的主編，並改用一批女記者，是有其合理的考慮的，因為女人更瞭解女人。在金庸的一手策劃下，《明報周刊》創造了一個轟動香港的社會新聞——「香港小姐何秀汶情書」，使《明報周刊》的發行量一下子增加了好幾萬份。何秀汶是香港歌星陳百祥的女友。當時陳百祥尚未成名，他跟朋友們組織了一支樂隊在夜總會表演。他是標準的花花公子，女朋友很多，何秀汶僅是其中的一個，那篇情書據說是寫給他的。

《明報周刊》刊登「香港小姐何秀汶情書」擴大銷路後，主編雷坡更是快馬加鞭，四處出動，廣交男女明星，千方百計地挖掘人才。功夫不負有心人，這之後，《明報周刊》屢屢爆出娛樂圈的精彩內幕，周刊的讀者也越來越多。

經過多年的經營和發展，《明報周刊》業已成為香港娛樂周刊的佼佼者。《明報晚報》創刊時，李文庸曾經在副刊上「霸」過幾個專欄。有一次金庸碰到李文庸，金庸知道他是個人才，便言辭懇切地對他說：「不如你來《明報》做事吧，我們翻譯組欠缺人手。」可惜李文庸求財心切，薪水收入和稿費收入比較起來，簡直是天壤之別，因而他最後也沒有去《明報》做事。

一九八七年，金庸又成立了「翠明假期」，經營美加、澳洲及歐洲的高級旅遊業務，使《明報》集團的業務日益多元化。由金庸一手創辦的《明報》企業集團，經過三十多年的艱苦創業和不斷發展，已經由一家報社擴展成一個兼營出版、旅遊、印刷以至地產的多元化企業。

《明報》取得了巨大的成功；成爲金庸名山事業的象徵。《明報》之所以成功，與金庸的事業心緊密相關。艱苦奮鬥，勤奮拼搏，在《明報》的創業之初體現得尤爲明顯。《明報》創辦的時候，香港已經有六十家報紙，競爭十分激烈，如何借鑒別人，如何發展自己，是金庸日夜思考的問題。經過了艱苦的拼搏，《明報》最終生存了下來，並且發展爲香港三大報紙之一；金庸也成長爲一代傑出的報人。

金庸認爲，辦報一定要堅持講眞話，批評報道尤其要講眞話。一般的報紙平時都差不多，但一遇到大問題，就分出高下了。如果你堅持講眞話，不退縮，那你在讀者中的影響就大，報紙的銷路就會增加。而《明報》就是按照金庸的這種觀點來辦的。

《明報》能有這樣大的發展，撇開金庸個人的因素暫且不論，其中一個重要的原因，恐怕就要算是金庸善於發現人才、使用人才了。李文庸曾經這樣說過金庸：「金庸是我所認識的老闆中最能禮賢下士的一個。我當初還是個初出茅廬、乳臭未乾的毛頭小夥子，處處受人白眼，但金庸卻絕對不這樣對我，邀請我同遊艇河野餐，在家裏舉行派對，甚至在酒樓組織「牌局」，他都殷勤地邀請我這位後生小子。」這是他的切身體驗和感受，說來自然令人心服口服。

王世瑜曾經在《明報》工作過很長一段時間，當談及《明報》的成功時，王世瑜說過這樣的一番話，「《明報》的成功，可歸功於查良鏞個人的遠見。由早期以武俠小說的金庸作號召，邁向六十年代以政論聞名的查良鏞年代，以至目前上市以企業手法經營《明報》，查良鏞成功地將《明報》塑造成一份備受知識份子尊敬的包裝，可見他的高瞻遠矚」，金庸「深諳用人之道，懂得放手讓下屬辦事，三十多年來我從未見過他辭退一名員工，或罵過一名下屬，但公司內的同事對他均很尊敬。」

在接受記者採訪時，金庸也談到了《明報》：「一個人一生所作的事業，不論大小，總有能令自己回想起來感到欣慰。當然這是一個目標，做不做得到是另外一回事，不過總得盡力去做就是了。所以，辦報紙也應該辦一份最好的報紙。這當然也是每個人的理想。」

金庸不但善於發現人才、使用人才，而且對於離開《明報》的人才，也極具肚量。先後離開《明報》的「好漢」有好幾位，但他們從來就不對金庸說一個「不」字，由此也可以看出金庸的人品與人格。

在《明報》的發展史上，有幾起大事件都被金庸化解於無形之中，使《明報》仍然穩步上升。

胡菊人寫得一手好文章，「編輯眼」也很獨到，後被金庸網羅至麾下，頗得金庸的賞識。從一九六七年開始，胡菊人擔任《明報月刊》的總編輯，他將全副身心都投入到月刊的編輯工作，將月刊辦得有聲有色，建立了《明報月刊》較高的文化地位，使金庸頗爲滿意。胡菊人自己也是心滿意足，從來就沒有什麼「跳槽」的念頭。在《明報月刊》總編輯這個崗位上，胡菊人一幹就是十三年。不料到了一九八〇年，竟然半路殺出一個「程咬金」，將胡菊人「挖走」了。

事情的原委是這樣的。有一個臺灣人攜帶鉅款來到香港，準備在香港創辦一份報紙，並且揚言，這張報紙一定會辦成像《明報》那樣具有影響力的報紙。經過古龍的介紹，臺灣人找到了倪匡，後來又找到了胡菊人，開門見山地道明自己的來意。

開始之時，胡菊人頗爲猶豫，這個臺灣老闆究竟靠得住麼？他要辦的報紙究竟會是什麼樣子呀？臺灣人見他一副遲疑的樣子，就信誓旦旦地說，報紙一定會辦成像胡菊人理想中的那樣，是一份充滿責任感的報紙，是一種能拯救青年一代的報紙。如此一來，胡菊人不免有些動心了，他心想：「我的理想終於實現了。」

後來，他們又經過了多次接觸、磋商，胡菊人當機立斷，決定離開《明報》，自闖天下。既然已經答應了別人的邀請，就得給原先的「上司」說一聲。據說，當胡菊人向金庸提出辭呈時，他整個人都呆了，「不會是眞的吧！」金庸的第一個反應就是這句話，「是不是薪酬不滿意？菊人兄，我們可以商量呀！」金庸當時還以爲胡菊人是因爲對薪水不滿意才要離開呢。

「不，查先生，我在《明報》服務了這麼久，從來就不計較什麼薪酬問題，我只是想出去闖一闖。如今，我獲得了一個千載難逢的機會，不想放棄。」胡菊人說得很誠懇，也說出了他的心裏話，「我要出去辦報。」

「什麼？你要去辦報？」金庸一聽是辦報，大大地嚇了一跳，因爲他知道，胡菊人沒有辦報的經驗。

胡菊人只好坦率地向金庸說明了事情的原委。金庸一聽，背脊直冒冷汗，他奉勸胡菊人，辦報可不是鬧著玩的，因爲辦報不等於辦月刊，弄不好，是會身敗名裂的。大仁大義的金庸，這時想到的不是胡菊人的離去會給《明報》帶來什麼影響，而是爲胡菊人的前途和處境著想。

金庸沈住氣，仍然在爲胡菊人考慮：「你想清楚了嗎，菊人兄？當年《明報》的艱辛你可是親眼目睹的呀！」

此時的胡菊人，去意已決，他回答著金庸的問話：「查先生，我想過了，希望你能給我一個機會。」

金庸歎了一口氣，仍然有些不死心：「菊人兄，你再考慮一下吧！」

像胡菊人這樣的人才，金庸當然是不願意放他走的，他打電話給倪匡：「倪匡，胡菊人要走了。」

電話那頭的倪匡說：「我早就知道。」

「那你爲什麼不告訴我？」金庸不免有些不滿地質問倪匡。

「這是他的私事，我爲什麼要告訴你！」倪匡是一副理直氣壯的口氣。

「那怎麼辦？」一向沈穩的金庸，顯然是有點氣急敗壞了，反問著倪匡。

「你說怎麼辦？」倪匡將金庸的問話又推了回來。

「當然是挽留了，不讓他走，」金庸只好求倪匡了，「你跟他說說吧！」

「我跟他說？」倪匡一怔，沒想到金庸會說這句話。

「你平日口才那麼好，除了你，還有誰說得動菊人兄。」金庸懇切地說。

「還有孫大姐。」倪匡又想卸擔子了。

「那你們兩個一齊說去。」金庸急眼了，不想再給倪匡退路，因爲他實在是愛才如命，實在不願意眼睜睜地看著胡菊人離開《明報》。

之後，倪匡和孫大姐只好「出馬」去做說客了，他們向胡菊人陳述了利害關係，但去意已堅的胡菊人，又怎麼能說得動呢？

無奈，金庸只好看著胡菊人的離去。爲了酬謝胡菊人十三年來的盡心盡職，金庸特意在酒樓設宴歡送胡菊人，並送上黃金勞力士手錶一隻，離別的場面甚是感人。

胡菊人離開《明報》後，暗地裏招兵買馬，他心想，如果《明報》的老同事願意合作，就一定能將報紙辦好。可他沒想到，金庸的一步棋早已走在了前頭，早早地宣佈，《明報》的所有工作員工，一律加薪，還特別設宴慰勞。胡菊人後來分別約請《明報》同事喝茶談心，但仍未能挖走一個人。原先在旁人看來會釀成一場大風暴的「胡菊人脫離《明報》事件」，就這樣被金庸化解於無形之中，一切風平浪靜，就像壓根沒有發生過一樣。

胡菊人在新創立的《中報》混得並不怎麼樣，金庸聽後直搖頭，內心也非常難過，常向孫大姐詢問胡菊人的近況。對胡菊人暗地裏拉攏《明報》員工一事，金庸從來就沒有責怪之意，還在人前人後稱讚胡菊人，說胡菊人是個好編輯。

胡菊人離開《明報》後，金庸親自出馬任《明報月刊》的總編輯，可他覺得十分的不方便，便四處尋找合適的人選。經過一番「踏破鐵鞋」的尋覓，金庸找到了董橋。金庸看過董橋的翻譯，譽之爲第一流高手，心想，一定要把他請到手；但董橋當時正在香港中文大學教書，自己也不想放棄。金庸知道，董橋之所以不願意離開香港中文大學，是爲了那份豐厚的薪水。於是，金庸答應董橋給予中大同樣的待遇，才將董橋挖過來。

「林三木離職風波」也是一起「風暴級」的事件。林三木是《明報》資料室的一名職員，因受金庸賞識，被保送到英國研讀經濟。學成歸來後，林三木被提升爲《明報晚報》的副總編輯，不久又升爲總編輯。在《明報晚報》挑重擔的那幾年裏，林三木充分發揮了潮州人的狠勁和闖勁，將一份《明報晚報》辦得大膽潑辣，虎虎有生氣，報紙的銷路直線上升。至於其中的秘訣，在於《明報晚報》提供的股市資訊十分準確。

股市如賭場，要冒極大的風險，如果成功，那自然是好事，說不准在一夜之間搖身一變就成爲了富翁；但若失敗，也有可能傾家蕩產。而林三木主持下的《明報晚報》，專門向股民提供資訊，作隔天預測，應該買什麼股票，應該在什麼價位買進，應該在什麼價位拋出。因爲預測的命中率很高，《明報晚報》無疑成了股民的一盞指路明燈。

林三木之所以有那麼大的能耐提供準確的資訊，是因爲他有人緣。當時香港的股票市場，主要受兩種情況的制約：一是國際形勢，二是本地大戶。而當時的許多股票大戶，如李嘉誠、廖烈文等，都是潮州人，跟林三木的關係都不錯。而林三木又長得一表人才，氣宇軒昂，風度翩翩，加上他伶俐的口齒和《明報晚報》的老總身份，許多大戶都願意跟他交往。酒足飯飽之際，這些大戶們談起了明天的股市走向，林三木根據他們提供的資訊，次日一回報館就寫成文章發表。《明報晚報》一般是在下午一點左右出版，股民根據他提供的資訊，仍然趕得上下午的交易。所以，在香港股民的心目中，《明報晚報》一度被奉爲圭臬。

話也說回來，香港的股票大戶之所以願意向林三木提供股市資訊，也有他們自己的考慮，因爲股票一經報紙宣揚，價格多半會上升。這是先利己後利人的做法。既然自己可以預測股市，林三木當然也不會作壁上觀，他也借此機會在股市上大大地賺了一筆。腰包鼓脹的林三木，開始盤算著這樣一件事，自己是不是也辦一份報紙？

林三木爲人沈著冷靜，既不顯山也不露水，而他對商場又很瞭解，所以也具有強烈的現實感。他將自己的目標定得不是太高，只求辦一份大張的日報，每日一版，內容就以經濟爲主，副刊占半版；加之他跟上流社會的交情，獲得第一手資訊當是沒有什麼問題的，還可借此機會拉一點廣告；至於人員，他自己算一個，加上他太太駱友梅，最多再請兩個校對和一個記者，就可以「上馬」辦報了。

考慮成熟以後，林三木向金庸攤牌表示離開《明報晚報》去自闖天下，辦一份報紙。林三木是一個人才，金庸當然不想讓他離開，但再三挽留，也攔不住林三木。林三木離開《明報》後，創辦了《信報》。《信報》一度成爲《明報晚報》的最大勁敵。在許多人看來，林三木是一個忘恩負義的人，金庸對他那麼好，可他竟然要「背叛」金庸。但金庸很大度：「人望高處，水往低流，事情發生得很自然。林三木有那麼好的成績，我也替他高興。」

既然同是報人，就免不了要在許多場合見面。每次見到林三木，金庸總會走上前去，親切地握手問候，客氣地稱林三木爲「林先生」，壓根就沒有拿架子，也沒有擺什麼舊上司的派頭。這就是金庸的本色和氣度。

林三木離開《明報晚報》後，金庸就改由黃揚烈負責財經消息。但黃揚烈沒有抵擋住一幫中小股民的鼓動和勸說，也離開了《明報晚報》，自創一份《財經日報》。《財經日報》成績平平，許多股東相繼退股，使黃揚烈獨臂難支。黃揚烈便邀請金庸入股，沒有想到金庸竟然同意了，還安慰黃揚烈，辦報就是這樣，總要擔風險的，如果沒有切身的體驗，是不會知道其中的甘苦的。後來《財經日報》的銷路仍然不佳，金庸怕累壞了黃揚烈，索性出資買下了《財經日報》，使它成為《明報》麾下的一個組成部分。

王世瑜，據說是金庸最為喜歡的一個年輕人。他原先在《明報》打工，幹的是信差。因手腳勤快，辦事認眞，為人機靈，深得金庸的歡心，便升他為校對，後來又升為助理編輯、編輯，一直做到《華人夜報》的總編輯。

由於王世瑜在辦報風格上與查夫人產生矛盾，他後來也「跳槽」離開了《明報》，進入《新報》，再後來，他自己又創辦了《新夜報》。在《新夜報》上，王世瑜不斷製造新聞，試圖貶低金庸。有人勸金庸告他，但金庸始終沒有那樣做，也不以為然，笑了一笑，雍容大度地說：「小孩子嘛，總是這樣的。」

再後來，王世瑜又創辦了《今夜報》，並大大地賺了一筆。他見好就收，便把報紙賣掉，攜帶鉅款，全家移民加拿大。聽說王世瑜不辦報了，金庸很高興，立即致函王世瑜，邀請他回來主持《明報晚報》工作，並升他做《財經日報》的社長。

通過以上幾起事件，可以看出，金庸是如何的雍容大度，是如何的氣量恢宏，是如何的俠骨柔腸。寬容，既是金庸筆下人物的個性特色，也是金庸本人的自然本色。金庸的個性屬於溫和型，不慍也不火，不內也不外，比較適合於做一名報人。這在香港和海外華人界是有口皆碑的。金庸在寫作上極爲認眞，不管是創作武俠小說，還是撰寫《明報》社評，都是如此。一字一句，字斟句酌，反復推敲，推進的速度並不快，但一旦寫出來，幾乎就是字字珠璣，不可移易。

金庸說他經營企業還是有天賦的。另外，他還說：「我想，我成功的地方是喜歡思考，不墨守成規，遇到有困難時，通常很快就找到解決的辦法。不過，我卻不是個能搞大生意的人。搞大生意的人對金錢很重視，對賺錢很有興趣，但我對此卻常是糊裏糊塗的。」是眞的「糊裏糊塗」，還是自謙？恐怕是後者。因爲如果沒有他的精明，他又如何能成功呢？又如何能成爲巨富呢？《明報》之成功，泰半要歸功於金庸的個性。

第四章

武林盟主　誰與爭鋒

越女劍法 鮮為人知

在金庸的十五部武俠小說中，有一部小說較不被注意，就是《越女劍》。一則是因爲《越女劍》篇幅本身就很短，它是金庸所寫的唯一一部短篇小說，也是一部以女性爲主角的武俠小說。另則恐怕也與金庸自己有關，他本人也不大重視這部《越女劍》。金庸後來將自己武俠小說書名的第一個字提取出來，寫了一副對聯，「飛雪連天射白鹿，笑書神俠倚碧鴛」，其中就沒有《越女劍》的名分。

《越女劍》講的是一個歷史故事，寫春秋時期越王勾踐矢志報仇的故事。但這僅僅是一種陪襯，因爲在這個歷史背景下，金庸要寫的人物其實是越女阿青。

越女阿青因爲得到一隻神奇的白猿的青睞，在玩耍中學會了一套精妙絕倫的劍法。越國大夫范蠡發現了阿青劍法的精妙，爲了越國的興旺和復仇，范蠡懇求阿青去爲越國官兵傳授這套劍法。單純活潑的阿青，慨然應允了范蠡的邀請。沒想到，在長期的接觸過程中，阿青不知不覺地愛上了德高望重、年尊輩長的范蠡；但范蠡深愛著的卻是遠在吳王宮中的西施，對阿青的愛慕竟然絲毫也沒有察覺。書中有過這樣一則精彩的描寫，就是針對阿青的一往情深與范蠡的深情他繫：

阿青道：「范蠡，你見過她的是不是？為什麼說的這樣仔細。」

范蠡輕輕歎了口氣，說道：「我見過她的，我瞧得非常非常仔細。」

他說的是西施，不是湘妃。

他抬頭向著北方，眼光飄過一條浪滔滔的大江，這美麗的女郎在姑蘇城中吳王宮裏，她這時候在幹什麼？是在陪吳王嗎？是在想我嗎？

阿青道：「范蠡！你的鬍子很奇怪，給我摸一摸行不行？」

范蠡想：她是哭泣呢，還是在笑？

阿青道：「范蠡，你的鬍子中有兩根白色的真有趣，像我的羊兒的毛一樣！」

范蠡想：分手的那天，她在我的肩上哭泣，淚水濕透了我的半邊衣衫，這件衫子我永遠不洗，她的淚痕之中又加上了我的眼淚。

阿青道：「范蠡，我想拔你一根鬍子來玩，好不好？我輕輕的拔，不會弄痛你的。」

范蠡想：她最愛坐了船在江裏湖裏慢慢的順水漂流，等我將她奪回來之後，我大夫也不做了，便是整天和她坐了船，在江裏湖裏漂遊，這麼漂流一輩子。

突然之間，頦微微一痛，阿青已拔下了一根鬍子，又聽得她在格格嬌笑，驀地笑聲中斷，聽得她喝道：「你又來了……」

越王勾踐報仇成功，一舉滅亡了吳國。范蠡一直深愛著的美女西施，也回到了越國，並和范蠡結爲一對恩愛夫妻，泛舟江湖，歸隱逍遙去了。阿青也見到了美絕人寰的西施，頓時自愧不如，黯然神傷，悄然而去。

越女阿青，爲了愛情，只好一隱再隱，獨自憂傷憔悴，而她也給後世留下了一套「越女劍法」；而西施呢？後世也在爭相傳頌「西施捧心」這一最美麗、最令人難忘的形象。這是一則憂傷的愛情故事！

絕世巨構　天龍八部

進入一九六四年後，《明報》已經初具規模，雖然本身還不能與香港的一流大報相比，但也算是規模可觀的報紙了。《明報》已經形成了自己獨特的風格，尤其是在知識份子和一些政府官員的心目中，它的地位是相當高的，它的影響甚至還波及其他國家。身兼社長、總編輯、主筆的金庸，聲望也日漸大增，成爲擁有一定地位的報人和具有較高知名度的社評家，並開始活躍於海內外傳媒界。

因而金庸的心情也大爲好轉，不再像以前那樣焦愁鬱悶，寫起武俠小說來也是從容不迫的樣子，完全是一副遊刃有餘的心態。正是在這樣的背景下，金庸創作了《天龍八部》。《天龍八部》於一九六三年九月三日開始在《明報》和新加坡《南洋商報》上同時連載，前後連載了四年的時間。其間，金庸因事離港外出，曾經邀請倪匡代寫了四萬多字。倪匡寫的那部分是一個獨立的故事，金庸後來征得倪匡的同意，將那一部分刪去重寫，所以，現在所看到的《天龍八部》，完全是出自金庸的手筆。

說起倪匡代筆寫作《天龍八部》，還眞有趣，值得在此一提。在撰寫《天龍八部》的那陣子，金庸多次脫身外出參加一些國際性的報界活動。一九六四年一月，金庸趕赴日本東京參加《世界周刊》舉辦的報人座談會；一九六四年四月，金庸又再度赴日本東京參加國際新聞協會舉辦的「亞洲報人座談會」；同年五月，金庸又遠赴土耳其伊斯坦布爾參加國際新聞協會的第十三屆年會。之後，金庸以《明報》社長的身份至英國倫敦參加國際新聞協會主辦的會議，並且忽然產生了在歐洲做長期漫遊的計劃。

但《天龍八部》是在報紙上連載的，不可能斷稿。怎麼辦呢？金庸想到了倪匡。金庸找到了倪匡，當時在場的還有名作家董千里（項莊）。金庸先向倪匡道明瞭事情的原委，求他代寫三四十天。金庸的話說得很技巧：「倪匡，請你代寫三四十天，不必照原來的情節，你可以自由發揮。」

倪匡當時心裏就說：這話的意思顯然是再明顯不過了，等於是說，千萬不可損及原著，你自管去寫你自己的好了！換了別人，或許會生氣，但倪匡不會，高興還來不及呢！若是連自己的作品和金庸的作品有好幾百萬光年距離這一點都不明白，那眞是白癡。幸好我還算聰明，所以我一點也不生氣，連連點頭答應。

金庸又說：「老董的文字，較洗練，簡練而有力，文字的組織能力又高，你的稿子寫好之後，我想請老董看一遍，改過之後再見報！」

倪匡當時心裏就接著說：這等於說，倪匡你的文字不好，雖然任由發展，還是不放心，要找人在旁監督，以防萬一出毛病。換了別人，又可能會生氣，但倪匡不會，因爲金庸所說是實話。董千里先生文字之簡練有力，海內外共睹，能得到他的幫助，對今後小說創作的文字運用方面，有很大的助益，所以欣然答應。

既然答應了金庸的要求，倪匡就開始動筆寫作了。替金庸代筆寫作武俠小說，可不是鬧著玩的，在那一段日子裏，倪匡自覺負擔沈重，一時無兩，戰戰兢兢地寫了大約六萬字。直到金庸從歐洲回來後，他才長長地鬆了一口氣，如釋重負。

金庸事前的擔心，是有他一定的道理的，並不是什麼空穴來風。因爲他知道倪匡是個「搗蛋鬼」，小時候人稱「小搗蛋」，長大了人稱「大搗蛋」，就喜歡「胡作非爲」，爲人「荒誕不經」。

兩人見面後，倪匡的第一句話就是：「對不起，我將阿紫的眼睛弄瞎了！」

阿紫是《天龍八部》中相當重要的一個角色，直接關係著全書情節的發展；但倪匡說他很討厭阿紫，所以要將她的眼睛弄瞎。金庸一聽，只有苦笑的分，怪誰呢？還不是自己找倪匡代筆的嗎？既然「生米已經煮成熟飯」，也只好認命了。

在舊版本的《天龍八部》裏，收錄的就是倪匡代筆的那部分。到了後來，金庸打算將全部作品修訂改正，又特意去找了一趟倪匡，跟他商量：「我想將你代寫的那一段刪去，你不會見怪吧？」

倪匡見金庸問出了這樣的話，他的回答非常巧妙，先是大聲對金庸說：「見怪，會見怪，大大見怪。」

金庸是正人君子，可不像倪匡那樣荒誕不經，一聽倪匡說是「見怪，會見怪，大大見怪。」他也就躊躇起來，這事情怎麼辦才好呢？見金庸一副大感爲難的樣子，倪匡哈哈大笑說：「我見怪的是你來問我會不會見怪，枉你我交友十數載，你是明知我不會見怪的，不但不會見怪，而且衷心贊成，可你卻還要來問我會不會見怪！」

倪匡的話說得金庸有些不好意思，說：「禮貌上總要問一聲了。」

倪匡又來了：「去他媽的禮貌！我有點擔心，阿紫的眼睛瞎了，你怎麼辦？」

金庸的口氣甚是肯定：「我自有辦法！」

金庸確實有他的辦法。結果，他將原書改動了一些，寫成讀者現在所看到的樣子。經他這麼一改寫，阿紫和游坦之兩人的性格更爲鮮明，更爲透徹。游坦之爲了他深深愛著的阿紫，寧願將自己復明的一雙眼睛挖出來獻給她（阿紫已在這之前獻出了自己的眼睛）。

金庸要求倪匡代筆，倪匡自然是十分高興的。經過這件事後，倪匡逢人便說，而且還自撰一副對聯，「屢替張徹編劇本，曾代金庸寫小說」，一副洋洋得意的樣子。

金庸解釋說《天龍八部》一書的書名出自佛經。在大乘佛教的許多佛經裏都說到，每當佛向諸菩薩、比丘等說法時，常有「天龍八部」參與聽法。如《法華經·提婆達多品》說：「天龍八部，人與非人，皆遙見彼龍女成佛。」「非人」是指相貌似人而實際上不是人的眾生。「天龍八部」都是「非人」，包括八種神道怪物，因爲以「天」和「龍」爲首，所以稱爲「天龍八部」。「天龍八部」具體爲：天、龍、夜叉、乾達婆、阿修羅、迦樓羅、緊那羅和摹呼羅迦。

「天」指天神。在佛教中，天神的地位並不是至高無上的，只不過比人享受到更大更長久的神報而已。佛教認爲一切事物無常，天神的壽命終了之後，也是要死的。天神臨死之前有五種症狀：衣裳垢膩、頭上花萎、身體臭穢、腋下汗出、不樂本座（或說「玉女離散」），這就是所謂的「天人五衰」，是天神最大的悲哀。帝釋是眾天神的領袖。

「龍」指龍神，佛經中的龍，和我國傳說中的龍大致差不多，不過沒有腳，有時大蟒蛇也稱爲龍。事實上，中國人對龍和龍王的觀念，主要是從佛經中來的。佛經中有五龍王、七龍王、八龍王等名稱。古印度人對龍很尊敬，認爲水中生物以龍的力量最大，因此對德性崇高的人尊稱爲「龍象」，如「西來龍象」指的是從西方來的高僧。古印度人認爲下雨是龍從大海中取了水來灑向人間的。中國古人也接受了這種說法，曆書上注明幾龍取水，表示今年雨量的多寡。龍王之中有一個名叫沙竭羅龍王，他的幼女八歲時到釋迦牟尼說法的靈鷲山前，轉爲男身，現成佛之象，而他成佛之時也爲「天龍八部」所見。（金庸：關於《天龍八部》）

「夜叉」是佛經中的一種鬼神，本義是指能吃鬼的神，又有敏捷、勇健、輕靈、秘密等意思。佛經中的很多夜叉是好的，如夜叉八大將的任務是「維護眾生界」。

「乾達婆」是一種不吃酒肉，只尋香氣作為滋養的神，是服侍帝釋的樂神之一，身上發出濃冽的香氣。

「阿修羅」這種神道非常特別，男的極醜陋，而女的極美麗。阿修羅王常常率部和帝釋戰鬥，因為阿修羅有美女而無美好食物，帝釋有美食而無美女，互相妒忌搶奪，每有惡戰，總是打得天翻地覆。

「迦樓羅」是一種大鳥，翅有種種莊嚴寶色，頭上有一個大瘤，是如意珠。此鳥鳴聲悲苦，以龍（大毒蛇）為食；到它命終時，諸龍吐毒，無法再吃，於是上下翻飛七次，飛到金輪山上命終。

「緊那羅」在梵語中為「人非人」之意，形狀和人一樣，但頭上生有一隻角，所以稱為「人非人」，善於歌舞，是帝釋的樂神。

「摩呼羅迦」是大蟒蛇，人身而蛇頭。

金庸之所以要以佛教的「天龍八部」作為這部武俠小說的書名，是因為這部作品寫的是北宋時期的雲南大理國。而大理國是佛教國家，皇帝都崇信佛教，往往放棄皇位出家為僧，這在歷史上是一個十分奇特的現象。金庸說：「這部小說裏沒有神道精怪，只是借用這個佛經名詞，以象徵一些現世人物。」

在《天龍八部》裏，金庸第一次以佛教的「大慈大悲」來轉孽化癡，用佛教去貪、去愛、去取、去纏的經義來開導廣大讀者，既增強了武俠小說的思想深度與哲學內涵，又充分顯示了金庸學問的博大精深。

《天龍八部》的篇幅近一百九十萬字，是金庸十五部武俠小說中字數最多的一部，甚至比他的壓軸巨著《鹿鼎記》還要多出幾千字。

《天龍八部》的故事背景涉及的範圍也十分廣闊，有人讚譽說，它在武俠小說中是絕無僅有的。而它的時空背景也是非常遼闊的，歷史朝代涉及宋、大理、契丹（遼）、西夏、吐蕃等王朝或地方政權，地域上則廣及中原、雲南、西藏、漠北等地。

《天龍八部》一書中出現的人物更是空前絕後，男主角也是數不勝數：蕭峰（喬峰）、段譽、虛竹、慕容復、游坦之、段正淳等，與他們有感情糾葛的女子，也極爲眾多，如阿朱、阿紫、木婉清、鍾靈、西夏公主、王語嫣、王夫子、馬夫人、李秋水等。主中有次，主次交融，形成一幅絢爛的眾星拱月式的人物畫面。

《天龍八部》圍繞這些人物分化開來，形成幾條主線，主線又衍生出支線，支線又衍生出旁支，千絲萬縷，枝繁葉茂，好像是千頭萬緒，理也理不清，但到頭來，發現它們又是環環相扣，緊密結合得天衣無縫，無懈可擊，成爲一部結構龐大而又不鬆懈的巨構。這是經驗的高明之處，也是武俠小說的大發展。

《天龍八部》中，最爲輝煌燦爛的人物，應該是眞英雄、眞豪傑蕭峰。金庸筆下所有英雄的影子和美德，在他的身上基本上都可以找到，他幾乎是一個集大成者。蕭峰，他不知圓了多少讀者的英雄夢。他甫一出場，就氣度非凡：

西首座上一條大漢回過頭來，兩道冷電似的目光霍地在他臉上轉了兩轉。段譽見這人身材甚是魁偉，三十來歲年紀，身穿灰色舊布袍，已些微破爛。濃眉大眼，高鼻闊口，一張四方國字臉，頗有風霜之色，顧盼之際，極有威勢。段譽心底暗暗喝了聲彩：『好一條大漢！這定是燕趙北國的悲歌慷慨之士。不論江南或大理，都不會有這等人物。』……

當然沒有，像蕭峰這樣的人物，在武俠小說中恐怕也是獨一無二的一個。

可他又是一個命運極其悲苦的人。他是契丹人，父母因誤會而被漢族的英雄所殺，當英雄們發現殺錯了人後，將他交給一個善良的漢族農民撫養。長大以後，他做了丐幫的幫主，但丐幫發現他是契丹人，便將他驅逐出丐幫。從此，蕭峰成了可恥的人見人恨的「遼狗」。蕭峰心懷憤怒，誓死要報父母之仇，於是，他獨闖聚賢莊的英雄宴，大殺宋國的忠義之士，與舊日的朋友乾杯，說：「從今之後，你殺我不是忘恩，我殺你不是負義。」他跟丐幫的兄弟拼殺起來。再後來，隨著故事情節的發展，發現蕭峰的父親蕭遠山其實並沒有死去，又有了一番殺伐。

蕭峰身為一世英雄，可他也無法戰勝坎坷的命運。造物弄人，因為他的出身問題，他既不能見容于漢家武林，也不能見容於契丹社會，他只能在必須殺人或無奈自殺中選擇一個。這是他的兩難選擇，無可逃避。結果，他選擇了後者。這是他的無奈，還是命運的無奈？

在《天龍八部》裏，最為厲害的，既不是像蕭峰這樣的英雄俠客，也不是像段延慶這樣的血腥惡人，也不是像耶律洪基這樣的帝王將相，而是「命運」。

《天龍八部》也是一部寫情的優秀作品。書中一個又一個癡情男女，活靈活現地湧現在讀者的眼前。

段譽的「癡情」是見一個就愛一個，可她們偏偏又都是自己的同父異母姐妹（除了王語嫣），到頭來也是上蒼有眼，讓他與意中人王語嫣共結秦晉之好；段正淳是個多情王爺，愛一個女人之時，就全副身心地放在她的身上，可是他太「濫情」，往往不能始終如一，落得一個到頭一場空的下場。

糊塗大愚的虛竹，最後卻有善終，因被天山童姥劫持而成了西夏國的駙馬，一對「夢郎」「夢姑」，幸福地生活在西夏國；可憐的蕭峰用情很專一，心愛的阿朱卻被他誤殺，阿紫芳心相許，可蕭峰又怎麼能「移情」呢？游坦之則更加無奈，他一直摯愛著阿紫，為他獻出了自己的雙目，可並不能獲得阿紫的愛，阿紫最後抱著蕭峰的屍體墜入雁門關的深谷，游坦之也跟著跳落山谷，這份癡情，是癡到極點了。

馬夫人康敏（丐幫副幫主馬大元的夫人）是個心高氣傲而又陰險狠毒、淫蕩成性的女人，自認爲美貌舉世無雙，就因爲在兩年前的洛陽百花會上，蕭峰連正眼都不看他一眼，她就設計陷害蕭峰。馬夫人是奇特的自戀狂，臨死前還要照鏡子，看看自己的美貌是否稍有失檢。慕容復則是一個癡人說夢者，他的一門心思都放在了光復大燕的事業上，冷落了對他用情甚深的表妹王語嫣，最後既失去了美人，事業也無成，最後落得一個精神失常、神智顛倒的可悲下場。

覃賢茂是這樣評說《天龍八部》的：

「《天龍八部》真正地表現了金庸先生的大眼界與博大的胸懷，是金庸先生的大手筆、大境界，因為他沒有把俠停留在觀念上，掛在嘴上，而是寫出了活生生的人，寫出了在假定的歷史的情境中活生生的人……如此一來，《天龍八部》中既有想像，也有寓言，『天龍八部』的世界正是一個所謂的『人非人』的世界——既有歷史，又有傳奇，也有整體的象徵，成為了真正多層次、多種因素、多種視角組成的奇異的世界。」

倪匡也認爲《天龍八部》堪稱「世界經典小說的傑作」。《天龍八部》，不愧爲金庸的一部力作。

在《天龍八部》的《後記》裏，金庸特意提到了陳世驤，「在改寫修訂《天龍八部》

時，心中時時浮起陳世驤先生親切而雍容的面貌，記得他手持煙斗侃侃而談學問的神態。中國人寫作書籍，並沒有將一本書獻給某位師友的習慣，但我熱切的要在《後記》中加上一句：『此書獻給我所敬愛的一位朋友——陳世驤先生。』只可惜他已不在世上。但願他在天之靈知道我這番小小心意。」

金庸跟陳世驤只見過兩次面，在他寫《天龍八部》時，陳世驤兩次致函金庸，寫了很多令金庸「眞正感到慚愧的話」。當時金庸就想，「將來《天龍八部》出單行本，一定要請陳先生寫一篇序」，但一切都已成枉然。因爲陳世驤在這之前故世了。

金庸特意在這篇《後記》裏提到陳世驤來信中的一句話「猶在覓四大惡人之聖誕片，未見」。這其中有一個小故事。陳世驤告訴金庸，夏濟安也喜歡他的武俠小說，有一次夏濟安在書鋪中見到一張聖誕卡，上面繪著四個人，夏濟安覺得神情相貌很像《天龍八部》中所寫的「四大惡人」，就買下了，寫上金庸的名字，並寫了幾句讚賞的話，想寄給金庸。但因夏濟安跟金庸從未見過面，只好托陳世驤轉寄。陳世驤隨手將它們放在雜務中，後來就找不到了。這眞是一樁令人倍感遺憾的事。

金庸在《天龍八部》的書末，附錄了陳世驤寫給他的兩封來信，作爲對朋友的紀念。

銀鞍白馬 俠客行

在金庸的十五部武俠小說中，《俠客行》是一部比較奇特的小說，也是一部結構精巧縝密的小說，並且頗有一點寓言的味道。

趙客縵胡纓，吳鉤霜血明。
銀鞍照白馬，颯沓如流星。
十步殺一人，千里不留行。
事了拂衣去，深藏身與名。
閑過信陵飲，脫劍膝前橫。
將炙啖朱亥，持觴勸侯嬴。
三杯吐然諾，五嶽倒為輕。
眼花耳熱後，意氣素霓生。
救趙揮金槌，邯鄲先震驚。
千秋二壯士，烜赫大梁城。
縱死俠骨香，不慚世上英。

誰云書閣下，白首太玄經。

這是出自唐朝大詩人李白手筆的一首古詩，詩的題目就叫《俠客行》。人們只聽說過李白是一代浪漫主義大詩人，被世人稱譽爲詩仙，有誰會想到，在他的這首古詩裏，竟然蘊涵著無上的武學至理，詩文本身就是練功的口訣。

《俠客行》是金庸緊隨《天龍八部》之後推出的又一部武俠小說，發表的時間是一九六五年，寫的是「狗雜種」的故事。

狗雜種生活單調、淒慘、乏味，從小與他的母親和一條黃狗生活在深山老林裏，沒有玩伴，沒有撫愛，沒有快樂。他資質魯鈍，連自己的姓名都不知道，只知道從小時候開始，他的母親梅芳姑就叫他「狗雜種」，便以爲狗雜種是他的名字。有一天，他迷了路，並在偶然之間獲得謝煙客的一枚權杖（玄鐵令），被謝煙客帶到摩天崖。在摩天崖，他依照謝煙客所授心法練習內功，結果走火入魔，被人帶下山來，後爲長樂幫貝海石大夫所救。

從此，他誤入江湖，由此踏入險惡江湖路，他不斷地被人哄騙，又不斷地被人算計，更是不斷地被人利用。陷入江湖恩怨情仇的他，對江湖的規矩和習俗頗爲隔膜，而江湖是風波疊起、險象環生。他對這一切很是不明白，說：「我撞來撞去這些人，怎麼口口聲聲的總是將『殺人』兩字掛在嘴邊？」

「狗雜種」後來到了俠客島。俠客島的龍、木兩位島主，在幾十年前偶然發現島上洞窟的石壁上刻有前人留下的武學秘笈《太玄經》，圖解就是李白的那首《俠客行》，便潛心鑽研，但仍然無法參透。於是，他們便邀請天下各大幫派的精英人物來一起鑽研，但幾十年過去了，仍然沒有成功。「狗雜種」來到俠客島後，因他大字不識一個，竟然悟通了隱含在李白《俠客行》詩篇中的武功之道：

他心中一喜，再細看圖形，見構成圖中人身上衣褶、面容、扇子的線條，一筆筆均有貫串之意，當下順著氣勢一路觀將下來，果然自己體內的內息也依照線路運行。尋思：『圖畫的筆法與體內經脈相合，想來這是最粗淺的道理，這裏人人皆知……』

這道理其實也很簡單，因爲通曉文字的人，往往被文字本身套住跳不出來，形成佛家所謂的「文字障」，而「狗雜種」大字不識一個，所以他沒有「文字障」，也就解開了其中的玄奧。

「狗雜種」一直被「我是誰？」這一問題困擾著，被母親叫做狗雜種，被貝海石大夫等誤當作長樂幫幫主石破天，被石清、閔柔夫婦誤當作兒子石中玉，被丁鐺當成天哥，被阿繡叫做大粽子，被史婆婆取名史億萬……他究竟是誰呢？不但他自己不知道，別人也不知道。在小說的結尾，這一疑難問題就要化解，可金庸又來了一個筆鋒直轉。他的母親梅芳姑出場了，似乎馬上就可以揭開他的身世之謎了；可梅芳姑突然自殺了，在她的手臂上赫然留著處女標誌的朱砂紅，顯然，他不是梅芳姑的兒子。「梅芳姑既然自盡，這許許多多疑問，那是誰也無法回答了」，他究竟是誰，只好留給讀者去費猜想了。除了「狗雜種」的「身世之謎」，《俠客行》一書還有許多「謎」，如「俠客島之謎」、「俠客行武學謎」等，陳墨說這些「謎」是一環扣一環，變作了一個「連環套」，《俠客行》「成了一部結構精妙的小說，同時又是一個豐富而又複雜的寓言世界。

《俠客行》只是一部中篇武俠小說，按照故事情節，金庸完全可以恣意揮灑筆下，把它寫成一部長篇武俠小說，因爲書中還留了許多路子，這些路子完全可以再發展下去，但金庸沒有這樣做，他只是保留了《俠客行》的原狀，他自己是這樣說的：「這部小說如果要發展成長篇當然可以，不過大致味道到這裏差不多夠了，寫得太長也不能增加多少，我想當作藝術作品能短一點總是好的。」

明爭暗鬥　笑傲江湖

金庸提筆寫作《笑傲江湖》時，正好是一九六七年。在當時的中國大陸，文化大革命正進行得轟轟烈烈。所以，首先面臨的一個問題是，《笑傲江湖》是否在影射中國大陸的文化大革命呢？我們最好還是來看看金庸在《笑傲江湖．後記》中的夫子自道：

「我寫武俠小說是想寫人性，就像大多數小說一樣。這部小說通過書中一些人物，企圖刻畫中國三千多年來政治生活中的若干普遍現象。影射性的小說並無多大意義，政治情況很快就會改變，只有刻畫人性，才有較長期的價值。不顧一切的奪取權力，是古今中外政治生活的基本情況，過去幾千年是這樣，今後幾千年恐怕仍會是這樣。任我行、東方不敗、嶽不群、左冷禪這些人，在我設想時主要不是武林高手，而是政治人物。林平之、向問天、方證大師、沖虛道人、定閑師太、莫大先生、余滄海等人也是政治人物。這種形形色色的人物，每一個朝代都有，大概在別的國家中也都有。

「千秋萬載，一統江湖」的口號，在六十年代時就寫在書中了。任我行因掌握大權而腐化，那是人性的普遍現象。這些都不是書成後的增添或改作。」

至於好人和壞人之分，金庸也有其獨特的見解：

「聰明才智之士，勇武有力之人，極大多數是積極進取的。道德標準把他們劃分為兩類：努力目標是為大多數人謀福利的，是好人；只著眼於自己的權力名位、物質慾望而損害旁人的，是壞人。好人或壞人的大小，以其嘉惠或損害的人數和程度而定。政治上大多數其實是壞人當權，於是不斷有人想取而代之；有人想進行改革；另有一種人對改革不存希望，也不想和當權派同流合污，他們的抉擇是退出鬥爭旋渦獨善其身。所以一向有當權派、造反派、改革派，以及隱士。……

參與政治活動，意志和尊嚴不得不有所捨棄，那是無可奈何的。」

這是金庸的實話，也是金庸寫作《笑傲江湖》的出發點和終結點。《笑傲江湖》在香港《明報》連載時，越南有二十多家中文、越南文和法文報紙同時連載，東南亞其他國家的中文報紙也有關於《笑傲江湖》的報道。

《笑傲江湖》，眞的是在「笑傲江湖」了。

在《笑傲江湖》裏，金庸第一次不以幫主、盟主、武林至尊爲主角，而是「企圖刻畫中國三千多年來政治生活中的若干普遍現象」。他所塑造的男主角令狐沖是一個普普通通的武林俠客。

令狐沖的出場是頗費筆墨的。金庸在《笑傲江湖》的開頭花了許多篇幅寫福建「福威鏢局」遭受滅頂之災，林平之僥倖逃脫。之後，視角轉移到衡山城的一個小茶店，華山派眾師兄弟談論他們的大師兄令狐沖嗜酒等情狀；後來又是劉正風的「金盆洗手」，恒山派定逸師太向令狐沖的師父岳不群投訴、指責。緊跟著是儀琳的陳述。經過這樣大段筆墨的潑灑，一個放浪形骸、落拓不羈的令狐沖便出現在讀者的心目中了。但到了這裏，一般的讀者大概尚未發現全書的主角竟然就是他，還滿以爲是林平之，看他日後如何投師學藝、如何發奮練武、如何血洗深仇。再往下，讀者就發現，這個令狐沖其實是一個「局外人」，無論是搶奪「辟邪劍法」，還是爭奪五嶽盟主地位，仰或是魔教新舊教主的嬗遞，他都不是當事人，而是一個觀察者、感受者、思考者。至此，讀者才恍然大悟，原來這部小說寫的眞正主角其實就是令狐沖，而讀者對他的印象也有了根本的改變，原來他壓根就不是開頭的那個令狐沖。一個眞實的令狐沖，就出現在書中了。

那麼，《笑傲江湖》中的令狐沖究竟是怎樣的一個人呢？

令狐沖特立獨行，我行我素，不拘禮法習俗，力圖活得眞實、活得自在。他不但是個酒中的癮君子，也與魔教人士向問天大膽結交，與魔教「女魔頭」任盈盈相愛結合，在乃師「僞君子」岳不群看來，他是一個大逆不道的混小子。

令狐沖講究義氣，重朋友之交。像田伯光這樣臭名昭著的採花大盜，人人是巴不得得而殺之，令狐沖對他也是一片眞心，因爲他發現田伯光除好色而外，其實很重義氣，光明磊落，不失一個英雄的所爲。在長安「謫仙樓」，令狐沖敬了他三大碗酒，敬的是田伯光落落大方，不是個卑鄙猥瑣的小人。

令狐沖武功高絕，風清揚傳授給他的「獨孤九劍」足以使他獨步江湖，可他又是內心非常淡泊的人。他長劍揮舞，衣袂飄飄，撫琴吟唱一曲《笑傲江湖》，憧憬著沒有血腥廝殺和權力鬥爭的隱居生活。

令狐沖也是個多情種子，而「情」也正是他無法「笑傲」的。他先與小師妹岳靈珊青梅竹馬、兩小無猜，後發現小師妹移情林平之，他也曾經痛不欲生；對於鍾情自己的小尼姑儀琳，拘守法度；對魔教教主的千金任盈盈小姐，他是報以一片眞心。

令狐沖也重名分。即使對於已然被徹底揭穿了僞君子面目的師父岳不群，他也無法忘卻師恩，曾經一度夢想著師父收回成命，將他再度收入華山派的門下。他的這個弱點使他吃了不少苦頭，幾次險些送了他的性命。

從表面上看，《笑傲江湖》寫的也是江湖恩怨情仇，爭奪武功秘笈「辟邪劍法」，爭奪五嶽盟主寶座，爭奪魔教教主之位，華山派的「劍宗」與「氣宗」之爭，凡此種種，不一而足。可透過表面現象，我們就可以發現，這其實都不是全書的主旨。全書只是想通過它們來刻畫人性，揭示「中國三千多年來政治生活中的若干普遍現象」。

「笑傲江湖」是隱士的風範和指歸，令狐沖如此，風清揚也如此；而衡山派的劉正風和魔教長老曲洋更是如此，正如他們姓名中含有的一「正」和一「曲」，他們分屬正派和邪派，可他們念念不忘的是同奏一曲「笑傲江湖」，使得這首「笑傲江湖」曲盡可能的和諧美妙。

一統江湖是野心家的追求和夢想，「千秋萬載，一統江湖」，既是魔教的巨大野心，也是五嶽之派的野心，魔教的東方不敗、向問天就是典型，而左冷禪、岳不群又何嘗不是如此？到頭來又如何呢？東方不敗坐到魔教教主的寶座上之後，位極至尊，武功出神入化，可他卻是個腐化變態的人，男不男、女不女，爲了一個小白臉楊蓮亭落得「一死向黃泉」；任我行重新奪回教主之位後，一樣的腐敗，一樣的嗜殺如初。而左冷禪和岳不群的結局也並不怎麼好。一個雙目失明，一個自宮變態，都落得可悲的下場。

在《笑傲江湖》的《後記》裏，金庸這樣評說書中的隱士：

「一般意義上的隱士，基本要求是求個人的解放自由而不必事人……令狐沖是天生的『隱士』，對權力沒有興趣。盈盈也是『隱士』，她對江湖豪士有生殺之權，卻寧可在洛陽隱居陋巷，琴簫自娛。她生命中只重視個人的自由、個人的舒展。唯一重要的是愛情。」

《笑傲江湖》寄託了金庸的政治理想和政治熱情，但他在書中表現的又是對政治的恐懼和厭惡，對筆下的「政治人物」如東方不敗、嶽不群、左冷禪、林平之等，他從無好感，而他喜歡的令狐沖，最後雖然是和任盈盈結合在一起了，但他們多半是隱居去了。

這是金庸政治態度上矛盾性的體現。陳墨對此有過評說：

「這種矛盾的心境不難理解，無非是因為他對政治，尤其是這樣的政治瞭解得太多太深——理想中的政治與現實的政治的差距如此之大，以至於一個懷有政治理想的人，也只有『空負安邦志，遂吟去國行』（袁承志的這兩句詩，多少是他自己的寫照吧）了！——這樣也好，成就了一位偉大的精通人世與中國政治的藝術家，成就了這部偉大的藝術品《笑傲江湖》。」

本世紀初，美國詩人龐德說：「漢語天生是詩的。」這話的意思非常清楚，漢語是詩性的語言，如果運用得好，是完全可以達到美妙卓絕、飄逸超群和「笑傲江湖」的境界的。

金庸無疑是位語言大師，漢語在他的手上被發揮得神乎其神，眞的是有點匪夷所思了。香港著名作家倪匡說：「金庸小說的文字，是絕頂高超的中國文字。」這話不假，因爲金庸通過自己的作品（尤其是武俠小說），啓動了漢語在現代社會的再生力，充分展現了漢語的獨特魅力。

這在《笑傲江湖》裏，有著雄辯的說明。且看該書第十四回桃家五兄弟的對話：

終於有一人道：「咱們進去瞧瞧，到底這廟供的是什麼臭菩薩？」五個人一擁而進，一個人大聲叫起來：「啊哈，這裏不明明寫著楊公再興之神，這當然是楊再興了。」說話的乃是桃枝仙。

桃幹仙搔了搔頭，道：「這裏寫的是楊公再，又不是楊再興。原來這個楊將軍姓楊，名字叫做公再，唔，楊公再，好名字啊好名字。」桃枝仙大怒，大聲道：「這明明是楊再興，你胡說八道，怎麼叫做楊公再。」桃幹仙道：「這裏寫的是楊公再，可不是楊再興。」

桃根仙道：「那麼興之神三字是什麼意思？」桃幹仙道：「興之神三個字難道是我寫的？既然不是我寫的，我怎知是什麼意思？」桃葉仙道：「興，精神高興，興之神，就是精神很高興的意思，楊公再這姓楊的小子，死了有人供他，精神當然很高興了。」桃根仙點頭道：「很是，很是。」

桃花仙道：「我說這裏供的是楊七郎，果然不錯，我桃花仙大有先見之明。」

桃枝仙怒道：「是楊再興，怎麼是楊七郎了？」桃幹仙也怒道：「是楊公再，又怎麼是楊七郎了？」

桃花仙道：「三哥，楊再興排行第幾？」桃枝仙搖頭道：「我不知道。」桃花仙道：「楊再興排行第七，是楊七郎。二哥，楊公再排行第幾？」桃幹仙道：「從前我知道的，現在忘了。」桃花仙道：「我倒記得，他排行也是第七，所以是楊七郎。」

桃根仙道：「這神倘若是楊再興，便不是楊公再，如果是楊公再，便不是楊再興。怎麼又是楊再興，又是楊公再？」桃葉仙道：「大哥你有所不知。這個再字，是什麼意思？再，便是再來一個之意，一定是兩人而不是一個人，所以既是楊公再，又是楊再興。」餘下四人連連點頭，都道：「此言甚是有理。」突然之間，桃枝仙又說道：「你說名字中有一再字，便要再來一個，那麼楊七郎名字有個七字，該不是要再來七個？」桃葉仙道：「是啊，楊七郎有七個兒子，那是眾所周知之事！」桃根仙道：「然則名字中有個千字便是生一千個兒子，有個萬字，便是生一萬個兒子？」

桃家五兄弟圍繞「楊公再興之神」五字展開的一段對話，真是令人捧腹，而兄弟五人的音容笑貌，也活生生地躍然紙上。雖然就這番爭論其實並沒有多少意思，但也不得不佩服金庸：能將漢語錘煉到這種地步，也算是難得，若非一流語言高手，又怎麼寫得出來呢？《笑傲江湖》的語言是一流的，書中妙言絕句，可以說是舉不勝舉，真的是滿篇珠璣，琳琅滿目。

封筆之作 鹿鼎記

《鹿鼎記》是金庸的最後一部武俠小說，寫完《鹿鼎記》後，金庸就宣佈封筆，如若沒有特殊情況，他就不再寫作武俠小說的新作；金庸的十五部武俠小說中，《鹿鼎記》是被人們研究得較多的一部武俠小說。

《鹿鼎記》於一九六九年十月二十四日開始在《明報》連載，一直到一九七二年九月二十四日才連載完，前後延續了兩年又十一個月。

說起《鹿鼎記》，有必要提及查慎行。查慎行是金庸的祖上，清朝著名的詩人。查慎行的文采風流，對金庸有著很深的影響。在寫作《鹿鼎記》時，金庸對這位才華橫溢的祖上，仍然是念念不忘，其中體現之一就是：《鹿鼎記》五十回的回目，都是集查慎行的詩句而成的，看來金庸對查慎行的詩是非常佩服的，也是頗爲喜愛的。如第一回楔子，回目用的是查慎行的一句詩「如此冰霜如此路」。這是查慎行在獄中寫給一位同科中進士的難友的，與此相連的一句是「七句以爲兩同年」。

在具體選用查慎行的詩句時，金庸是這樣處理的：

「《敬業堂詩集》篇什雖富，要選五十聯七言句來標題每一回故事內容，倒也不大容易。這裏所用的方法，不是像一般集句那樣從不同詩篇中選錄單句，甚至是從不同作者的詩中選集單句，而是選用一個人詩作的整個聯句。有時上一句對了，下一句無關，或者下一句很合用，上一句卻用不著，只好全部放棄。因此有些回目難免不很貼切。所以要集查慎行的詩，因為這些詩大都是康熙曾經看過的（『獄中詩』自是例外），康熙又曾為查慎行題過『敬業堂』三字的匾額。當然，也有替自己祖先的詩句宣揚一下的私意。當代讀書人知道查慎行是清代一位重要詩人，但他的詩作到底怎樣，恐怕很少人讀到過，畢竟，他不能和真正的大詩人相比。」

《鹿鼎記》究竟是怎樣的一部武俠小說呢？先說《鹿鼎記》的主人公。《鹿鼎記》的主角是韋小寶。韋小寶與魯迅筆下的阿Q很相似。金庸在接受張大春採訪時談到：「寫作這部書時，我經常想起魯迅的《阿Q正傳》所強調的這個人的精神勝利法。」

那麼，韋小寶是怎麼樣的一個人呢？韋小寶是揚州妓院一個妓女（韋春芳）的私生子，連自己的父親是誰都說不清，可以稱之為名副其實的「雜種」。阿Q呢？也差不多。據說姓趙，但被趙太爺臭罵一頓之後，就再也不敢僭越了，也落得一個無姓之人。而兩人的「大名」都極為相似。韋小寶一度叫「小桂子」（直到全書結束，康熙皇帝都御口不改），可以稱之為「阿桂」。而阿Q的大名，讀作gui，只是寫作「桂」，抑或寫作「貴」，魯迅先生說因一時失考，就只好用英文字母Q來表示了。

韋小寶的文化修養很差，胸無點墨，常說錯字，常寫錯字，用錯成語，連自己的名字也寫不好——好在他還認識一個「小」字。在簽署《尼布楚條約》時，他「左邊一個圓圈，右邊一個圓圈，然後中間一條杠子筆直的豎起來」，這算是一個「小」字。阿Q就更差勁了，連自己的姓名都寫不出來，簽字畫押時，只好畫一個圓圈，可圓圈又沒有畫圓。

韋小寶很好色，喜歡吃喝嫖賭，他一共娶了七個老婆，並且個個如花似玉，貌若天仙，眞的是豔福不淺。爲了弄到這七個老婆，韋小寶用盡了偷搶拐騙的手段。將她們弄到手後，韋小寶又特意做了一張特大號的床，與這七個大美人同床共眠。而阿Q雖然也好色，運氣就沒有他這麼好了。阿Q只是去尼姑庵揩尼姑的油，趁機摸一摸女人的屁股，都是一些下三濫的手腳。

韋小寶嗜好賭博，有時手氣好，有時手氣也壞。阿Q也是如此，他一有錢就去押牌寶。二人堪稱同道中人。

韋小寶自小就愛聽說書，對戲文和小說很是嫻熟，而偏偏阿Q也很喜歡戲文，在短短的《阿Q正傳》裏，阿Q居然就唱了四次戲文。

韋小寶和阿Q都很相信人有來世的說法。韋小寶被天地會綁架，滿以爲小命不保，就思量：「老子這次定然逃不過難關了，待會只好大罵一場，出．口心中的惡氣，再過二十年，又是一條好漢。」阿Q更為大膽，上法場時，無師自通地說：「過了二十年又是一個……」還贏得一陣喝彩。

而二人最為相似的，恐怕莫過於一脈相承的「精神勝利法」了。阿Q的「精神勝利法」，最集中的表現是他被人打了之後，內心起初不平靜，後來卻十分平靜，不就是「兒子打老子」嗎？韋小寶也慣於此技。他與茅十八一起被海公公擒拿，放入轎中抬走，韋小寶就想：「他媽的，老子好久沒坐轎子，今日孝順兒子服侍老子坐轎，眞是乖兒子，乖孫子！」這方面的例子實在是太多太多。

二人眞的是天造的一對，地設的一雙；但韋小寶就是韋小寶，他也有阿Q所不具有的特色和個性。

韋小寶口才很好，他耍起嘴皮子來，那可眞的是天下無雙。他既可以油腔滑調，也可以一本正經；既可以將康熙皇帝哄騙得滿懷開心，也可以將天下人士說得心服口服，更可以針對不同女人的個性對症下藥，使她們服服貼貼地歸順自己。

韋小寶既聰明，也很愚笨。在大智如康熙皇帝的面前，他常常出盡洋相，但他卻又深得康熙皇帝的喜愛，是康熙皇帝前的紅人；他對康熙皇帝忠心耿耿，最後做了「鹿鼎公」，算得上是眞的「飛黃騰達」了。在其他地方，他又絕頂聰明，經常有歪點子冒出來，奇怪的是，他的這些歪點子還眞的管用，不管是針對男人還是女人，不管是針對朋友還是敵人，從而爲他人、也爲自己幫了大忙。

韋小寶不是「英雄」，也不是「俠客」，他是一個貌似平凡卻又不平凡的人。他雖然有武功超凡絕俗的師父，可他並沒有學到什麼功夫，連三腳貓的功夫都沒有練成，只會一點下蒙藥、燒悶香、撒人石灰、背後捅人一刀這種下三濫的功夫，連被韋小寶用下三濫功夫救了性命的茅十八，也說：「我寧可給那黑龍鞭史松殺了，也不願讓你用這等卑鄙無恥的下流手段救了性命。」可韋小寶確實是一個令人害怕的人物，因爲他是康熙皇帝的寵臣，是「一人之下，萬人之上」的一個「大人物」。

韋小寶貪生怕死，每每遇到生死緊要關頭，他的本來面目就暴露無遺，出盡洋相。韋小寶的法寶有二：一是「三十六計，走爲上」，一見形勢不妙，就趕緊溜之大吉；二是拚命吹捧和恭維對方，企圖蒙混過關，轉危爲安。所以，在他生死關頭上，他是從來就不顧什麼廉恥、氣節、仁義、道德的，甚至連自己的親人、朋友、戀人等等，都一概不顧。

韋小寶還是一個好福氣的人。在《鹿鼎記》中，韋小寶囊括了十個天下第一：

一）韋小寶出身于當時天下第一繁華城市揚州；

二）隨茅十八到天下第一大國的首都北京，會見了滿洲第一勇士鼇拜；

三）和天下第一年輕有爲的君主康熙皇帝結交，並成爲密友；

四）被譽爲天下第一個值得結交的人物陳近南收爲門徒；

五）任天下第一反清幫會天地會的香主；
六）遇上神龍教並得到教中天下第一號人物洪教主的青睞；
七）被武功天下第一的獨臂神尼收為徒弟；
八）會天下第一奸雄吳三桂；
九）會見天下第一美人陳圓圓；
十）做天下（歐洲）第一大國俄國蘇菲亞公主的情人。

在接受張大春採訪時，金庸是這樣說韋小寶的性格的：

「韋小寶這個人物容納了歷史感很強的個人性格，一方面他重義氣——重義氣這一點恐怕也跟生存環境的艱苦有關；另一方面，他吃喝嫖賭，時時也玩弄一些陰謀詭計。諸如此類，也算是中國人的一種特殊典型了，他是『反英雄』的，卻也相當真實而普遍。」

金庸所寫的韋小寶雖然說是一個「歷史人物」，可他又是「現實人物」，他就實實在在地活在現代。現代社會中雖然沒有一個十足的韋小寶，可確實有許多與韋小寶相似的人。因此薛興國說：「要在現代找韋小寶這種人，只要看看身邊人表露的個性，就可找出一二分了。再多看一些社會上的人生百態，韋小寶的輪廓庶幾可以勾勒出來……《鹿鼎記》中唯一在現代社會中已經找不到的，是一個女子。」這裏的「一個女子」，指的是雙兒。因為雙兒具備了中國女子所有的美德，沒有一絲缺點，她是十全十美的女人，是中國古典美人的極致，前無古人，後無來者，「像雙兒這麼樣一個女子，除了《鹿鼎記》，到哪裡還可以找到？」（《通宵達旦讀金庸》）

倪匡也說：「像韋小寶這樣的人物，並不是小說中的幻想人物，而是現實生活中的一個典型。古今中外的現實生活中，都有這樣的人物存在。」

但《鹿鼎記》畢竟是部武俠小說。書中寫了許多武林俠客豪傑和許多武林故事。如倡導反清復明的天地會總舵主陳近南，如天地會的眾豪傑茅十八等等。

但這些人物的出現，幾乎都已經不再是主角的身份了，因爲《鹿鼎記》描摹的是中國殘酷的權力鬥爭史，刻畫的是慾望化的立體世界。

在《鹿鼎記》中，韋小寶與蘇菲亞公主偷情，並幫助她成功地篡權奪位，雖然令人忍俊不禁，但又是發人深省的。金庸這樣講韋小寶玩弄權術：「中國立國數千年，爭奪帝皇權位，造反斫殺，經驗之豐，舉世無與倫比。韋小寶所知者只是民間流傳的一些皮毛，卻已足以揚威異域，居然助人謀朝篡位，安邦定國。其實此事說來亦不稀奇，滿清開國將帥粗鄙無學，行軍打仗的種種謀略，主要從一部《三國演義》中周瑜使計，令曹操斬了自己水軍都督的故事。」

韋小寶是深諳此道的，他得到了榮華富貴，得到了金錢美女，可他仍然也有他的難處。

《鹿鼎記》記述了韋小寶的感歎：「天地會眾兄弟逼我行刺皇上，皇上逼我去剿滅天地會。皇上說道：『小桂子，你一生一世，就始終這樣腳踏兩隻船麼？』他奶奶的，老子不幹了！說出這幾句話後，突然之間，感到說不出的輕鬆自在……」對於歷史的陰沈黑暗，對於人世的冷暖淒涼，《鹿鼎記》中是充滿了辛辣的譏諷，充滿了無比深刻的洞察，也充滿極度的懷疑。

韋小寶厭世了！《鹿鼎記》的故事也厭世了！而作為《鹿鼎記》作者的金庸，似乎也因此厭世了！或許，這就是為什麼金庸在寫了《鹿鼎記》後，就宣佈封筆的原因。

在《鹿鼎記》一書中，金庸以幽默詼諧的筆觸，寫了韋小寶的情愛觀。韋小寶有七個如花似玉的老婆，這是明擺的事實。韋小寶可真有本事，竟然有這樣的齊天「豔福」。韋小寶曾經大言不慚地對阿珂說過這樣一番話，康熙皇帝什麼都強過我，惟獨有一件本事輸給了我，「除此之外，（我）什麼都是萬萬不及的」。

阿珂問他：「你哪一件事強過皇帝了？」韋小寶說：「我有七個如花似玉的夫人，天下再也找不出第八個這樣美貌的女子來。皇上洪福齊天，我韋小寶是豔福齊天。咱君臣二人各齊各的。」他厚了臉皮胡吹，逗得七個夫人笑聲不絕。韋小寶後來把這七個如花似玉的老婆帶回揚州，連他的母親都嘖嘖稱讚，心想：「小寶這小賊人挑女人的眼力倒不錯。」

韋小寶的這七個老婆不但個個如花似玉，而且個個來歷不凡，而韋小寶得到她們的方式也各各不同。雙兒是一個宦官人家的丫頭，是主人送給他的；曾柔是王屋山一個強盜的女兒，是韋小寶賭來的；沐劍屏是沐王府的千金，韋小寶軟硬兼施，跟她有了肉體關係，無可奈何的沐劍屏只好跟了他；方怡是沐王府的武士，是在韋小寶救情人心切時違心答應娶來的；蘇荃是通敵叛國的神龍教教主的妻子，竟然也被韋小寶勾搭上了；阿珂是李自成的女兒，本來喜歡的是鄭克爽，但被韋小寶用迷藥藥昏，韋小寶就勢姦污了她；建寧公主是康熙皇帝的妹妹，在送親路上因為與韋小寶有了關係，也就跟了韋小寶。

韋小寶，是個見美人就動心的登徒子；所以他的心目中，壓根就談不上「愛情」，多的是「肉慾」。

《鹿鼎記》與其說是「武俠小說」，毋寧說是「歷史小說」。金庸對「歷史」做出了自己的解釋和解讀。

在第五十回裏，金庸出於他的天才創造，敘述歷史人物顧炎武、呂留良、查繼佐等人奉勸韋小寶做皇帝。顧炎武說：「我們來勸韋香主自己做皇帝！」乒乓一聲，韋小寶手裏的茶碗掉在地下，摔得粉碎，他大吃一驚，說道：「這……這不是開玩笑嗎？」查繼佐道：「絕不是開玩笑。我們幾人計議了幾個月，都覺大明氣數已盡，天下百姓已不歸心於前朝。實在是前明的歷朝皇帝把百姓害得太苦，人人思之痛恨。可是韃子占了我們漢家江山，要漢人剃頭結辮，改服夷狄衣冠，這口氣總是嚥不下去。韋香主手綰兵符，又得韃子皇帝信任，只要高舉義旗，自立爲帝，天下百姓一定望風景從。」

這眞是一個大笑話，小流氓韋小寶竟然要做皇帝，這豈不是荒誕可笑之極。但卻是中國古代歷史的事實，處於幾千年皇權統治下的中國臣民百姓，信奉的是「國不可一日無君」的宗旨。既然滿清皇帝「非我族類」，那麼無論如何要尋找一人爲君來保住漢家天下；至於這個皇帝是小流氓還是僞君子，或者是正人君子，似乎都不是很重要，重要的是他要對百姓好一些。

再如，書中寫了三起誣陷罪。其一是清初湖州歸安縣知縣吳之榮誣告《明書輯略》，從而引發了一場罕見的文字獄；其二，欽天監楊光先，因見解歧異而誣告當時身爲傳教士的比利時人湯若望制定的《大清時憲曆》，說《大清時憲曆》竟然將永恒的清朝視爲短命，豈不是惡毒？其三，浙江巡撫誣告黃宗羲的《明夷待訪錄》，說它字裏行間的大逆不道處實在是太多太多。

又如，書中說李自成並沒有死於湖北通山縣九宮山，而是出家做了和尚，法號「奉天」；更絕的是，李自成竟然與陳圓圓有私，並生下一女阿珂，她後來嫁給了天地會總舵主陳近南的弟子韋小寶，令人忍俊不禁，同時也爲作者豐富的想像力叫絕。

其實，這只是金庸的向壁虛構，也是早就流傳在民間的一種傳說。李自成確實是死於湖北通山縣九宮山，這是既成事實。早在二三十年代，著名明清史專家孟森就針對那種不符合歷史事實的說法做過分析和駁斥。孟森先生說：

「凡作小說，辟空結撰可也，倒亂史事，殊傷道德。即或比附史事，加以色澤，或並穿插其間，世間亦自有此一體。然不應將無作有，以流言掩實事，止可以其事本屬離奇，而用文筆加甚之。不得節外生枝，純用指鹿為馬方法，對歷史肆無忌憚，毀記載之信用。事關公德，不可不辯也。」（《董小宛考》）

孟森的一番認眞而仔細的考證，在史學界贏得了一片喝彩，但小說家似乎並不買他的帳，仍舊虛構著他們的小說，因爲文藝創作和歷史考證壓根就屬於兩碼事。金庸自己也說：「歷史學家當然不喜歡傳說，但寫小說的人喜歡。」（《書劍恩仇錄．後記》）

其實金庸對歷史是很熟悉的。金庸的每一部武俠小說，都有明確的歷史背景，書中人物在歷史上也多有其人——只是虛構了故事情節而已。具有鮮明的歷史感，這是金庸作品的一個特色。如在《鹿鼎記》中，金庸寫的康熙皇帝、李自成、吳三桂、陳圓圓等，基本上都符合歷史的眞實；而三藩之亂、簽署《尼布楚條約》等，也都是歷史事實，只是出於武俠小說的需要，金庸才對它們做了一些改動。

當這部武俠小說在《明報》連載時，不斷有讀者寫信來詢問：「《鹿鼎記》是不是別人代寫？」因爲他們發覺，金庸的這部武俠小說與他過去的任何一部武俠小說都大不一樣。其實《鹿鼎記》不是別人代寫，它確實是出自金庸的手筆；讀者之所以會有代筆的感覺，就因爲《鹿鼎記》甚至一點不像一般意義上的武俠小說。更何況，書中主角韋小寶的品德，與一般的價值觀念太過相悖了。他既不是英雄也非俠客，倒是比較像個小丑。而讀者在閱讀一部武俠小說時，總喜歡把自己代入書中的英雄豪傑，但韋小寶是不可以代入的，這或許也是令一般讀者質疑的地方。

確實，《鹿鼎記》是太不像以前的武俠小說了，但它確實是武俠小說，並且是寫得很不錯的一部武俠小說。這是金庸的一個探索與創意。金庸強調：一個作者不應當總是重復自己的風格與形式，要盡可能地嘗試一些新的創造。

在《鹿鼎記》一書的《後記》裏，金庸是這樣說：

「有些讀者不滿《鹿鼎記》，為了主角韋小寶的品德，與一般的價值觀念太過違反，武俠小說的讀者習慣于將自己代入書中的英雄，然而韋小寶是不能代入的……但書中的主角不一定是『好人』。小說的主要任務之一是創造人物；好人，壞人，有缺點的好人，有優點的壞人等等，都可以寫。在康熙時代的中國，有韋小寶這樣的人物並不是不可能的事。作者寫一個人，用意並不一定是這樣的典型……小說中的人物如果十分完美，未免是不真實的，小說反映社會，現實社會中並沒有絕對完美的人。小說並不是道德教科書。」

金庸後來在北京大學演講時，也有人問到了韋小寶。金庸回答說：

「我的小說有一部分是理想人物，有一部分不是理想人物。像《鹿鼎記》中的韋小寶，他就不是作為人生的理想，作為中國人的理想來塑造的。這種人是有一定的社會典型性的。尤其是在清朝時期，社會制度不很理想，若是要想飛黃騰達，就要有韋小寶的作風。應該說這是一個很現實的人物……我們知道，中國人到海外謀生，最初總是很困難，可到後來卻逐漸地安身立命，並發展成大事業。像美國的『唐人街』是舉世聞名的，其他國家就很少聽說有什麼『美國人街』、『英國人街』、『德國人街』或『希臘人街』，而『唐人街』不僅美國有，在其他很多地方都有，這說明了我們的民族有很強的生命力，一方面適應環境，另一方面保留了自己民族的生活方式和文化傳統……當然，『唐人街』也有很多缺點，就像中國文化傳統一樣，也有一些不好的地方」，「我們中國在海外的人很多，其中一些人的道德並不一定就很高尚，但他們適應環境的能力很強，並不是什麼壞人。」

韋小寶大概就是這樣的一個人。林以亮在一篇文章中說：

「記得當年《鹿鼎記》在報上連載了一段時間之後偶遇金庸，談話中不免提起他的新作。我向他深表欣賞，認為是開闢蹊徑的嘗試，隱然與西方新潮小說遙相呼應。男主角韋小寶是個『反英雄』(anti hero)，小說本身也是『反傳統武俠小說』。寫作的手法有些地方引用正史，表面上一本正經，骨子裏卻冷嘲暗諷，令人想起十八世紀大詩人蒲伯（Alexander Pope）『仿史詩』（mock heroic）的諷刺。他的《秀髮記》（Rape of the Lock）即以兩大家族為了一綹頭髮而吵鬧為題材，卻以荷馬史詩《伊利亞德》的兩大城市為了爭奪絕代佳人海倫而動干戈和密爾頓《失樂園》的上帝與魔鬼之爭為藍本，用誇張的手段達到譏諷嘲弄的目的。金庸聽了我的話不以為忤，反而興致勃勃地囑我整理一下這想法，日後為《鹿鼎記》出單行本時寫篇介紹文章。」

林以亮當時隨口答應了，誰知金庸的《鹿鼎記》越寫越長，內容日益花繁葉茂，創新的地方遠遠超過他的想像；而用意之深，寫法之絕，更非他原先的想法所能包含。因爲這部武俠小說界的宏篇巨制不但「反武」、「反俠」、「反武俠」，而且「反金庸以前的武俠小說」；而其中嬉笑怒罵的片段又如奇波異浪，文筆如行雲流水，加之韋小寶徹頭徹尾的無賴神態，眞的是美不勝收，舉不勝舉，直使人目不暇接，眼花繚亂。結果，林以亮的承諾也就只好擱淺了。

寫完《鹿鼎記》後，金庸宣佈封筆，表示自己不再從事武俠小說的寫作。這究竟是爲什麼呢？外界的猜測自然很多，可以說是見仁見智。我們最好還是來聽聽金庸自己的現身說法：

「現在寫小說已經沒有動機了。以前是為了報紙銷路，現在報紙也不辦了，寫小說是相當辛苦的，尤其連載每天要寫一段不能停的，如果要到國外旅遊，不是先寫好幾段留下來，就是帶到國外，晚上不睡覺拼命寫，一大早快信寄回來，心理壓力很大。將來希望有充裕的時間再寫小說，寫那種很大的娛樂性，自己寫了也高興的，藉以分離自己的經驗。自己胡思亂想，覺得很有趣。什麼事情總有一個終點，我的武俠小說寫得夠多了，意思也表達得差不多，不必一直寫到死為止。況且我自己也有個原則，寫過的就不再重復。至於今後怎樣，很難說得清。如果精神足，氣力夠的話，再寫一部也是很好的。」

至於在寫完《鹿鼎記》後，究竟要幹什麼，金庸暗示，如果有可能，他將寫些歷史小說或者進行學術研究：

「我自己離開報業不做事了，目前有兩條路可走：一個是在大學裏混混，與青年人交朋友，大家聊聊天，交換交換意見，像今天這種活動就很好，不過人太多了，很難一一認識，如果將來有機會七八個人或五六個人在一起，聽聽朋友們的意見，那我將會很高興的。另一個是進行一些學術研究，或聽聽教授的演講，增長知識。雖然現在的年紀不小了，但還是覺得增加知識是人生最大的愉快。」

金庸筆下的英雄美人

金庸以他輝煌的成就，贏得了武林盟主的地位，成爲新派武俠小說的一代宗師。金庸在他的武俠小說中塑造了一個又一個深入人心的角色。

至於男英雄男豪傑呢？我們最好還是聽聽女人怎麼說。香港著名作家、才女林燕妮曾經寫過一篇奇文《金庸武俠小說男主角用法》，她在文中以她獨特的女性視角品評金庸筆下的男性英雄，頗有一番見地：

「我會挑來做丈夫的，始終是郭靖，雖然倪匡嫌他蠢，又拒絕把他列為上、中、下等的任何一等，而以「無可置評」言之，我卻認為郭靖是最佳丈夫人選，因為他一不會看別的女人，二不會説謊，三不會行差踏錯，四又武功超卓，既不會背著我作怪，亦可以處處保護我，又肯聽老婆話，還容易被老婆騙倒，放在家裏，十分之有安全感。

我最心愛的人，當然是楊過，不過此人不可以當丈夫，一旦叫他扮演了丈夫的角色，便沒有浪漫可言了。我會要他做一生娶不到我，但卻一生愛我的人。這個人一定要在我婚前認識，不然便顯不出他的悲苦、反叛和一往情深。

段正淳是個到處留情、甜言蜜語的傢伙，我會要他做婚後情人，隔兩年見一見，蕩氣迴腸一番。不過，此人不可當作固定情人，不然會被他的拈花惹草氣死。

段譽我也喜歡，這人心地又好又殷勤，做女人跟班最適宜，又因他縱使癡情吃醋，也從不騷擾對方，心中無恨，溫善可人，呼之即來揮之即去最佳。

我並不貪心，金庸筆下諸大俠，我只挑這四個，各有用途，妥當之至。」

既然才女可以評說自己喜歡的男主角，那麼作爲一名男性讀者，自然也可以評說自己喜歡的女主角。在金庸的筆下，不知寫了多少個美女。她們各各不同，每一個讀者幾乎都可以在書中找到自己的意中人。

根據費勇和鍾曉毅在《金庸傳奇》中的介紹，金庸的十五部武俠小說中可以列舉出「四大美女」和「七大美人」。

「四大美女」是黃蓉、小龍女、趙敏和王語嫣。對於這四個美女的出場，金庸是頗花費了一番筆力的。

先看《射雕英雄傳》中黃蓉的出場：「那少年約莫十五六歲，頭上歪戴著一頂黑黝黝的破布帽……露出兩排晶晶發亮的雪白細牙……眼珠漆黑，甚是靈動」。這是黃蓉女扮男裝的模樣：「只見船尾一個女子持槳蕩舟，長髮披肩，全身白衣，頭髮上束了條金帶，白雪一映更是燦然生光」。這是黃蓉初次以女兒本來面目出現的情景：「只見那女子方當韶齡，不過十五歲年紀，肌膚勝雪，嬌美無匹，容色絕麗，不敢逼視」。隨著故事的推進，讀者又可以發現，黃蓉不但美麗絕世，而且聰明絕頂。

在《神雕俠侶》中，小龍女從「活死人墓」出來後，出現在全眞教的道觀：「郝大通聽那聲音清冷寒峻，心頭一震，回過頭來，只見一個極美的少女站在大殿門口，白衣如雪，目光中寒意逼人……除了郝大通內功深湛，心神安寧之外，其餘眾道士見到她澄如秋水，寒似懸冰的眼光，都不禁心中打了個突」。

趙敏在《倚天屠龍記》中出現時，也是女扮男裝：「只見他相貌俊美異常，雙目黑白分明，炯炯如神，手中摺扇白玉爲柄，握著扇柄的手，白得和扇柄竟無分別。但眾人隨即不約而同的都瞧那公子腰間，只見黃金爲鉤，寶帶爲束，懸著一柄長劍，劍柄上赫然刻著『倚天』兩個篆文」。趙敏後來復以女裝出現：「只見一個身穿嫩綠綢衫的少女左手持杯，右手執書，坐著飲茶看書，正是趙敏，這時她已換上女裝」。

王語嫣還未出現在段譽面前時，聲音已先到：「段譽不由得全身一震，一顆心怦怦跳動。心想：這一聲歎息如此好聽，世上怎能有這樣的聲音？」及至後來，段譽才看到了王語嫣的眞面目：「只見一個身穿藕色紗衫的女郎，臉朝著花樹，身形苗條，長髮披向背心，用一根銀色絲帶輕輕挽住……只覺這女郎身後似有煙霞輕籠，當眞非塵世中人……眼前少女與那洞中玉像畢竟略有不同：玉像冷傲靈動，頗有勾魂攝魄之態；眼前少女，卻端莊中帶有稚氣」。就是這個王語嫣，後來把段譽弄得神魂顛倒。

「七大美人」依次是阿九、李莫愁、公孫綠萼、苗若蘭、木婉清、方怡、陳圓圓。

阿九是崇禎皇帝的女兒，金枝玉葉，國色天香。她的相貌也是通過別人的眼光來寫的：「青青聽她吐語如珠，聲音又是柔和又是清脆，動聽之極。向她細望了幾眼，見她神態天眞，雙頰暈紅，年紀雖幼，卻是容色清麗，氣度高雅，當眞比畫兒裏走下來的人還要好看。想不到盜夥之中，竟會有如此明珠美玉一般俊極無儔的人品。」既然如此美麗，也就難怪後來溫青青要吃醋了。（《碧血劍》）

李莫愁是個悲情女人，她深深愛著的陸展元後來娶的不是她。她一氣之下，出家做了道姑。所以她在《神雕俠侶》中露面時，已經是道裝打扮了：「但眼前此人除了沒穿道裝之外，卻仍是肌膚嬌嫩，宛如昔日好女。她手中拂塵輕輕揮動，神態甚是悠閒，美目流盼，桃腮帶笑，若非素知她是個殺人不眨眼的魔頭，定道是位帶髮修行的富家小姐」。

公孫綠萼寫得畢竟簡單一些：「只見她秀雅絕俗，自有一股清靈之氣……楊過見她腰肢婸娜，上身微顫，心中不禁一動，手指尖上一陣劇痛。」（《神雕俠侶》）

苗若蘭是一代大俠苗人鳳的獨生女兒，雖然不是一位巾幗英雄，卻是一位美麗不可方物的美人：「只見一個哈依少女笑吟吟的站在門口，膚光勝雪，雙目猶似一泓清水，在各人臉上轉了幾轉，這少女容貌秀麗之極，當眞如明珠生暈，美玉瑩光，眉目間隱然有一股書卷的清氣……不自禁的爲她一副清雅高華的氣派所懾，各似自慚形穢，不敢褻瀆。」（《雪山飛狐》）

木婉清是段譽的同父異母姐姐，是段譽遇到的第二個女子。當她揭開面紗，以眞面目出現時：「眼前所見，如新月清暈，如花樹堆雪，……段譽但覺她楚楚可憐，嬌柔婉轉，哪里是個殺人不眨眼的女魔頭？」（《天龍八部》）

方怡是韋小寶七個老婆中的一個，《鹿鼎記》說她：「容色晶瑩如玉，映照於紅紅燭光之下，嬌豔不可方物」。

對於陳圓圓這樣的絕色美女，其美貌當是不世出的，她出現在《鹿鼎記》中時，已經過了盛年：「這女子四十歲左右年紀，身穿淡黃道袍，眉目如畫，清麗難言。韋小寶一生之中，從未見過這等美貌女子，他手捧茶杯，張大了口竟然捨不得合攏來，霎時間目瞪口呆，手足無措」。

又有人將「七大美人」阿九、李莫愁、公孫綠萼、苗若蘭、木婉清、方怡、陳圓圓，和「四大美女」中的黃蓉、小龍女和王語嫣合在一起，號稱是金庸筆下的「十大美人」。

金庸以他的十五部武俠小說，構築了自己輝煌璀璨的「武林世界」，攀登上了一代武學大師的「至尊寶座」。金庸所達到的「武學」高峰，幾乎是不可逾越的。

臺灣著名武俠小說家古龍不輕易對現代人的作品作評論，但他對金庸的武俠小說卻是推崇萬分。他說：「在全世界的所有人當中，金庸先生的影響力在我認識的朋友中無出其右者。他作品中深思熟慮的看法，在小說史及思想史上都具重要的地位。五四時代是反傳統主義的，我們現在寫武俠小說的人卻是去認識傳統，我希望年輕一代的讀者能藉金庸先生而認識這個傳統……金庸融合了各家各派之長，其他不僅是武俠小說，還融合了中國古典文學，才形成了他自己的獨特風格，簡潔、乾淨、生動……他的小說結構嚴密，局面雖大，但卻能首尾呼應，其中的人物更躍躍如生，呼之欲出」。

鍾曉毅在《拔劍四顧心茫然——從金庸作品看中國知識份子孤獨退隱心態的一脈相承》中說：「對於金庸而言，他已用他十五部的作品完成了他想與同類溝通的意願，他把我們帶到了一個古老的中國去，到一個心靈靜虛之境，拈花而笑甚而是與花對笑去了，留下了那達幾千萬字的作品，也留下了一個光怪陸離、令人神往也令人寂寞的武俠世界，誘惑著每一個愛它們的人。」

曹舒在《談古道今說「武俠」》中說：「廬山與金庸齊名。事實上金庸與廬山相比，卻更要高出一籌，金庸的小說更有魅力，更具創造性。」

與此相聯繫的是關於金庸武俠小說的研究，有人甚至提出了「金學」。而關於「金學」的研究，率先是在臺灣和香港兩地展開的。

一九八六年二月，馮其庸在《論金庸的小說》中談了自己閱讀金庸武俠小說的印象：

「第一，金庸小說所包含的歷史的、社會的內容的深度和廣度，在當代的俠義小說作家中，是極為突出的，極為罕見的。

第二，金庸小說所涉及的思想，可以說是諸子百家、九流三教，幾乎包羅一切，而在文學方面，則詩、詞、歌、對聯、謎語、小曲應有盡有，而且都十分貼切得體，毫無勉強做作或捉襟見肘之感，相反卻感到遊刃有餘，長才未盡。

第三，從藝術上來看，金庸所創造的一些人物，就其主要者來說，並不乏有血有肉的成功的形象，例如蕭峰、陳家洛、文泰來、霍青桐、郭靖、黃蓉等藝術形象，都是令人難忘的，具有很強的感人力量，有誰讀過這幾部小說而不被這些藝術形象感動的呢？

第四，我特別感到印象深刻的是金庸小說的文學性，它與一般舊式的和時興的俠義小說有顯著的不同，它不僅語言雅潔、文學性高、行文流暢婉轉；而且有詩有詞，且都不是湊數之作，而是相當耐讀，更為重要的是，作品中時時展現出一種詩的境界，一種特別美好的境界。用習慣的話來說，就是有各種各樣的意境，讀後令人猶如身臨其境，感到一種藝術的享受，一種令人陶醉的美感。第五，金庸小說情節的柳暗花明、絕處逢生，如天外奇峰飛來，這種令人拍案叫絕的地方，往往隨處可見。在未往下讀時，已覺山窮水盡，在既往下讀後，又覺得路轉峰回，情隨景移，合情合理。正是由於這些，常常令人手不能釋卷，總要看一個究竟。」

在一些著名大學，也爲文科大學生開設了「金庸研究」這樣的選修課，據說選修和旁聽的學生遠遠超出了學校的意料。又據說，這是繼「魯迅熱」之後的又一陣颶風。

對於這樣一位武俠小說大家的作品，影視界是絕對不會放過將它們改編成電影電視的好機會的。從金庸的武俠小說處女作《書劍恩仇錄》到封筆之作《鹿鼎記》，觀眾都可以在電影螢幕或電視螢光屏上看到它們。

小說是被改編成電影電視了，但金庸自己滿意嗎？

在接受王力行和陳雨航的採訪時，金庸曾經專門談過這個問題。他說：

「我的小說幾乎全部拍成電影，電視劇也很多。比較起來，電視比較容易拍些，因為它有的拍幾十集或一百集，比較有充分的時間修改，技術上也容易處理些。電影就很困難，因為我的小說很長，他們每次改編成電影，我總是勸他們不要全部拍，選其中幾段就好了，把它充分發揮。但是編劇、導演似乎不這麼想。因為你看一部小說通常都要花好多天時間，在電影中，一個鐘頭就要把它完全表現出來，只能大致交代故事情節，細膩處根本無法發揮。尤其武俠小說人物很多，光是一個交代身份，觀眾都來不及接受。」

看來金庸對於他們的改編是不大滿意的。

金庸是一介文人，但又是一代大俠。「文人論武」，別有風味，魅力獨具。下面是金庸與香港學術界就武俠小說展開的一次「說劍論武」。談話由劉曉梅記錄和整理。

香港中文大學新亞書院教授、講師四十余人和金庸談論他的武俠小說面面觀。這次談話，在新亞書院院長、著名社會學家金耀基的輕鬆發言中揭開了序幕：

金耀基：可惜地方太小，使許多想來參加的朋友沒有座位，可見查先生吸引力之大。二十年前，當我第一次看到《射雕英雄傳》的時候，立刻著迷了，再一看作者姓「金」還是本家，佩服之余立刻去查作者生平，這一查才知道作者不姓「金」姓「查」，查良鏞先生的小說恐怕大家不能不承認，是在武俠小說裏面開闢了新的面貌，卓然成家。我二十年前看了《射雕英雄傳》之後就不敢看了，這原因是怕過分著迷。小說我是不看了，因為它太迷人，但是查先生在報紙上的社論我一定看，短短幾百字，知識豐富，見解卓越，同時有戰略、有戰術，時常有先見之明，玄機甚高，表現出銳利的新聞眼。我相信能把中國過去的小說、文學材料，運用得這樣自如者，說句廣東話，查先生是「有得彈」（沒人比得上的意思）。今天很感謝查良鏞先生，能接受我們邀請，來做文化的聚談，我們感謝他。首先，我們想請查先生談一談武俠小說跟文學的關係。

金庸：我個人的夢想是將來退休之後到沙田買間小屋，天天到中文大學來旁聽，研究學問，今天有機會和各位聚會，極感榮幸愉快。

金庸：我最早一部《書劍恩仇錄》是一九五五年開始寫的。武俠小說是不是文學呢？常常有人提這個問題，我個人覺得，不論哪一種小說，是不是文學作品，屬哪一種類小說，沒有多大的關係。也有人問武俠小說為什麼那麼多人喜歡看，我覺得最主要的大概是武俠小說比較根據中國的傳統來著手。現代一般文藝小說，似乎多少受西洋文學的影響，跟中國古典文學反而比較有距離。雖然用的是中文，寫的是中國社會，但是他的技巧、思想、用語、習慣，倒是相當西化。現代中國藝術中間，跟中國傳統形式接近的，一個是戲曲，還有一個是國畫。其他好比小說、新詩、音樂、話劇，電影更是不用講了，跟西洋藝術形式更接近，與中國傳統藝術距離反而比較遠。事實上，中國的傳統對於中國人而言，是根深蒂固的。拿我來說，一個地方有世界一流的音樂會，另一個地方是中國京劇、民謠，我覺得聽京劇、民謠要更接近自己的興趣，多半是與傳統有關係。

武俠小說，一方面形式跟中國的古典章回小說類似，第二它寫的是中國社會，更重要的是，它的價值觀念，在傳統上能讓中國人接受。是非善惡的觀念，中國人幾千年來的基本想法沒有很大改變。因此，如果武俠小說的情節離譜，一般人在觀念上就很難接受。

高木林（藝術系教授）：現代的武俠小說、武俠電影，跟現代的社會教育之間，應該如何來配合？

金庸：我想這個問題很大，對教育問題很多人有很多想法，我僅能講我自己的看法。

我跟電影界朋友很熟，以前我曾在電影界工作過一兩年。在香港一般人認為電影是娛樂，不必要有教育加進去，消極的不把人教壞就好。事實上，積極的要把人教好，對這裏的電影界來說並非必要。

長期來，一直有這樣的討論，藝術該不該為人生服務，文以載道是不是必要，兩派的爭執總是存在，也難説哪派對哪派不對。

我個人認為，文學藝術作品不一定需要跟教育作用聯繫起來，藝術主要是在美的範疇內，而道德是在善的範疇內，美、善可以統一，也可以不統一，這是永遠有爭執的。我想這是個人信念的問題，基本上，小説與電影又是大眾所接觸的，所以，不要故意違反社會公認的道德就好。

陳方正（物理教授）：您的小説中，常對傳統道德有所質疑，似乎有意無意間對傳統道德提出探索。我們讀者，多數一半接受西方思想，一半受傳統道德影響。您的小説迷人就在這裏：表面上是推崇武俠，骨子裏令人思考各種價值。例如《神雕俠侶》中，楊過與小龍女的戀愛，例如《天龍八部》中，漢人與契丹人的鬥爭。這是神來之筆，還是有意安排？

金庸：陳教授這個問題，我只能講講自己的經驗。

每部小説我先確定幾個主要人物，然後再配上情節。至於對中國傳統有疑問的問題，對真理探索的問題，不是我構思的重點。後來發展下去，自己的想法就自然的融了進去。

好像我念中國歷史和其他書籍，常感到中國古代漢人不論怎樣對待異族，正義卻永遠在漢人這一邊，我感覺不太公平，這種想法自然反映到小説上。

剛才講到中國人總有很多基本上的傳統想法，但以我多年來在香港對婚姻、愛情、許多事務的看法，都是很現代的。如果武俠小說純是反映中國舊社會，譬如著重描寫一夫多妻制的話，現代人還是不接受的。

李杜（哲學教授）：武當派啦，少林派啦，它們的功夫在這個傳統上都是了不得的。我看了您的《笑傲江湖》、《射雕英雄傳》等，覺得裏面有點意思，好像武當、少林以後就不怎麼樣了，反而是波斯之類的異地，另有傑出人才。我猜想，你是不是覺得我們文化發展到現在，傳統的東西遺失掉了，要另外去找，有點否定傳統的味道。

金庸：有幾部小說，我當時的出發點是有否定教條主義的想法，我比較信服理性的思想結構，主要是近代羅素、卡爾·波普等哲學的理性主義思想。對馬克思主義的反思，對儒家思想絕對化的反思，這種想法恐怕對近代知識份子來說十分普遍。我想真理本身也有它相對的意義，社會變遷，真理也可能改變。有些事情的道理，千萬年不變，我個人絕不相信。事實上，這個思想上的狂熱分子很多，不單在政治上，甚至在科學上也一樣，許多科學理論以哲學觀點來批判的話，它也不一定全是對的。

我寫某幾部小說時就想到這個問題。少林派、武當派是對抑或是錯，都不一定，可能會根據環境而有所變化。我相信多元主義可能更合理一點，事情不要絕對化。少林、武當並不壞，其他好的東西同樣也多得很。

喬健（人類學教授）：舊小說裏，《七俠五義》、《水滸傳》等偏重傳統俠義氣概，而《封神榜》、《西遊記》等又以神怪取勝。您的小說似乎融合兩者，而招式、武功遠超過其範圍，可說懸奇得很。請問這兩類舊小說，俠義和神怪，您受哪樣影響較大？

金庸：我想《七俠五義》、《小五義》、《水滸傳》有影響，而較近的武俠小說作家白羽、還珠樓主對我也有影響。還有一個傳統來自西方古典書籍，法國大仲馬，英國司各特、斯蒂文生，在故事結構上對我有影響。

至於故事很誇張，則來自近代武俠小說。民國初年到現在，上海及北方有很多武俠小說，雖然比較粗糙，但難免受其影響。

反而《西遊記》、《封神榜》，相信影響不如近代武俠小說，玄過頭了。

劉述先（哲學教授）：有兩個問題。第一：您的小說突破傳統，您怎樣突破自己？第二：您最得意的作品是哪一部？

金庸：我喜歡不斷的嘗試和變化，希望情節不同，人物個性不同，筆法文字不同，設法嘗試新的寫法，要求不可重複已經寫過的小說。我一共寫了十二部長篇小說，大致上並不重復，現在變不出花樣了，所以就不寫了。我開始寫武俠小說的時候，娛樂自己的成分很大，後來一部就寫兩三年，書中人物天天出現，就像自己的朋友一樣。如果時常重復，自己都不想看了，讀者也不會被吸引。

我比較喜歡最後的一部《鹿鼎記》。書中男主角韋小寶完全是一個叛逆的角色，說謊，整人，唯一會的功夫就是挨打時就逃，誰都沒有他溜得快。我的目的是希望寫得現實一點，在某種程度上反映這個人性格上好的一面和壞的一面，有一些自省的意義。我的一些對文學有興趣的朋友，多數也比較喜歡這一部。

胡玲達（**教務處雇員**）：講到韋小寶，我真想不出他哪裡來那麼多花樣，是不是您親身經歷？

金庸：我沒有韋小寶那樣本事，韋小寶幾秒鐘裏想出來的花樣，我有時要想好幾天。

張清如（**數學系教授**）：我看過一百多部武俠小說，但一旦看了您的武俠小說，再看其他的似乎就沒有多大意思了。您刻畫心理一波三折的變化，我猜想您不會武功，可是編出來一大堆功夫都合情合理。當然您寫的一些太極拳招數，那是現代的太極拳，都擱到五百年前了。而其他招數卻也很恰當。您是怎樣想出來的，我想知道。

（金耀基院長插話）：張教授是太極拳高手。

金庸：很奇怪，有些數學家喜歡看武俠小說，例如陳省身先生、李政道先生。張先生問我是怎樣想出來的，只是胡說八道嘛！沒什麼道理。有些招數湊一些比較好看的名字啦，好像跟詩詞有些關聯。您批評得很對，太極拳一路發展下來，我把一些招數推回五百年前。事實上五百年前是什麼名稱，現在可能也不容易知道。

劉殿爵（倫敦大學教授、中文系客座教授）：您的文字極好，小說中所用的字幾乎一點洋氣也沒有，在修訂本中，有時還刻意把較摩登的語氣改過來。您有沒有興趣在這個問題上寫些文章，給年輕人一個避免喜用歐化語句的概念？

金庸：劉教授這樣推許很不敢當，我想武俠小說講古代的事情，用現在的語句是不恰當的。不過事實上不可能完全避免，宋、明到底怎樣講話，我們無法知道。元朝的白話文我們現在幾乎看不懂。我用的是我們想像的古代話，不是古人的古代話。

在武俠小說中，我認為敘述和描寫部分用現代語法是可以的，如果是人物對話，就會破壞氣氛。

英國人寫歷史小說不用古英文而用現代英語，古英文已完全不用。現在這個文字還是很多白話與文言並用，不過古人冒出一句：「我有一個問題想跟您研究研究」，這講法總不太適合。

我書中有些描寫敘事部分，也是避免用文藝腔，但不是很乾淨的，我在努力避免。有幾部倒是故意不避免，例如《連城訣》與《飛狐外傳》。

黃維梁（**中文系教授**）：您的人物多半不一定好就好到底，或是壞也壞到底，不知道您有沒有受到英國近代文學批評家Forster（福斯特）的所謂「圓形性格」的影響？還有寫法上，譬如張愛玲、白先勇，受《紅樓夢》影響很大，您有沒有這樣的情形？

金庸：倒不是「圓形性格」的理論，主要是人生經驗。很多人你很難說他是好是壞，這不像京劇臉譜那樣善惡分明。在西洋文學上也早有這樣的描寫。我個人不太相信所謂文學理論，很抱歉我在這方面下的功夫不多。至於文字的問題，很難講受什麼書的影響，是自然形成的。譬如我讀《資治通鑑》，總是興味盎然，古文的簡潔高雅，其文字之美，一直是我希望學到的。當然還差得很遠。

在這次「文人論武」中，金庸談到了他對中國傳統文化的吸收，同時也談了他對西方文化的吸收。因爲是座談，故而金庸沒有舉太多的例子。事實上，新派武俠小說受西方文化的影響是相當大的。

佟碩之（梁羽生）在《金庸梁羽生合論》中這樣說：

梁羽生和金庸同屬「新派作家」，金庸的手法由於更能接受外來文化的影響（是好是壞，姑且不論），則似乎比梁羽生更顯得「新」了。

舉一個例子來說，《雪山飛狐》的手法顯然是受日本電影《羅生門》的影響。《羅生門》裏，一個大盜殺死一個女子的丈夫，大盜、女子、丈夫的靈魂，三個人的說法各不相同。在《雪山飛狐》裏，苗人鳳殺死胡斐的父親胡一刀，與此案有關諸人，也是各有各的說法，迷霧重重，引人入勝。

又如《書劍恩仇錄》裏香香公主出現的鏡頭（交戰雙方兵士，都為她的美貌震懾，幾乎連要打仗都忘記了），也使人聯想起荷馬史詩中豔后海倫在城頭出現的鏡頭。

可能是因為金庸作過電影導演的緣故，在小說裏常有運用電影的手法，如《射雕英雄傳》裏梅超風要扼殺郭靖之時，筆鋒一轉，寫梅超風對桃花島舊事的回憶，但卻並非平鋪直敘，而是運用電影倒敘手法，復現當年的特寫鏡頭，然後再接入現場之景（《碧血劍》中袁承志鬥溫家五老，重現他們當年暗算金蛇郎君的鏡頭，也是同樣的手法）。在小說上運用電影手法，這可說是金庸獨有的特點。

如果說梁羽生作品某些地方接受了歐洲十九世紀文藝思潮的影響，則金庸是接受了今日西方的文化影響，尤其是好萊塢電影的影響，在他後期的作品中，這種影響更為顯著。

好萊塢電影的特點之一是強調人性的邪惡陰暗面，思想基礎是建立在「人不為己，天誅地滅」的哲學思想上，如果這也算得是一種哲學思想的話。

既然是「人生」有「共通的邪惡」，既然是「人不為己，天誅地滅」，那也就難怪要正邪不分，是非混淆了。

在《倚天屠龍記》中，金庸著力刻畫了正派人物之「邪」，有狠毒殘忍、濫殺無辜的峨眉掌門滅絕師太，有品格卑劣的昆侖掌門何太沖，甚至少林寺的「神僧」當張三豐來和他交換「九陽真經」之時，也曾使用了詭詐的手段。正派之「邪」到了「六派圍攻光明頂」而發揮得淋漓盡致。總之是要給讀者一個印象，正中有邪，不論正邪，人性中都有邪惡自私的部分。

在《倚天屠龍記》中，還勉強可以分得出正派邪派，到了《天龍八部》，則根本就很難說得出誰正誰邪，看來人人都似乎是為了自己打算。慕容博為了光復「大燕」，便造謠言來挑撥大宋英雄去殺契丹的武士；他兒子慕容復也為了同樣的原因，要去娶西夏的公主而拋棄表妹的深情；游坦之為了要得到阿紫，不惜向敵人磕頭求饒，可以做出種種不顧人的尊嚴的卑劣之事；丐幫副幫主的妻子為了正幫主未欣賞她的美貌，未曾偷偷看她，未曾向她笑一笑，就千方百計要陷害他；甚至少林寺方丈也曾與「天下第二惡人」葉二娘私通生下了私生子，而且企圖包庇她……試看這種種刻畫，是不是都貫穿著一條「人不為己，天誅地滅」的思想線索？

好萊塢電影的另一特點，也是近年來流行的手段之一，是強調「心理因素」，好像一切惡事，都是由於某一個人受了某一件事的刺激，心理失常而幹出來的，因此惡人也就都可以得到原諒。前不久演過的《江湖豪客》就是一個例子。手段毒辣的大資本家喬治·畢柏，是因為兒時他哥哥因神經病死了，他自己受了刺激，長大以後，就不由自己地做出了種種壞事。

金庸的《倚天屠龍記》中，謝遜到處殺人，是因為受了師父殺父姦妻的刺激；他師父之所以如此，是因為師兄搶了他的情人。《天龍八部》中葉二娘每天要吮嬰兒鮮血，是因為她與少林寺方丈的私生子，由於方丈的尊嚴身份，而不由她撫養，於是受了刺激，就要戕害別人的孩子來泄憤。謝遜、葉二娘在作者的筆下，最後也是得到了同情，得到了寬恕的。

古龍在創作武俠小說時，也合理借鑒別人的東西，如《流星．蝴蝶．劍》照搬的是美國電影《教父》的模式；對於金庸這樣的「大俠」，古龍肯定也會加以借鑒的。他自己就承認：「在開始寫武俠小說時，就幾乎是在拼命模仿金庸先生，寫了幾年後，在寫《名劍風流》、《絕代雙驕》時，還是在模仿金庸先生……我相信武俠小說作家中，和我同樣情況的人並不少。這一點金庸先生無疑也是值得驕傲的」。

古龍舉了金庸借鑒別人的幾個例子。

在金庸初期的作品中，還是有別人的影子。如在《書劍恩仇錄》中，描寫「奔雷手」文泰來逃到大俠周仲英家，藏在枯井裏，被周仲英無知的幼子，爲了一架望遠鏡而出賣，周仲英知道這件事後，竟忍痛殺了他的獨生子。這故事，幾乎就是法國文豪梅里美最著名的一篇小說的化身。但這絕不影響金庸先生的創造，因爲他已將這故事完全和他自己的創造聯成一體，看起來是一氣呵成的，看到《書劍恩仇錄》中的這一段故事，幾乎比看梅里美《高龍巴》原著，更能令人感動。

看到《倚天屠龍記》中寫張無忌的父母和金毛獅王在極邊冰島上的故事，我也看到了另一位偉大作家的影子——傑克．倫敦的影子。金毛獅王的性格，幾乎就是「海狼」。但這種模仿卻是無可非議的，因爲他已將「海狼」完全吸收融化，令人只能看見金毛獅王，看不見海狼。

武俠小說最大的特點，就是能包羅萬象，兼容並蓄——你可以在武俠小說中寫「愛情文藝」，卻不能在「文藝」小說中寫武俠。

每個人在創作時，都難免會受到別人的影響，「天下文章一大抄」，這句話雖然說得有點過火，卻也並不是完全沒有道理，一個作家的創造固然可貴，但聯想力、模仿力，也同樣重要。

金庸「武林盟主」地位，是世所公認，也是不可絲毫動搖的。

金庸和他的武俠小說——

武林盟主，誰與爭鋒？

第五章

真人本色　魅力獨具

政治人金庸

古希臘哲學家柏拉圖曾經說過這樣的話：如果要研究人，不應當在人的「個人生活」中而應當在人的「政治生活」和「社會生活」中去加以研究，因爲人的本性是以大寫字母寫在「國家」的本性上的。柏拉圖的學生亞里斯多德也說：「人是政治的動物。」

這話的意思是說，不管你是有意的還是無意的，你都無法逃脫政治的影響，因爲政治無處不在。如果將政治理解爲對人類生活的眞正價值的審視和思考，是人應當具有的道德、責任和良知，是人對人類自我管理能力和社會合理性的自覺參與和追求，那麼，我們完全可以說「人是政治的動物」，每個人都是政治的主體與參與者。

哲人此言，固然有其道理，但政治生活並不是大寫的「人」存在的唯一形式，人除了具有「公共性」外，還具有「私人性」。在大寫的「人」的大旗下面，可以涵蓋許多豐富的內容，遠遠不止政治一端。

作爲社會名流人物的金庸，也是如此。他一方面積極參與「政治生活」，另一方面又保持著他的「眞人」本色。身爲「文化人」的金庸，當然也有其「政治性」與「公共性」的一面。在主持《明報》期間，他與《大公報》展開過激烈的筆戰；在大陸的文化大革命期間，他撰寫了大量社評，對文化大革命進行過系列分析，對越南戰爭也有過精闢的分析與預測；在自己的武俠小說中，金庸既揭露了政治的黑暗與腐敗，也勾畫了理想中的太平盛世。所有這一切，都可以看作是金庸的政治活動。

大致而言，政治可以劃分爲三個層面：一是事實層面，即我們究竟是處於什麼樣的政治狀態之下；二是價值層面，即我們應當達到什麼樣的政治狀態；三是技術層面，即我們如何達到理想的或設想的政治狀態。

金庸諳熟中國歷史文化，曾經花大力氣仔細閱讀和鑽研過《資治通鑒》，由此而反觀現實政治，金庸對上述三個問題有其長遠的思考與深刻的見解。金庸是深具參與政治生活的素質與能力的，他之直接參與現實政治生活，完全在情理之中，至於參與的時間與方式，則是一個次要的問題。

正如金庸筆下那些不出世的英雄俠客，身處紛爭四起、風雲變幻的「武林」，若想「金盆洗手」，那簡直是不可能（《笑傲江湖》中的劉正風，本欲退出武林，卻招致滿門滅絕）；但他們之所以遲遲還不出手，那是因爲時機尚未成熟，所以他們深藏不露，靜觀其變。每每到了千鈞一髮、生死攸關的關鍵時刻，他們出手了，而局面也就爲之一變。

機會終於來了，金庸金大俠出手了。一九七三年四月二十八日，金庸接受邀請，以《明報》普通記者的身份赴臺灣進行爲期十天的訪問，與臺灣高層領導行政院院長蔣經國、副總統嚴家淦、中央黨部秘書長張寶樹等人接觸。

一九七三年，大陸和臺灣的關係正在發生著微妙的變化，而像金庸這樣的著名人物，統領著在香港具有舉足輕重地位的大報，正是海峽兩岸「統戰」的目標。對於臺灣而言，此時只有像金庸這樣的大人物來台灣訪問，可以獲得一些有影響的宣傳。他們邀請金庸訪台，其目的雖未明言，但是雙方都是心照不宣的。

由於中國大陸與香港和臺灣之間存在著統一與回歸問題，也由於金庸作爲報人和文化人這一特定身份，決定了他一出手就必然面臨「祖國統一」與「香港回歸」問題，必須在這些方面斡旋。也就是說，金庸扮演的是海峽兩岸高層之間資訊交流與傳遞的使者身份，並且一度是「秘密特使」。

這次訪問臺灣，聰明的金庸自然知道其中的微妙，所以他是儘量地低調處理這次訪問，只是以《明報》「普通記者」的身份出現。但不管如何，此行的政治色彩是不言而喻的。要不然，爲什麼像蔣經國、嚴家淦、張寶樹這樣的臺灣高層領導要接見他呢？一定要跟他作長時間的交談呢？不管金庸是如何的低調處理，也遮蓋不住他政治態度上的微妙變化。

回到香港後，他奮筆疾書，在兩個月之內推出了長達數萬言的訪台紀行：《在台所見·所聞·所思》。金庸這篇文章的政治影響是無須多說的，後來還專門出版了單行本，並在《明報月刊》上再次連載。

金庸在文章中說：「這次我到臺北，印象最深刻的事，不是經濟繁榮，也不是治安良好，而是臺北領導正視現實的心理狀態，大多數設計和措施，顯然都著眼於當前的具體環境。」

因爲臺灣的領導既沒有繼續唱高調，也沒有浮誇吹噓，而是逐漸的腳踏實地。金庸再一次表明和重申了自己「公正與善良」的政治思想：「不論是三民主義、共產主義、民主自由、中華文化的傳統等等，其中可能有合理的部分，也可能有不合時宜的部分。在臺灣而言，應當採用最能爲臺灣人民謀幸福的辦法，最受台灣人民歡迎的辦法，使得最大多數臺灣人民生活得最快樂……我相信中國最大多數人民所盼望的，就是這樣一個政府，希望大陸和臺灣將來終於能和平統一，組成一個獨立、民主和民族和睦的政府……我這一生如能親眼看到這樣一個統一的中國政府出現，實在是畢生最大願望。」

這很自然地令人想起另外一位著名愛國人士曹聚仁。頗爲巧合的是，曹聚仁也是浙江人，也是著名的史學家，也是同樣地長期從事新聞和寫作的報人」，並長期擔任中共高層人物與臺灣當局之間聯繫的「秘密特使」，生前長期生活在澳門和香港，輾轉於大陸和港、澳三地。而在史學和國學方面，曹聚仁的造詣確實更勝於金庸。他于一九七二年病逝於澳門。甚至有人猜測，金庸是曹聚仁的「繼任者」，是中共方面在曹聚仁病逝後物色和遴選的新的「秘密特使」人選，以完成曹聚仁的未竟事業。當然，這只是猜測而已，恐怕永遠也沒有證實的機會。

而金庸之涉足，並不是進入政府部門或黨務系統擔任某某職務，因爲這是「官僚政治」，不是廣義的「政治生活」。雖然他後來也被中方委任爲香港特別行政區基本法起草委員會委員、「政治體制」小組港方負責人。金庸自己坦誠地說，天生就酷愛獨立和自由，個人仰慕的理想的生活方式是「且向逍遙無人管」。就根本而言，他在政治信仰上保持的是一個「自由主義者」的身份。他執筆撰寫《明報》社評，指點江山，激揚文字，是出於「自由人」身份的言論。在《天龍八部》中，金庸特意以「且向逍遙無人管」作回目，後來寫到虛竹跟少林寺眾僧失去聯繫，竟然莫名其妙地做了逍遙派的掌門人，樂得逍遙。直至後來，虛竹做了西夏的駙馬，與意中人結爲佳偶，不知他是否還能逍遙自在？

自由主義者最懂得這樣一個道理：作爲個人，他必須自尊、自強、自立、自律和自信；作爲社會人，對他人要尊重、寬容。自由主義者不但樂於聽取各種各樣的反對意見，而且保護反對意見。他們的信條是：「我雖然反對你的意見，但我堅決認爲你有發表意見的權利」，他們決不寬容扼殺自由的專制者和獨裁者。自由主義既可以說是一種政治學說，也可以說是一種經濟思想，還可以說是一種社會哲學，更是一種政治制度和生活態度。

金庸說他天生酷愛獨立和自由，這正是自由主義的精髓，也是「自由主義者」應該具備的素質和性格。此外，他曾在《大公報》做記者，而《大公報》和《申報》一樣，是中國自由主義傳播的主要媒介之一。《大公報》在創刊之後力倡八字方針：「不黨、不賣、不私、不盲」，這也是中國自由主義辦報的方針。金庸後來成爲一名自由主義者，是在情理之中，也是勢所必然，順理成章，水到渠成。也許有人覺得很奇怪，金庸曾經多次跟鄧小平、胡耀邦、江澤民等中共高層領導會晤、長談，爲什麼始終是一介平民，並沒有出任某某部門的行政職務；除了擔任香港基本法起草委員會委員這一職務外，他仍然是來來去去獨自逍遙，無官一身輕？

金庸對此沒有過多的解釋，也沒有明確地道出他的自由主義主張，但也可以看出他的至性至情。他加入香港基本法起草委員會後，一時引起人們的關注和爭議，有人甚至猜測他是否要去競選做香港特別行政區的首任行政長官。這種猜測顯然是因爲不瞭解金庸作爲「自由主義者」的政治立場，而歪曲了他「且自逍遙無人管」的一貫性格與爲人，因而，金庸甚至不屑與他們爭辯理論，只是帶著十分不悅的口吻說：「名和利我都有了，認識金庸的人要比認識衛奕信的人還多；說利嗎？港督能有多少年薪？」

中國傳統的讀書人對名利都很淡泊，有所謂「太上立德，其次立功，再次立言」的說法，也有「富貴於我如浮雲」這樣的說法。用名利來衡量一位文化人的成就，採取的顯然是世俗的眼光和標準。尤其是對於金庸這樣的人，更是不適合。金庸在政治事業上所追求的，是如范蠡、張良那樣，能爲國家立大功、建大業，豈能斤斤計較於個人的名利得失？更何況，在個人生活上的金庸，追求的是「逍遙自在」。他在香港這個資本主義社會裏所獲得的名利，更是很多人窮畢生精力也難能望其項背的。金庸用「名利」來解釋他無意於香港特別行政區的首任行政長官，採取的乃是《天龍八部》中姑蘇慕容的做法，「以彼之道，還治其身」。用「世俗」來抗衡「世俗」，爲的是加強語氣和更好地表明心跡，並無意於炫耀他超邁港督的名氣與財產。

他說：「不要說我已六十多歲，就是現時只有三十歲，也不當行政首長。你想想，單是一會兒英國的議員來，一會兒港澳辦的人來，一迎一送就麻煩透頂。這麼多人來管我，當行政首長有什麼好？」

如果我們相信言爲心聲這句話，我們應當相信，金庸無意于首任行政長官，乃是他心底的眞實話。在他筆下的人物中，英雄如郭靖、張無忌、喬峰，癡情如段譽，豁達如令狐沖，哪一個不是在成就一番事業後，或歸隱，或殉難，或隱退，但都無意於高官厚祿，只願與自己心愛的人在一起共度美好時光。

金庸一生的政治生活，事實上是從主持《明報》的工作開始的。當然，如果追溯他對於政治的興趣，可以往上推溯到他的少年時代。

金庸最初是通過報紙這個現代新聞媒體來表達他的政治見解、顯露他的政治眼光、釋放他的政治熱情的；直到參加香港特別行政區基本法委員會時，才算是「長風破浪會有時，直挂雲帆濟滄海」。

金庸政治態度中最爲核心的是愛國主義，這使他儘管在許多問題上與中國共產黨和中央政府間存在著分歧，但他在關鍵的時刻，他總是能堅定地站在中國人民與中國政府這一邊。也正是這種愛國主義，使我們在金庸的武俠小說中反覆看到，這些小說多以易代之際爲歷史背景，多面臨異族入侵這樣一個問題。

《書劍恩仇錄》與一般武俠小說截然不同的是，它一上來就立意高遠，大氣磅礴，但仔細閱讀全書，又可以發現，它雖然在表面上寫的是江湖恩怨情仇，但顯示的是「大好河山，誰主沉浮？」這樣一個大問題，倡導的是民族大義。

武俠小說研究者陳墨認爲：「讀《書劍恩仇錄》，實際上是讀一部『交響史詩』，讀到木卓倫部的回人抗暴應戰反擊官府，最慷慨激昂，悲歌壯烈；而讀到陳家洛及紅花會的所作所爲，則不免憂思百結，茫然無措。」從這部小說裏，我們可以看到，金庸標舉的是本眞的政治情懷：民族感、愛國心，以及治國安邦，濟世康民的理想。

金庸的眼光眞準。鄧小平「三起三落」，七十年代被打倒，落難到江西省，一般人多認爲他的政治生命就此終結。但金庸不這樣看，他時不時在《明報》的社評中稱讚鄧小平，支援鄧小平，並預言鄧小平將會「東山再起」。果然不出金庸所料。一九七七年，鄧小平眾望所歸地執掌領導權，實行了一系列撥亂反正的政策與措施，指引中國走上正確的發展道路。

十一屆三中全會之後，中國進入了改革開放的新時期。金庸也迎來了他政治生涯的黃金時期。

中國推行著改革開放的政策，將全國的工作重點轉移到經濟建設上來；其後，又設立了經濟特區，而其他各項改革措施也相繼出臺。神州大地，一時煥發出勃勃生機。而鄧小平，他就是中國這場改革開放的總設計師。

金庸欣喜地觀察著這一切，敏銳地感覺到，一場深刻的、意義深遠的變革正在中國大陸靜悄悄地發生。因而，他十分自然而又及時地調整了自己的政治態度，熱情洋溢地歡迎中國大陸的改革開放政策，支援鄧小平的新政策，並以大量的篇幅報道和宣傳中國的改革開放政策和所取得的成就。中共領導層也清楚地看到了這一點，並給以金庸密切的關注。

一九八一年七月十六日，在國務院港澳辦公室、新華社香港分社和中旅社等機構的精心策劃和安排下，金庸攜夫人和兒子開始北行，訪問大陸。七月十八日，鄧小平接見了金庸，並跟金庸做了一次愉快的長談。在北京，全國人民代表大會副委員長廖承志也會見了金庸，兩人促膝長談，給金庸留下了深刻的印象。除了鄧小平和廖承志外，其他多位高層領導也分別會見了金庸。

此後，金庸回到了浙江海寧老家，見到了闊別多年的兄弟姐妹和父老鄉親，「少小離家老大回」，金庸此行的感受是很深的。告別親人之後，金庸又至內陸十多個省份和城市旅遊，遊歷了內蒙古、新疆、甘肅、成都、重慶、宜昌、武漢、杭州等地，前後歷時三十三天。

這次北行，金庸通過跟中共高層領導的會晤和訪談，更加深了對中國國策的瞭解；而在內地和沿海的旅遊，又使他親眼目睹了大陸改革開放後的新貌。所有這一切，更加深了他的愛國心。因而，這次北行，就成爲他人生旅途上的又一個重大轉捩點，再度激發了他的政治熱情。

回到香港後，金庸更是興致勃勃、意氣風發，他愉快地接受了《明報月刊》的獨家採訪。在這次採訪中，金庸毫不掩飾自己北行的感受，因爲那是對中共和大陸的好感和信心的流露。從中也不難看出金庸政治立場的重新定位和調整。他說：

「第一，我相信中國大陸上，目前沒有別的政治力量足以取代中共的領導地位。第二，我相信中國在幾十年內不可能實行西方式的民主，即使可能，也未必對國家和人民有利。第三，我個人贊同中國實行開明的社會主義，總的說來，這比之習慣式的完全放任和資本主義社會中的極度貧富不均，更加公平合理。不過大陸上個人自由大大不夠，共產黨搞經濟缺乏效率，不能儘量解放人民的生產力，過去所積澱的左傾思想與作風太嚴重。我個人贊成一步一步地不斷改革，不相信天翻地覆的大革命能解決問題……我發覺中共從上到下，不再浮誇吹牛，多講自己的缺點，很少講成績，這一點給我的印象最深刻。」

金庸總結了自己北行後的態度：

「訪問大陸回來，我心裏很樂觀，對大陸樂觀，對臺灣樂觀，對香港樂觀，也就是對整個中國樂觀。我覺得中國大陸目前發展經濟的基本政策是對的，但應當逐步讓人民有更多自由，更多機會。臺灣發展經濟的基本政策也是對的，但要努力縮小貧富之間的巨大差距。……香港最寶貴的是生活自由、法治精神以及發展經濟的效率與靈活性、廣泛的機會，最糟的是極端自由資本主義的不公道。」

自從此次北行後，《明報》的政治態度轉變得越來越明顯，以至後來經中共高層領導拍板決定，官方中新社負責編輯，每天向《明報》提供中國方面情況的稿件。由此，金庸對大陸的親善和信心愈發明顯了。對於這種轉變和轉向，金庸的解釋是：與其說是《明報》的改變，倒不如說是中共在改變，大陸在改變，在向好的方向發展，這種變化反映到《明報》上，自然是政治態度的明顯轉變。

在一九七三年，金庸曾經訪問過臺灣，對臺灣也一度表示親善；現在，他又訪問了大陸，對大陸也表示親善。於是有人出來攻擊他，說他是左右搖擺的「騎牆派」。但金庸沒有作嚴厲的正面反擊，因爲他覺得，只要政治在進步，對國家、對人民有益，就是做點自我犧牲也算不了什麼。他說：

「現在我覺得雙方的政策都在進步，有人說我是『左右逢源』。其實男子漢大丈夫，既無求於人，又需要討好什麼，逢迎什麼？」

金庸「政治生活」的集中點是香港的前途問題。從一九八一年開始，金庸就在《明報》的社評上熱切地評論著香港的前途。一九八四年，金庸出版了《香港的前途——明報社評之一》一書。這是他從每隔兩三天就要撰寫一篇關於香港前途的社評中挑選出來的，是他日積月累的結果。該書一共節錄了二百多篇社評，堪稱精品彙集。他在書中特別說明：「中國和英國方面處理這件事所有的有關人員，都已盡了很大努力，已在最大的可能範圍中尊重了香港人的基本願望。」

一九八四年九月二十六日，中華人民共和國和英國簽署的《聯合聲明》發表後，金庸高度評價了鄧小平的「一國兩制」，說它是「天才的設想」，「一言可為天下法，一語可為天下師」。一九八五年四月十日，第六屆全國人民代表大會第三次全會召開，通過了成立特區基本法起草委員會的決議。新華社香港分社安排金庸以「新聞工作者」的個人身份參加基本法起草委員會。這樣一個實實在在的施展政治才能與抱負的機會，金庸當然不會輕易放過。他竭力說服來自《明報》內部的反對與壓力，欣然接受了任命。之後，他被任命為「政治體制」小組的負責人。

一九八六年四月十八日至二十二日，基本法起草委員會召開了第二次全體會議，成立了「中央和香港特別行政區的關係」、「居民的基本權利和義務」、「政治體制」、「經濟」、「教育、科學、技術、文化、體育和宗教」等五個專題小組。金庸被任命為「政治體制」小組的負責人，而中方負責人是《中華人民共和國憲法》起草委員會委員、北京大學法律系主任、著名法學家蕭蔚雲教授。

一時之間，反對意見、斥罵之聲，乃至謠言中傷，鋪天蓋地地向金庸「空襲」而來。金庸眞是雍容大度，氣量恢弘，他一方面耐心地解釋，一方面不為所動。他說：「我在香港社會中受到愛護尊敬，能有較好的物質生活，心中常有感激之情，只覺得我比他人所得為多，而回報不足。這一次有機會為香港花五年心力，眞正做一件重要的事，然後退休，心中會感到安慰。」

這就像《天龍八部》中的一代大俠蕭峰，明知聚賢莊是藏龍臥虎，人才濟濟，並非可以擅闖之地，但他就是具有大無畏的精神和氣度，「雖千萬人吾往矣」。金庸仍然堅持自己的看法與立場，毫不為外界的風吹草動而動搖。這就是金庸的「眞人本色」。

此前，一九八五年七月一日，金庸到了北京，出席基本法起草委員會第一次全體會議。在這次赴京之前，金庸就寫過數篇重要的政論文章，鮮明地表達了自己的政治態度。他的政治態度可以歸結為以下四點：實際重於理想，經濟重于政治，自由重于民主，法制重於平等。

爲了給這次趕赴北京做好準備，金庸指示《明報》印刷了近百本中英文對照的《中英關於香港問題的聯合聲明》，並附錄了聯合國頒佈的《公民權利和政治權利國際公約》和《經濟、社會、文化權利國際公約》以及相關文件。到了北京後，金庸將它們分別送發給各位草案起草委員會的成員。至於爲什麼要附錄《公民權利和政治權利國際公約》和《經濟、社會、文化權利國際公約》這兩個公約，金庸是經過一番考慮的，他認爲：「爲了體現中英聯合聲明中這一項的規定，對這兩個國際公約有詳細研究的必要，其中的根本精神和條文，應當吸收入基本法之中」。

七月四日，在全體會議上，金庸做了以《一國兩制與自由人權》爲題的長篇發言，詳細闡述了自己的施政觀點。他在發言中盛讚「一國兩制」的現實意義和歷史作用，並表明了他關於「一國兩制」在香港的試驗不容許失敗的理念，最後他明確表示，基本法的主體應該是維護香港人原有的「自由與人權」。這是金庸第一次在政界擔負如此重大的責任。他不辭勞苦，用心良苦地協調小組的工作，並草擬了一份「主流方案」，主要是建議香港的「政制」過渡應實行循序漸進的民主選舉。但他的這個主張卻遭到了激進民主派的激烈反對，他們主張立即實行全民直接選舉。

有人甚至認爲，金庸所推出的「主流方案」是來自中方的授意，金庸只不過是爲其「包裝和經銷」而已，金庸是做「主流方案」包裝經銷商的韋小寶；有人進而認爲，金庸想當政壇盟主，想做香港的首任行政長官或立法會主席，或者是想做將來政府的高級顧問……凡此種種，不一而足。這是對金庸的極大誤解和誣賴。大俠金庸仍然不爲所動，仍然堅持自己的觀點和主張，仍然堅持自己提出的「主流方案」。「主流方案」最後通過了。如釋重負的金庸，內心有說不出的疲憊和感慨。

金庸後來做了《參草有感四首》，以紀念這段難忘的時光，並借此表明自己的心志。「詩言志，歌詠言」，他在這四首詩中表明自己的心志：以社稷江山爲重，不計較個人的名利得失，胸襟寬廣，氣魄宏大。

其一

南來白手少年行，立業香江樂太平。
旦夕毀譽何足道，百年成敗事非輕。
聆君國士宣精闢，策我庸駑竭愚誠。
風雨同舟當協力，敢辭犯難惜微名。

其二

京深滇閩涉關山，句酙字斟愧拙艱。
五載商略添白髮，千里相從減朱顏。

論政對酒常憂國，語笑布棋偶偷閒。
錢杏包張俱逝謝，手撫成法淚潸潸。

其三

法無下法法治離，夕政朝令累卵巷。
一字千金籌善法，三番回復問良規。
難言句句兼珠玉，切望條條奠固基。
聽號長街燒草案，苦心太息少人知。

其四

急躍狂沖搶險灘，功成一蹴古來難。
任重道遠乾坤大，循序漸進天地寬。
當念萬家系苦樂，忍由百姓耐饑寒。
嘩眾取寵渾閒事，中夜撫心可自安。

金庸確實是大家，所謂「唯大英雄能本色，是眞名士自風流」，他的不同凡俗之處在於他的無窮可能性：作家、報人、企業家、政治家、學者、隱士。

這是金庸「江湖大出手」的時期，是他直接參政議政的時期，也是他最爲濃墨重彩、最爲成功與輝煌的時期。可最後，他仍然是淡出江湖，歸隱於書齋，且向逍遙無人管，瀟灑愉快地安度晚年。

在基本法草案被全國人民代表大會常務委員會通過後，金庸看到親手設計的「主流方案」將成爲未來特區的政治藍圖，他覺得他的神聖使命已經完成了，他的參政目的已經圓滿地達到了，他萌生了退隱的念頭。

歸隱於書齋

「心底無私天地寬」，金庸骨子裏還是一個書生的本色，是一個地道的讀書人。「永憶江湖歸白髮，欲回天地入扁舟」，這是王安石的詩句；而陶淵明的《歸去來兮辭》，他更是熟讀在心。他一直欣賞和推崇的就是像范蠡和張良這樣的人，轟轟烈烈地幹一番事業，然後飄然逝去，「大隱隱於市」。他選擇了一個最佳的退隱時機，以表明他的心跡與志向。

一九八九年，他辭去了基本法起草委員會的職務，讓那些「不知腐鼠成滋味，猜意鵷雛竟未休」之輩大吃一驚，大惑不解：「金庸苦心經營炮製主流方案，不就是想當行政長官嗎？」

金庸以他的行動證明了自己參政不是爲了一己之利，而是想爲國爲民盡一份心力而已，只是爲了踐履自己「天下興亡，匹夫有責」的良訓。

金庸的退隱，並不意味著他的政治的徹底絕緣，因爲政治其實是無處不在的。金庸，只是與「權力政治」疏遠而已。

一九八九年五月二十日，在《明報》創刊三十周年的慶祝茶話會上，金庸宣佈，他將從六月一日起，辭去《明報》社長的職務，只擔任《明報》集團有限公司董事長。

從五十年代到七十年代，金庸的武俠小說在東南亞一帶和海外世界，早已風靡，只要一提起金庸的武俠小說，讀者們便如數家珍，而金庸的大名，在讀者群中更是耳熟能詳。有人甚至這樣說：「凡是有華人的地方，就有金庸的武俠小說。」但在兩個地方卻是例外，一個是臺灣，一個是大陸。這兩個地方的讀者，似乎還不大清楚金庸是何許人，至於「金庸的武俠小說」，對他們來說更是全然陌生。

金庸的武俠小說在台灣查禁與解禁的命運就很耐人尋味。

一九六〇年二月中旬，臺北市警察局出動大批警察，到市區和郊區的所有大小書店搜查武俠小說，其中，自然也就包括金庸的武俠小說，如《射雕英雄傳》、《碧血劍》、《書劍恩仇錄》等。因爲臺灣當局認爲，這類武俠小說內容「毒素頗深」，是「統戰書本」，「影響讀者心理，危害社會安全」。

臺北市警察局的這個舉動，激惱了《大公報》。《大公報》是「路見不平，拔刀相助」，他們站出來爲金庸的武俠小說辯護和伸冤，在《怪哉！蔣經國怕武俠小說》一文中指出：「……一些比較好的武俠小說，多帶一點『愛國思想』，而這種思想正是讀者所歡迎的，而臺灣當局認爲是『毒素』。在所有的武俠小說中，都是貪官污吏，或爲非作歹，或投靠異族之輩，才會怕俠士的，而今臺灣當局竟然也怕武俠小說，不怕被人拿話柄麼？」但正義的聲音被政治的強權淹沒了，金庸的武俠小說，在臺灣遭受了被「查禁」的命運。

進入七十年代後，金庸的武俠小說其實已經悄悄地在臺灣大批「登陸」了，它們主要是通過非正常管道流入臺灣的。

其實，在臺灣的高層領導者中，就不乏金庸迷。蔣經國在任行政院院長時，在一次年末記者遊園會中，與海外學人歷數《射雕英雄傳》中的英雄豪傑；曾任過總統的嚴家淦，也專門派侍衛到出版社去給他找《射雕英雄傳》；孫中山的兒子孫科，生病住院時，仍然念念不忘金庸的武俠小說；新聞局局長宋楚瑜私底下向沈登恩借閱《射雕英雄傳》。至於一般讀者群中，金庸迷更是數不勝數。讀者的眼睛是雪亮的，他們自然知道，這位名叫金庸作家的作品寫得實在是太漂亮了。

金庸的武俠小說在臺灣屬於查禁之列，屬於明令禁止出版的書籍。遠景出版社的發行人沈登恩回憶說：「記得一九七五年初，我剛辦遠景不久，朋友從香港來，送了我一套舊版的金庸小說《射雕英雄傳》。那個時候，我的工作不像現在這樣忙碌，每天好整以暇，有的是時間，不到一天一夜，我就把『射雕』看完，整個腦海中都是洪七公、郭靖、黃藥師、黃蓉、周伯通、歐陽鋒……的影子……當時心中有個疑問：『怎麼世上有這麼好看的小說，臺灣竟然沒有出版？』」

大惑不解的沈登恩，便找出「查禁目錄」，他發現，金庸的所有小說都在查禁之列。他也曾經問過別人，爲什麼要查禁金庸的武俠小說呢，但他們幾乎都是不知所云，反正上頭是這樣規定的，也就只好照章辦事了。至於上頭究竟是誰，他們也說不清楚，只是模糊一片，反正有個上頭存在，管他是誰似乎已無關重要，規定是眞實存在的，就按照規章制度辦事吧。之後從一九七七年開始，沈登恩就向臺灣當局提出，應該解禁金庸的作品，他據理力爭，爭取金庸武俠小說在臺灣正式出版。幾經周折，幾經反復，終於在一九七九年有了回音。這一年的九月，沈登恩得到一紙公文，上面說金庸的小說尚未發現不妥之處，同意由遠景出版社在臺灣出版金庸的武俠小說。

爲了爭奪金庸武俠小說的刊載權，臺灣的兩大報紙《中國時報》和《聯合報》展開了激烈的鏖戰。沈登恩是這樣回憶的：

「我曾經向張作錦先生（時任《聯合報》總編輯）承諾過，有朝一日金庸小說解禁時優先通知他。因此，在一九七九年九月六日那天，張先生在電話中獲知解禁的事後，十分興奮，要我立刻到《聯合報》去一趟。我們在編輯部討論了很久，並與香港的查先生通長途電話，決定讓《連城訣》先行見報，和臺灣讀者正式見面。

次日，也就是九月七日，《連城訣》在《聯合報》刊出的第一天，上午十點鍾不到，高信疆（時任副刊總編輯）就氣急敗壞地出現在遠景的編輯部。他說，輸掉金庸小說這場仗，余紀忠先生一定會炒他的魷魚，要我把金庸小說全部讓給《人間副刊》連載，軟硬兼施，幾乎要綁架我。信疆兄和我一樣，都是好勝心極強的人，我們是老朋友了，我沒有理由拒絕他。何況，能夠使金庸的小說多讓一些讀者看到，正是我爭取解禁金庸作品的最大目的，因此立刻就答應了。信疆兄的臉上才開始有了笑容。」

一九七九年九月，臺灣遠景出版社出版了由金庸正式授權的《金庸作品集》。沈登恩堅信：「這套武俠小說的出版，將開拓中國小說的新境界，爲出版界樹立一塊新的里程碑」。這是金庸早就期盼的事情，他在致沈登恩的信中說：「臺灣讀書氣盛，文化水準很高，任何作者，都希望他的作品能接觸文化水平很高的作者群，受到賞識，受到高層次的反映，希望有更多的人能瞭解到，我的小說並非是打打殺殺而已。」

金庸的武俠小說名正言順地進入了臺灣社會，讀者們自然是欣喜若狂，一時之間，報紙不斷連載，單行本不斷面世，評論界陸陸續續有相關評論出臺，而影視界也磨刀霍霍，準備在電視和大銀幕上一展雄風。

其中也有一些小插曲，說明金庸小說在臺灣的命運並不是一帆風順的。就拿《射雕英雄傳》來說吧，它的命運就有些坎坷。因爲在有些人看來，武俠小說《射雕英雄傳》及同名電視連續劇有「政治色彩」，要將它查禁和禁映。後來，《射雕英雄傳》被改名爲《大漠英雄傳》，但仍然通不過。《射雕英雄傳》之所以會遭受如此命運，大概是因爲書名中有「射雕」

二字，而毛澤東的《沁園春．雪》中有「射大雕」三字，這似乎就是忌諱。

金庸後來曾經撰文作過辯白，他在文中說：

「射雕是中國北方民族一種由來已久的武勇行為。《史記．李廣傳》中，李廣曾說：『是必射雕者也！』王維有詩：『回看射雕處，千里暮雲平。』又有詩：『暮雲空磧時驅馬，落日平原好射雕。』楊巨源詩：『射雕天更碧，吹角塞仍黃。』溫庭筠詩：『塞塵暮馬去，烽火射雕歸。』黃庭堅詩：『安得萬里沙，霜晴看射雕。』中國描寫塞外生活的文學作品，往往提到射雕，『一箭雙雕』的成語更是普通得很。毛澤東的詞中其實沒有『射雕』兩字連用，只有一句『只識彎弓射大雕』。中國文字人人都有權用，不能因為毛澤東寫過用過，就此獨佔，別人就不能再用。」

在大陸，隨著十一屆三中全會的召開，中國正式實行改革開放政策。出版界也打破了長期不出版武俠小說的規定和禁錮，開始陸續出版一些舊式武俠小說與新派武俠小說。

最先在大陸獲得出版權的是新派武俠小說家梁羽生的作品；之後，金庸的作品也在大陸正式獲准出版。

一九八〇年，十分熱門的《武林》雜誌開始連載金庸的《射雕英雄傳》。之後，金庸的大量作品流入大陸，但它們基本上都是一些非法出版物，粗製濫造，錯誤百出，有的人甚至盜用金庸的名字，撰寫一些濫竽充數、魚目混珠的作品，有的甚至是色情淫穢作品。

在一九八五年之前出版的金庸作品（單行本）中，只有天津百花文藝出版社才是作者授權出版的，天津百花文藝出版社推出了完整的《書劍恩仇錄》。

一九九四年，北京三聯書店正式與金庸簽約，在大陸出版了簡體字版的《金庸作品集》。

真人本色

金庸的「眞人本色」，是如何的魅力獨具，從一些小事上也可以看出來。香港女作家林燕妮曾經撰文說，金庸是絕不會輕易給寫稿人加稿費的。林燕妮寫道，很多文人做企業，易流於情緒化，不會精打細算；但惟獨金庸是個例外，十分的精打細算。他說不加稿費，就一定不會給你加稿費。

金庸對她說：「你那麼愛花錢，加了又花掉了，不加。」

結果，林燕妮要求增加稿費一事，就此擱淺了。

倪匡的妹妹亦舒也曾經提出過增加稿費的要求，金庸對她說：「你不花錢的，加了稿費有什麼用？」意思非常清楚，你就別提這一岔子事了。不加，就是不加。

亦舒便在《明報》副刊罵金庸。不料，金庸仍然是一副笑吟吟的面孔，說：「罵可以罵，稿照登，稿費則一樣不加。」

對於這兩位女作家，金庸是左一個「不加」，右一個「不加」。

至於倪匡呢？如果倪匡也提出增加稿費的要求，金庸有他的法寶嗎？有一次，倪匡向金庸抗議，強烈要求增加稿費。那是在一次宴會上，倪匡借著酒勁，大聲疾呼，要求金庸一定給自己增加稿費：「查先生，你賺了那麼多錢，應該加稿費了吧！」

金庸見推卸不過去了，只好笑了一笑，說：「好好，我加！」總算擺平了倪匡。

後來，倪匡的稿費果然增加了，是百分之五。倪匡一見，大爲不滿，打電話去罵金庸。倪匡的口才很好，說起話來語速又快，而金庸不擅辭令，說起話來慢條斯理。所以，倪匡打電話過去跟金庸評理，金庸自然不敵，敗下陣來，打住倪匡的據理力爭，連連說：「好了好了，倪匡，給你寫信。」一聽金庸要給自己寫信，倪匡幾乎要昏死過去，歎了一口氣：「我命休矣！」

過了兩天，金庸的來信到了。倪匡拆開信件，見金庸附列了十幾條理由，不是申述報館開銷大，就是經濟不景氣，只有奉行節約，才能更好地發展。最後幾句話是，吾兄要加稿費，勢必引起連鎖反應。意思就是說，如果我給你倪匡加了稿費，人家的稿費也要加，如此一來，報館的開銷就不小了。金庸的來信說得倪匡辛酸難熬，只好「繳械投降」，再也不提加稿費這碼子事了。

金庸之所以不給他們加稿費，不是因爲他貪財吝嗇，而是他深諳節省之道，富而不驕，不亂花錢，保持著文化人固有的個性與特色。對於自己的朋友，金庸從來就很慷慨，也很大方。作爲金庸好朋友的倪匡，應該是有深切的體會和感受的。當倪匡等著錢花時，金庸便會預支版稅，而預支的不是一個小數目，通常都會超過十萬元，金庸從來就不皺一下眉頭，只是帶著勸告的口吻說：「錢不要亂花呀！」

金庸雖然沒有給這幾位作家加稿費，或只小幅度地加了稿費，但這並不說明金庸是個愛錢如命、吝嗇小氣的人。他不但對朋友大度和豪爽，而且對公共事業也是個熱心人。

有一次金庸到香港中文大學去演講。演講結束後，校方人士不失時機地向金庸提出了捐款一事。對於捐款這樣的事，金庸也不是第一次了。來香港中文大學演講之前，金庸就已經做好了準備。他隨即拿出支票，大筆一揮，就是四百萬元。

校方人士沒有想到金庸竟然會這樣大方，他們頓時感到喜出望外。校長在萬分高興之餘，開了一個似乎有點異想天開的玩笑：「如果再多一個零就太好了。」

令校長更爲驚訝的是，金庸看了他一眼，竟然二話不說，提筆就在支票上又加了一個零。這樣，金庸一下子就爲香港中文大學捐贈了四千萬元。香港中文大學所有在場的人都驚呆了，他們壓根就沒有指望過金庸捐贈如此鉅額的款子。

金庸確實是一個富裕的報人，但也並不是富得流油，有錢沒處花，跟李嘉誠、霍英東這樣的商界巨子比較起來，他還有很大一段距離。但大俠金庸就是豪爽慷慨，就是樂意爲社會公益事業做貢獻，就像他筆下的武林人物，「爲國爲民，俠之大者」。

冷夏在《金庸傳》中則是這樣說金庸的：「平時，他不苟言笑，不怒自威，神情威風凜凜，散發著一股強大的震撼力，站著時，如亂雲中的勁松；坐著時，腰直胸挺，威力逼人，像一個一呼百應，號令天下的武林盟主……偶然，他亦會張口大笑，笑得前傾後仰，眼睛眯成一線，笑聲揮灑出孩童般的純眞無邪，而臉上也隱隱約約地散發出一種佛光」。

奇人自有奇相。金庸後來成爲一代大師，是否在他的寶相莊嚴中也可以透出一些徵兆呢？

金庸與倪匡

倪匡與金庸是好朋友。在倪匡的筆下，金庸是一個十分可愛的人。倪匡是這樣說金庸的：

「金庸本性極活潑，是老少咸宜的朋友，可以容忍朋友的胡鬧，甚至委屈自己，縱容壞脾氣的朋友，為了不讓朋友敗興，可以唱時代歌曲《你不要走》來挽留朋友。

金庸的頭極大，筆者有三個大頭的朋友：金庸，張徹，古龍。這三個大頭的朋友，頭都大得異乎常人，事業上也各有成就。和這三個大頭朋友在一起，常有一種極度安全感：就是天塌下來，也有他們頂著！

十餘年前，金庸嗜玩「沙蟹」，「蟹技」段數甚高。查府之中，朋輩齊聚，通宵達旦，籌碼大都集中在他面前。筆者賭品甚差，有一次輸急了，拍桌而去。回家之後，兀自生氣，金庸立時打電話過來，像哄小孩一樣哄，令筆者為之汗顏。又有一次也是輸急了，說輸的錢本是準備買相機的，金庸立時以名牌相機一具見贈。其對朋友大抵類此，堪稱一流朋友。

金庸在年輕時曾學過芭蕾舞，對古典音樂的造詣極高，隨便挑一張古典音樂唱片放出來唱上片刻，便能說出這是什麼音樂。

金庸十分喜歡駕車，更喜歡駕跑車。最早，用過凱旋牌小跑車，後來，換了保時捷。保時捷跑車性能之佳，世界知名，到了金庸手中，平均駕駛時速略為提高，大約是三十里。曾有人問金庸：『你駕跑車超車不超車？』金庸答：『當然超車，逢電車，必超車！』其性格中的「穩」字，由此可見。

金庸不嗜酒，號稱「從未醉過」。他本喝得少，當然不會醉。他吸煙，戒煙，次數極多，如今一樣大吸特吸，並且相信了中年人不能戒煙的理論。

金庸也略藏書畫。如今書房中所懸的，有史可法的書法殘片；曾在他處看到過不知是真是假的仇英《文姬歸漢圖》；也曾見過四幅極大的（超過五公尺長）齊白石精品，吳昌碩的大件等等。

金庸也集過郵，不過他集的是花花綠綠的紙而已。

金庸對吃並不講究，穿亦然，衣料自是最好的，但款式我行我素，不受潮流影響。」

在倪匡的筆下，金庸不但是一個可愛的人，而且也是一個慢性子的人，倪匡以他的切身體會來現身說法：

「金庸是屬於慢性子的人，涵養極好，多少年來，只見他發過兩個半次脾氣。此話怎講？因為兩次都不是盛怒，只不過表示了他心中的不高興，而且這兩個半次脾氣，都發得十分有理。一次，是筆者為了一己之利向他作一個要求，時在汽車之中，金庸『哼』了一聲：『除非《明報》破產，不然萬萬不能！』嚇得筆者和同車人噤若寒蟬，連大氣兒都不敢透著好幾分鐘。另半次是對一個行為十分卑劣的小人，該小人顛倒黑白，造謠生非者再，金庸當眾宣佈不與這種人同席——很多人，可能只看到過查先生這半次脾氣而已。

需要補充的是：第一個半次生氣之後不到一小時，金庸就打電話來：『如果你真覺得這樣子對你有好處，就照你的意思辦吧！』筆者忙曰：『不必了！不必了！』屈己從人，照顧朋友，這是金庸做人的豪俠之處。金庸事業大成，自然比一般搖筆桿子的朋友富有許多，向他有所求的朋友，很少受到拒絕。曾問過他：『你手上的錢如何處理？』他的回答是：『放在哪裡都不記得了！』」

金庸的涵養，不是一般人士可以達到的。

金庸自己透露，他沒有練習過書法，意思是說，他的毛筆字寫得並不怎麼樣。因而從來就沒有聽說過金庸爲某某刊物題寫刊名等。但倪匡收藏有金庸親筆所書的長聯兩幅。迄今爲止，可以稱之爲「世間孤品」，因爲舍此之外，金庸再無類似的書法作品傳世。金庸倒是在他的作品集上自題書名，有人推測，金庸每寫一次，只怕都寫了幾十遍以上。因爲他的書法，並不如何高超，絕不能稱「家」。但這幅對聯，卻極爲有趣。

倪匡說在聯語之外，還有注解，字數雖不多，但包含哲理甚深。下面就加以引錄，以與讀者同享：

年逾不惑，不文不武，文中有武，不饑不寒，老而不死，不亦快哉；

品到無求，無迂無爭，迂則必爭，無災無難，遠于無常，無量壽也。

我與君俱以武俠小說為人知，文中有武，並駕當時。人之喜禱善頌者，恒以「大寶貴亦壽考」為祝。壽考誠美事，大寶貴則非大爭求不可得，或求而無成，或既得而複失之，終日營營，憂心忡忡，人生百年，何愚而為此苦事。君少年時多曆憂患，當深知不饑不寒之至樂。

女俏子靈斯謂好，穀重穗，不搞不震非好漢；

貝富才捷信為財，果珍李，無憂無慮做財婆。

匡兄四十初度，擺聯自壽，有「年逾不惑，不文不武」暨「無欲無求」語。以「不」、「無」兩字為對，唯有句灑脫，匡嫂不喜也。謹師其意，以拙筆書二聯祝無量壽。舉世貝殼藏家，或雄於資，或邃於學，抑或為王公貴冑，似君以俊才鳴者，未之或聞。

匡兄華誕之喜

弟：金庸
乙卯六月

倪匡說：「這副對聯，需要解釋之處甚多，不然，不容易明白，太過『深奧』。「首先，四十年前，我自撰對聯一幅：

「年逾不惑，不文不武，不知算什麼；

「時已無多，無欲無求，無非是這樣。

「自覺甚是高興，在報上發表。惹來的反應，是有人在報上破口大罵：『自撰挽聯式的對聯，倚老賣老。』等等，這可以不論。老妻看了，愀然不樂，是因爲『時已無多』四字。人到四十，算是活七十，已過了一大半，『無多』是實際情況。無奈人都不願聽眞話。金庸知道『匡嫂不樂』之後，送來這兩副對聯。

「第一幅的典故如此。第二幅的『典故』更多。老妻名李果珍，小女名穗，小兒名震，這是嵌名聯。而『搞搞震』是粵語，意思是胡搞蠻纏——聯之內如此複雜，也頗不多見！小兒胡搗亂事跡甚多，金庸後來又在贈他的書扉頁上題字，有『不搞不震非好漢，亂震亂搞豈英雄』之句，以資勉勵。有金庸親筆題字之小說，在同學中，登成英雄人物矣！」

倪匡本人也是香港著名的作家，出手很快，有「快槍手」之稱（堪與臺灣武俠小說家古龍比肩）。倪匡跟金庸又是非常熟稔，他曾經寫過四本讀金庸小說的「專著」：《我看金庸小說》、《再看金庸小說》、《三看金庸小說》和《四看金庸小說》，開啓了「金學」研究的先河；並提筆記述金庸生活的點點滴滴，讀來眞的是妙趣橫生：

「坊間流言相傳，說金庸的小說有不少是由我倪匡代筆的。聽到這種流言，我倪匡樂不可支，認為是實在是太看得起我倪匡了。我若能寫出金庸小說的十分之一，已經是死而無憾。但流言僅僅是流言，並不是事實。除了曾經捉刀代筆寫過一陣子《天龍八部》外，再沒有替金庸幹過代筆一事。」

由這番言論，可以看出，倪匡對金庸是如何的佩服，佩服得簡直是五體投地了。

說起倪匡，有必要提到他玉成「蔡瀾進入《明報》」一事。

倪匡非常瞭解金庸的個性與爲人，有時候就來個對症下藥，達到自己的目的。在玉成蔡瀾進入《明報》一事上，倪匡使用的就是這一個法寶，因爲他知道金庸這個人有時候很怪，你求他不行，要引他上鉤。

蔡瀾原先在電影界混日子，本來也還過得去，但他一日突發奇想，想到《明報》去弄一個專欄玩玩，但又害怕事情辦不成。思前想後，他找到了倪匡，一定要倪匡幫他這個忙。

倪匡面有難色：「這件事情很難，你還是叫我請你吃飯吧，這就比較容易了。」

蔡瀾連忙問這是爲什麼，倪匡說：「你還不知道，金庸當他那張《明報》是個寶貝玩意兒，尤其是那份副刊，更是如此，多年以來一直抱著不放，做一個校對就已經不容易了；更何況，你要進《明報》，眞是『難於上青天』啊。」

蔡瀾不甘心，進一步「擠兌」倪匡：「倪大哥，你不幫我，普天之下恐怕就再也沒有人可以幫我了。」

倪匡雖然搗蛋，雖然爲人荒誕不經，但就怕別人哀求，立時軟下心來：「讓我想想辦法，不過，你不要太急。」猶豫一下後，他接著說：「期諸三月，必有所成。」

接下來的幾天，倪匡就「見縫插針」，凡是有金庸的場合，他開口閉口必談蔡瀾。開初之時，金庸還不以爲然，可過了一個星期後，他終於忍不住問倪匡：「倪匡，蔡瀾究竟是誰呀？」

倪匡一聽，心下大喜，知道金庸上鉤，連忙說：「哎喲！你連蔡瀾都不認識呀，文章寫得那麼好的人，你居然不認識，你怎麼能說是寫稿佬？快點買張《東方》看看吧！」

三天之後，倪匡又見到金庸。這次，倒是金庸先主動問話：「你說得不錯，蔡瀾眞的寫得不錯，他有多大年紀了？」

倪匡輕描淡寫地說：「四十左右吧。」

金庸的口氣中有讚賞：「這麼年輕文章就寫得這麼好，難得難得！」

倪匡知道金庸已經產生了愛才之心，隨口說了一句：「還不止呢！」隨後就將蔡瀾精通琴棋書畫的事一股腦兒說了出來。

金庸讚歎道：「嘩！眞是英雄出少年，什麼時候你給我介紹一下！」

倪匡忍住內心的竊喜，繼續吊金庸的胃口：「他很忙，我替你約約看。」

再過三天之後，倪匡漫不經心地對金庸說，蔡瀾我已經替你約好了。

那天，金庸盛裝前去赴會，一見蔡瀾，金庸態度誠懇得出人意表，反倒令蔡瀾有些不知所措。

於是，三人欣然入座，先是天南地北地海侃，至中席，金庸推了推倪匡，輕聲說：「我想請蔡先生替《明報》寫點東西，不知蔡先生有沒有時間？」

倪匡還在故弄玄虛，皺了皺眉頭，急急巴巴地說：「這個……這個嘛！」

金庸又推了一把倪匡，倪匡才勉勉強強地對蔡瀾說了。

蔡瀾豈有不高興的道理，進入《明報》工作，他正求之不得呢；而倪匡呢？他也是非常得意，因爲距離他跟蔡瀾所約的「期諸三月，必有所成」期限，還早著呢，此事前前後後僅僅花了兩個星期。

就表面看，金庸雍容偉岸，一副凜然不可侵犯的樣子，似乎不近人情；但只要跟他熟識的人都知道，金庸非常重感情，很具有人情味。對倪匡是這樣，對其他朋友也是這樣。

王司馬是香港有名的藝術家，金庸很欣賞他的漫畫，決定自己的武俠小說修訂重版時，一定要讓王司馬爲作品設計封面和插圖。

但天不假年，還沒等得及作品修訂重版，王司馬就因病去世。金庸聞訊，禁不住淚流滿面，痛惜亡友。王司馬的殮葬費用，概由金庸一手承擔和支付。出殯那天，金庸趕去扶靈，神情頗爲懊喪，就像失去的是自己的兒子。

雷坡在擔任《明報周刊》總編輯時，因病住進了臺灣榮民醫院，無暇兼顧周刊的編輯事務，但金庸照發他的工資。雷坡康復後重回香港，金庸仍然懇切地邀請他擔任《明報周刊》的總編輯。另外，因考慮雷坡病後身體虛弱，金庸特意放寬限度，不限制雷坡的上班時間，還給他大幅度地加薪。

金庸的寫作一如其爲人，嚴肅認眞，一絲不苟，一字一句，反復推敲，因而寫作的速度很慢。但這只是跟倪匡和古龍這樣的快槍手比較而言，因爲倪匡和古龍同時在幾家報紙上連載自己的小說，或幾部小說同時進行，眞如快馬加鞭，拼命往前賓士。如果按照一般的眼光，金庸的寫作速度其實並不慢。在辦《明報》那段日子裏，金庸一面提筆撰寫社論，一面執筆撰寫武俠小說，並且都是一樣的精當、優美。如果沒有極好的文學修養和文化素質，是難以做到的。

文人雅興

中國古人認爲，作爲一個風雅君子，至少應該具備這四門「功夫」，「琴棋書畫」，而其中的「棋」指的就是「圍棋」。因爲對弈的雙方各執黑白於展開廝殺，以圍困對方、吃子多少決定勝負，故稱「圍棋」。

現實生活中的金庸是個圍棋迷。在《新晚報》工作時，金庸跟梁羽生是同事。梁羽生既喜愛圍棋，也喜愛象棋，只要有棋可下，他總會來者不拒。而金庸只偏愛圍棋。只要有空閒，這兩位不世出的大俠就在棋盤上展開廝殺，你來我往，殺個天昏地暗，眞有「華山論劍」的氣勢。他們不但喜歡下棋，而且也撰寫棋話。《新晚報》專門開闢有一個欄目刊登棋話文章。梁羽生寫的棋話，被當時人目爲一絕；而金庸的棋話，也是篇篇精彩。

後來兩人都投身於武俠小說的創作。梁羽生喜歡塑造風流倜儻的名士才子，書中自然也有下棋場面的精彩描寫，這自然是得力於他在生活中的下棋經歷。金庸也不示弱，在自己的武俠小說中，不時有對弈場面的出現。

如在武俠小說《碧血劍》中，主人公袁承志就因爲長於圍棋，因此結識了武林高手，學得一身好功夫。《天龍八部》中的虛竹和尚，更是因偶然一招，破了一個多年難解的棋局。

而大理段氏家族，下圍棋更是他們的傳統。「四大惡人」之首的段延慶，將段譽和他的同父異母姐姐木婉清關在一間石屋裏，並給他們服食厲害無比的春藥，居心叵測地想讓他們做出亂倫之事。段譽的父親段正淳去搭救兒女，卻被段延慶攔住，要在棋盤上見出高低後，才答應放人。那一場對弈，眞是一場好戲。

在接受張大春採訪時，金庸曾經專門談到過「下圍棋」與「創作武俠小說」的關係：

「常有人問我下圍棋的種種來。就直接的影響和關係而言，下圍棋推理的過程和創作武俠小說的組織、結構是很密切的。推敲之間，變化太大，耗時過久，這種藝術也就漸漸不時興了。現在人何嘗有餘暇玩這些，落一粒子十幾分鍾，一盤棋可以下好幾天。所以我到日本竟然發現：麻將比圍棋更流行！」

他接著談了圍棋與現代社會的關係：

「但是圍棋的訓練對我卻有另外的啓示。其一是『變』，沈君山先生曾告訴我：目前的電腦還不能處理圍棋中所包涵的許多變化。這使我想起佛家道家都曾揭示過的：人世間變化萬端，周流不居。其二是『慢』，這和當前的西方文明社會中的人生態度是相衝突的，慢的妙處在於沈思和品味。如果圍棋能在西方社會裏成為普遍的娛樂，可能會幫助許多人更深刻地體悟人生。」

金庸曾經拜香港圍棋高手爲師，而大陸的聶衛平，也是金庸的老師。金庸的業餘愛好不是太多，但也不算太少。

金庸對音樂可以說是情有所鍾。在《笑傲江湖》裏，金庸寫了劉正風與曲洋合奏「笑傲江湖」的故事，令狐沖與任盈盈也合奏過這一曲「笑傲江湖」，堪稱「曲盡歡暢」；而書中的「黃鍾公」，也是音樂的個中高手。《射雕英雄傳》裏的東邪黃藥師，對音樂也是情有獨鍾，一支玉簫，一曲「碧海潮生曲」，不時洋溢在書中。如果沒有音樂修養，金庸是寫不出這樣精緻美妙的故事情節的。

在接受杜南發採訪時，金庸對音樂發表過一番高見。他認爲：「藝術本身還是藝術，它並不追求什麼目的，只是追求一種美感」。文學藝術和音樂就是這樣，但有的文學理論家喜歡把善和美放在一起，總喜歡談論某一部小說對人們有什麼效果，那首音樂對人們又有什麼好處。有個笑話，說音樂可以陶冶性情，（坐在一旁的倪匡又笑出聲來，說樂聖貝多芬可是一個脾氣怪得透頂的傢伙）。對，貝多芬自己的性情卻一點也不好到哪裡。

「哈哈，所以，我覺得聽音樂只要覺得好不好聽就可以了，至於聽了之後你會變得好一點或壞一點，相信不會是音樂家作曲時想追求的效果。音樂是非常抽象的，一般交響樂究竟是要表現什麼，大概連作曲家自己也不知道。可是偏偏有人一直要去解釋，說貝多芬的第五交響曲是表現人對命運的奮鬥、抗爭；升C小調鋼琴奏鳴曲是表現月光的意境等等。其實它原來未必是那麼一回事，都是後人添加上去的。」

但金庸自己也承認，他的一席話只代表個人的看法：「音樂很抽象，人們給它添加上各種解釋，那也無所謂」，就像同樣一部武俠小說，各人有各人的看法。

除了喜歡音樂外，據說，金庸當年曾經一度喜歡跳芭蕾舞。金庸五十年代在《大公報》工作時，有一陣子幾乎一天也不間斷地去學習芭蕾舞。他的芭蕾舞水平究竟怎麼樣呢？

有一次報館舉行文藝演出，金庸一時來了興致，甚至穿上工人服，並化了妝，爲在場的觀眾即興表演了一段芭蕾舞。就金庸的體形而言，是不大適合於跳芭蕾舞的。金庸的身高是一米七五，跳芭蕾舞嫌高了一些，打排球或籃球又嫌矮了一些；兼之略微有些發福。但儘管如此，金庸仍然敢於去學習芭蕾舞，並敢於爲觀眾表演芭蕾舞。這說明，金庸不是一般人可以相比的，既然有這方面的愛好，就喜歡它，就學習，並力求有一定的水準。

《新晚報》負責人羅孚後來回憶說：「（金庸表演芭蕾舞）儘管在藝術上那是不合格的，卻能夠使人留下印象。」遺憾的是，芭蕾舞並不起源於中國；如果起源於中國，金庸說不定會在自己的武俠小說中描繪一番芭蕾舞的，一如他在筆下描繪的圍棋。

金庸與古龍

古龍（一九三七～一九八五），本名熊耀華，臺灣著名的新派武俠小說作家，縱橫江湖，指點江山，在短短的四十八年的時間裏，創作了大量的武俠小說，與金庸、梁羽生鼎足而三，人稱「武林」三大盟主。

相對于金庸和梁羽生而言，古龍出道得較晚，直到一九六一年，才正式涉足「江湖」，進入高手雲集的「武林」，出版了自己的武俠小說處女作《蒼穹神劍》；但他的早期作品實在是「武功平平」，並未進入「武林」高手們的法眼。倪匡也翻閱過古龍早期的一些武俠小說，並不以爲然，認爲古龍的作品可讀性不強，藝術價值也不大，不就是模仿金庸嗎？可古龍後來發憤創作，如同芝麻開花一樣，節節攀升，「武功」也日見精進。當倪匡讀到古龍的《多情劍客無情劍》時，他有點正眼相看了；再讀到「楚留香傳奇」系列和「陸小鳳傳奇」系列時，倪匡對古龍已經是刮目相看了。

有一年，倪匡到臺灣，認識了古龍。一來二往，倪匡很快就和古龍熟悉起來，也許是惺惺相惜，他們後來成爲至交好友，將對方引爲生平難得的知己。

幾位大俠碰頭在一起，自然是妙趣非凡，興味盎然，新聞就在他們的笑談之間不知不覺地誕生了，成爲武俠迷們津津樂道的話題。下面就是一則發生在金庸和古龍身上的趣聞軼事，而當時倪匡就在現場。

在港臺眾多的「武林高手」中，金庸儼然是一副大宗師的派頭。他雖然早在一九七二年就封筆不再從事武俠小說的寫作了，可他畢竟是一座巍峨高聳而又似不可逾越的高峰，壓得後來者幾乎要喘不過氣來，有人甚至斷言：「金庸之後無新派」。

古龍經過多年的拼戰廝殺，終於開闢出了一條屬於自己的康莊大道來，連金庸也認爲古龍不可小視，並熱忱地向他約稿。但在古龍看來，自己所建立的武俠小說創作的高峰，似乎離金庸尚有一段距離。這就成爲古龍心中的一個情結，一個「金庸情結」。而他的這種「金庸情結」，在《劍神一笑》裏得到充分的展示。

在《劍神一笑》（一九八一年）裏，古龍別有意味地加了一個篇幅很長的注釋，這個注釋涉及金庸、倪匡和古龍三位「大俠」。這個注釋是這樣的：

我，古龍，寫武俠小説已經寫了二十四五六七年，可從來沒有寫過「注」。可是我從小就很喜歡注，因為它常常是很妙的，而且很絕，常常可以讓人看了哈哈大笑，譬如説，有人寫到「××拔劍」之後，就有一個「注」，「此人本來已經把劍放在桌上了，等他吃過飯之後，又帶在身邊，所以立刻可以拔出」。每逢我看到這種「注」，就忍不住要哈哈大笑——還能怎樣？哭？「注」有時也可以把一個作者的心聲和常識寫出來，注出一些別人不知道而又願意知道的事，有時甚至就像是畫龍點睛，沒有這些畫龍點睛的注，整部作品都要相形遜色，「才子的眉批，也常類此。金聖歎之批四才子書，更為此中一絕」。

正因有這樣的考慮，結果古龍也寫了一個非常有意思的「注」，而這個「注」壓根就與陸小鳳無關，甚至跟他寫的這個故事都沒有絲毫關係，「可是我若不寫，我心不快，人心恐怕也不會高興」。在「這個鳥不生蛋」的「注」中，出現了兩個人，他們「大概比陸小鳳和西門吹雪的知名度還要高得多」，這兩人當然都是古龍的朋友，一個是金庸，一個是倪匡。

有一天深夜，古龍和倪匡一道暢飲美酒，同時也說了許多諸如「鳥不生蛋」等讓人哭笑不得的話。後來，古龍心血來潮，出了一個「連母雞都不生蛋」的上聯要倪匡對下聯。這個上聯是「冰比冰水冰」。冰一定比冰水冰的，冰融為水之後，溫度已經升高了。水一定要達到冰點之後，才會結爲冰，所以這個世界上任何一種水，都不會比「冰」更冰。古龍得意地說，這個上聯是非常有學問的，六個字裏居然有三個冰字，第一個「冰」字，是名詞，第二個是形容詞，第三個也是形容詞。想出了這樣一個絕妙的上聯，古龍開心至極：「我和很多有學問的朋友研究，世界上絕沒有任何一種其他的文字能用這麼少的字寫出類似的詞句來」。遺憾的是，上聯雖然有了，下聯卻不知在何處。古龍想不出下聯來：「比我（古龍）聰明得多」的倪匡也想不出。這或許並不是很奇怪，最爲奇怪的是，金庸聽到這個上聯之後，也像他平常思考很多別的問題一樣，思考了很久，然後只說了四個字：「此聯不通。」聽到這四個字，古龍開心至極，因爲他知道「此聯不通」的意思就是說：「我也對不出。」古龍調侃地說：「金庸先生深思睿智，倪匡先生敏銳捷才，在這種情況下，如果能有一個人對得出『冰比冰水冰』的下聯來，而且對得妥帖，金庸、倪匡和我都願意贈送有我們親筆簽名的著作二部，作爲我們對此君的敬意。」這個「注」，恐怕是所有武俠小說中最長的一個了。

在這個注釋裏，古龍的得意之情不覺溢於言表，他彷彿大大地勝過了金庸與倪匡。至於當事人怎麼講，我們最好還是來看看金庸的說法。

一九九四年，北京三聯書店推出了《金庸作品集》（一九九五年重印）。在每一集作品的前面，金庸都附有一篇《金庸作品集「三聯版」序》。在這篇序言裏，金庸矢口否認有過對聯一事：「有些翻版本中，還說我和古龍、倪匡合出了一個上聯『冰比冰水冰』徵對，眞正是大開玩笑了。漢語的對聯有一定規律，上聯的末一字通常是仄聲，以便下聯以平聲結尾，但『冰』字屬蒸韻，是平聲。我們不會出這樣的上聯徵對。大陸地區有許許多多讀者寄了下聯給我，大家浪費時間心力。」究竟有沒有對聯一事呢？恐怕除了當事人最爲清楚外，其他人都難以說清楚，因爲我們都是局外人。遺憾的是，他們其中的一位（古龍）已經「作古」了。

金庸會李敖

李敖是臺灣的一大怪傑，尤以敢於罵人、善於罵人著稱，有人稱之爲「六親不認，四面樹敵」。對於金庸，他又如何「罵」呢？

一九八一年，他寫了一篇奇文。論述「三毛式僞善」和「金庸式僞善」。他文章中說：「三毛式偽善，比起另一種偽善來，還算小焉者也。另一種偽善是金庸式的。金庸到臺灣來，有一天晚上到我家，一談八小時。談到他寫的武俠，我講胡適之說武俠小說『下流』，我有同感。我是不看武俠小說的，以我所受的理智訓練，認知訓練，文字訓練，中文訓練，無法接受這種荒謬的內容，雖然我知道金庸在這方面有著空前的大成績，並發了大財。

金庸風度極好，對我的話，不以為忤。很謙虛地解釋他的觀點。他特別提到了他兒子死後，他精研佛學，他已是很虔誠的佛教徒了。我說：『佛經大體上，無不以捨棄財產為條件，你這麼多財產在你身邊，你說你是虔誠的佛教徒，你怎麼解釋你的財產呢？』……

金庸所謂信佛，其實是一種『選擇法』，凡是對他有利的，他就信，對他不利的，他佯裝不見，……這種偽善，自成一家，就叫做『金庸式偽善』……看了三毛的例子和金庸的例子，我不得不說：那些基督徒或佛教徒，其實都是偽君子。」

對於李敖的當面批評，金庸沒有理會，事後也沒有加以理會。因爲他信奉的是「有容乃大，無欲則剛」；因爲他是眞君子，心底坦蕩蕩；因爲當年比這更厲害的謾罵污辱，他都經歷過了，又何必在乎李敖的批評？

第六章
大俠晚年　自在逍遙

退隱的生活

一九八三年八月二十八日晚上，圍棋大宗師林海峰與最近拜林海峰高徒王立誠爲師的武俠小說家金庸，在好友沈君山教授以及清華大學校長毛高文的邀約下，相偕到了清華園；與該校五十多位教授舉行了一場輕鬆愉快的座談。席間，沈君山談笑風生地穿針引線，讓金庸、林海峰分別暢談了他們的武俠文學生活和圍棋生活。

金庸在這次座談中說，他書中的大部分武術是想像的，只要合情合理，大致講得通就可以了。不過，太極拳、少林拳、武當拳有正式記錄，現在有很多人也會，盡可能照實寫來不加以改變。其他許多招式是我自己想像出來的（如《射雕英雄傳》中的「降龍十八掌」），傳統本來就沒有；有一些不是出自大名家、大派別的武功，也可以做一些變動。我不會武功，但武功主要是一種工具，屬於比較次要的層次。武功派別太多，不可能每種都會，想像大致合情合理講得通就可以了。

「我想借小說來反映人生，人生不一定善有善報、惡有惡報。人生其實很複雜，命運也是千變萬化。如果照一定的模式去描寫的話，就太將人生簡單化了。就如圍棋有定式，而人生沒有定式。以平劇來表現人生常是將人生定式化，平劇的藝術功能偏於教訓的意味，無法呈現真實的人生實境；而且對唱功、做功這些形式藝術特別講究，平劇的故事則將人生太定式化，反映人生不夠真實。

將武俠小說拍成電影有實際困難，因為小說和電影是兩種不同的傳播媒介。看小說，普通讀者是依賴小說所呈現的與自己的想像力結合起來創造人物與故事，每個人創造出來的結果其實不盡相同。拍成電影、電視，形象固定以後，觀眾會覺得不滿意。原本可以想像男主角如何英雄，女主角如何漂亮，影像出現後，不能如想像那麼好，就會有些失望。還有一個原因，小說沒有限制，喜歡怎麼寫就怎麼寫，而電影表現限制很大，如時間限制、空間限制，有些小說呈現的情節，在電影手法上是做不到的。

至於武俠小說中出現的圍棋，其實也不是很高明，這主要是因為我圍棋太差的緣故。我寫圍棋，主要是根據舊譜，尤其是宋代傳下來的棋譜。

我塑造的人物，都憑想像，大致沒有一個或幾個人物的個性在腦子裏。如我寫的郭靖，生活中沒有碰到過這樣一個人，是我想像的中國男子漢大丈夫的形象，不是我事先碰到一個人來描寫，是一個理想，偶然過了很久突然碰到一個（指圍棋大師林海峰）。

為什麼寫了《鹿鼎記》以後就不寫了呢？主要是正好有許多偶然因素，個人的事情也比較忙，在這方面的興趣也減淡了，我自己學習研究的興趣轉移了，後來經濟狀況也比較好了，範圍也比較廣了，各種因素加在一起。當然，再寫下去，自己再要有新的突破也比較困難。」

早在一九八五年，金庸就有出售《明報》的念頭。這一年，他曾與世界著名的報業大王、澳洲墨多克有過接洽，當時，墨多克願意出十一億港元，由自己名下的香港老牌英文報社《南華早報》全盤收購《明報》。後來，因爲一些原故，此事告吹了。

之後，麥克斯韋爾的《鏡報》集團、新加坡的《聯合早報》集團和日本的《東京時報》集團等，都跟金庸洽談過購買《明報》一事，但金庸不忍心將自己辛辛苦苦創辦的《明報》賣給外國人；權衡再三以後，金庸最後選擇了香港智才集團。一九九一年十二月十一日，金庸與香港智才集團董事會聯合宣佈，智才收購《明報》的計劃初步實現。一九九二年二月，金庸將自己一手創辦的《明報》大權交給與他多年共事的于品海。

金庸之所以如此而爲，是有他自己精心考慮的。于品海當年還不到四十歲，年富力強，既有報紙工作的實際經歷，也有管理報業的出色才幹，而且處事也比較穩健。于品海生於香港，一九七六年赴加拿大讀大學，一九七九年返回香港，曾在《明報》名下的《財經日報》做過翻譯和編輯工作。一九八五年，他成立了香港智才公司，自成一派。于品海承認：「金庸領導下的《明報》，在香港的江湖地位是數一數二的」；他也明確表示：「我可以肯定地說，我們不會干預《明報》的編輯方針」。金庸是個穩健的人，他當然不願意《明報》擔風險，于品海一再聲稱：「金庸是文化人，不願看到《明報》擔風險。」談及金庸在《明報》的地位，于品海說：「我雖然也做過新聞，但與一個做了幾十年的人相較，我拍馬也追不上……我們希望他能繼續處理報社工作，特別是處理編輯和採訪部門的政策」。看來，在短期內，金庸對《明報》還是具有一定的影響的。

一九九四年一月一日，金庸完全退休了，眞的實現了「退出江湖」的願望。在《明報》集團，金庸還保留了百分之二十五左右的股權，他計劃分批出售到一九九六年底。爲什麼要這樣做，金庸自己是這樣說的：「我不可以在市場一次就拋出，這會壓下股價，對公司不起，對我自己，對智才都是不好的。這樣的安排和政治絕對無關。我的住宅正在翻新重建，花費不少，如果我對九七不樂觀的話，就肯定不會重建我的舊房子了，花一大筆重建費用就很蠢了。」

作爲《明報》的創始人，親手將《明報》賣出去，金庸的心情是很複雜的，一種蒼涼感不免升騰在心中。金庸在答記者問中這樣說道：

「捨不得。我剛翻看《明報》的舊照片，眼淚都流出來了，有些舊同事已經去世了，真是捨不得。對於《明報》的舊同事，我有很深的感情。于品海先生加入的時候，我很明確的向他表示過，『有容乃大，無欲則剛』這八個字仍然適應於以後的《明報》辦社方針。《明報》的信譽就是《明報》最大的資產，《明報》的編輯方針是絕對不能變的。于先生是很聰明的人，不會這樣做，是可以信任的。你們知道得最清楚了，于先生並沒有干預《明報》的編輯方針。事實上，《明報》不但銷量創下了三十四年來的記錄，廣告創了記錄，股價也創了記錄，我還有什麼不滿意呢？退休完全是年紀問題，如果我是和于先生一樣大的話，就絕對不會退休，給我十倍價錢也不會出售《明報》股權。」

在短文《第三個和第四個理想》裏，金庸是這樣表態的：

「每個人的理想各有不同。對於我，第一個理想是，少年和青年時期努力學習，得到相當的知識和技能。第二個理想是，進入社會後辛勤發奮，做幾件對自己、對別人、對社會都有利的事。第三個理想，衰老時不必再工作，能有適當的物質條件，健康、平靜、愉快的心情和餘暇來安度晚年，逍遙自在。第四個理想是，我創辦了《明報》，確信這事業對社會有益，希望它今後能長期存在，繼續發展，對大眾做出貢獻。」

金庸所提的這四個理想，他都實現了。金庸，堪稱是功成身退。金庸退出《明報》集團後，可以享受一下無官一身輕的滋味了，他追求的就是逍遙自在、瀟灑自由的人生。金庸說：

「我最佩服的便是范蠡和張良，功成身退，飄然而去。我所寫的武俠小說中的男主角，陳家洛、袁承志、郭靖、楊過、張無忌、令狐沖、韋小寶，都是大吵大鬧一番後悄然歸隱的。」

但金庸並不是眞的就不做一事，他只是想安心做一些自己原來就想做而一直未做的事。他之所以賣出《明報》，其中一個原因是他將要去英國牛津大學做訪問學者。

原來，牛津大學的聖安東學院和中國研究所分別選他爲「訪問院士」，投票分別在一九九一年十月三十日和十二月五日舉行，經過討論，一致通過選聘金庸爲「訪問院士」。

對於金庸而言，這是莫大的榮耀。金庸說：

「事先我擔心不被牛津大學選上，選上後我覺得很光榮。我在中學就夢想能到牛津或康橋大學去讀書，這個夢想不能實現，常常覺得乃終生遺憾。現在能以相當於教授的資格去講學、研究，高興得很，覺得這個機會不能放棄。如果可能的話，後年我還想去康橋作些研究。學術上要真的做出成績出來才行。」

他還答應于品海，到英國牛津後，會通過電話和傳眞的方式，繼續爲《明報》寫稿，和報館保持聯繫，領導編輯部的工作。

在英國，金庸寄寓於幽雅而美麗的牛津大學城。這裏的環境極其幽靜，而學術空氣又特別濃厚；比之香港的喧嘩嘈雜、車水馬龍來，簡直是不可同日而語。在大都市香港辛苦勞碌了幾十年的金庸，終於找到了一處像聖地那樣清幽的地方，酬其終生神馳的牛津、康橋之情。在牛津大學，金庸的身份是訪問學者，他主要從事學術研究和文化交流，偶然也給學生講課。他講授的大多是中國歷史和文學，但學生們最感興趣的還是香港問題。每當金庸講到香港問題時，整個教室就被擠得水泄不通。

在一次講演中，金庸談到他對香港的看法：

「對大部分老百姓來說，對從事經濟活動的人來說，對店東、銀行家、經理、製造商、會計師、秘書、地產發展商、商人和投資者來說，無論他們是億萬巨富還是街頭小販，在一九九七年之後的香港，都可以生意照做，工作如常。由於香港的自由經濟符合中國的最佳利益，符合共產黨的最佳利益，符合中上層官員和他們子女的最佳利益，所以，他們在經濟上，會很樂意、很合作地讓香港人一切不變，以符合香港人的最佳利益……」

雖然遠離東方而身處歐洲一隅，金庸仍然關注著中國和香港的情況。遠去英倫之時，他推崇的領導人鄧小平，正在中國大陸發表「南巡講話」，並由此而引發了中國大陸的又一輪經濟熱潮，海內外爲之矚目。

金庸，沒有忘記自己的中國人身份，背負的是一個偉大民族復興的重任，哪怕自己貢獻的只是一粒螢火。金庸是一個赤誠的愛國者，他雖然退休，可仍然與祖國心心相印，無時不在關心著祖國的發展，奉獻著自己的一份愛國心。

一九九三年三月，在張浚生的陪同之下，金庸赴內地訪問。在首都北京，中華人民共和國主席、中共中央總書記江澤民接見了他。回到香港後，金庸寫了一篇長文《北國初春有所思》，全面記述了他的這次訪問，也表明了他的政治立場。

在北京期間，丁關根在釣魚台國賓館設宴宴請金庸，特地邀請聶衛平作陪。宴會上，丁關根問聶衛平：「你有幾個圍棋弟子？」聶衛平答：「最好的是馬曉春，但眞正拜過師的只有查先生一位。」丁關根說：「你怎麼叫徒弟查先生？」聶衛平回答說：「我崇拜查先生的小說，他的年紀又比我大得多，我們是兩頭大。」丁關根接著又問：「查先生的圍棋在香港是不是最好？」聶衛平沈吟了半晌，才說：「在香港知名人士中第一。」惹得眾人一陣大笑。

金庸很謙虛，他自己就承認，即使在香港知名人士中，他的圍棋水平也不是最好的。在金庸的武俠小說中，有時也會出現下圍棋的場面（如《天龍八部》），顯示出作者對圍棋的熟悉。現實生活中的金庸，確實是一個圍棋愛好者，不過段位不高，司馬長風戲稱金庸爲「圍棋聞人」。

早在五十年代初期，金庸跟梁羽生是同事，兩人下班經常在一起下圍棋，互相切磋圍棋技藝。在正式拜聶衛平爲師之前，金庸還曾經拜過幾位圍棋高手爲師。一九八七年，他特意邀請陳祖德入住查府，一住就是幾個月，爲的是能借此機會向陳祖德問師學藝。據說，金庸在太平山上的寓所一般是不輕易接待外來人員的。當然，對於聶衛平這樣的老師，金庸的寓所是「大門洞開」的。

晚年的金庸潛心於佛學的研究。爲了能讀懂佛經，他還粗通了世界上最難的文字之一的梵文。在金庸的大書房兼客廳裏，四壁都是書籍，而大部分赫然就是有關佛學的書籍，各種語言文字的都有，一整套《大藏經》，已經被金庸讀完了大部分。

有人說，佛經裏是遍地珍寶，不懂的人等於跟寶庫之門擦肩而過，而當一旦進去以後，就可以發現，這是一個絢爛的世界。當然，這需要緣分。張大春在《金庸談藝錄》中記錄過金庸與佛學的關係，其中既有與佛家的因緣，也有對佛學的研究。

張大春在訪談中一連提了好多問題，其中關於佛學的是：至於人如何去知道命運，或者知道因和緣呢？人又如何知道何以有爲，以及如何有爲呢？座中一位先生也提了這樣一個問題：「知識」在佛家的哲學裏扮演什麼樣的角色呢？

「這就涉及到宗教性與世俗性的分歧這一點上了。」金庸回答說：

「越談越玄了，好像？——佛家有兩種看似相互矛盾，實則只是落腳的層面不同的說法。所謂『八正道』，也就是八種落實於生活的方式，其中第一條路就是『正見』：求得正確的知識以及見解。佛家不像基督教，強調人的『罪』。卻認為人所犯的錯誤不過是出於『無明』而已，人因為不能求得正確的見解，所以會犯錯誤。但是另一方面，佛家又要人袪除『所知障』。當人生在世數十年，接受各式各樣的見解和經驗之後，總會有所執和堅持。如果人想得到最後的真理，勢必需要拋棄所有的成見，那時知識可能只是障害了。……西方的哲學傳統裏對知識是相當重視的。柏拉圖也曾認為追求知識就可以完滿地解決人生問題。發展到康德，有一部分的理念就和前面所提及的佛家『去所知障』的精神相近了。康德認為人永遠不可能接觸到真正的智慧和真理，它和人類的語言及思辨能力是相抵觸的，知識亦無能為力。康德只作如是說，並沒有進一步地說明。而在佛家則進而用打坐以及默想以接近真智慧。禪宗尤其主張如此。這就是屬於宗教的問題了：信則是；不信則否。哲學哲學家當然是不容易接受的。佛家基本上認為一切哲學的解釋，總是片面的，也就是有限的。」

爲了使人更好地理解他的這番話，金庸講了這樣一個故事：

「有人問佛祖：宇宙是有盡是無盡的？是有限是無限？人死後會如何？問了十四個類似的問題，釋迦牟尼都不回話。這是著名的『十四不答』。這些問題獲得不同的解釋，卻終不能有答案，提問便是無稽的。釋迦牟尼還作了個比喻：有人中了毒箭，這時去研究那箭身的質料為何，研究那箭羽的種類為何，研究那射箭人狀貌如何；諸如此類皆無關宏旨，重要的是怎樣去拔出毒箭，救出一條性命。……唉！我已經『說』得太多了，個人於佛，只是初學，修習的是較古的原始佛教。其實人人學佛各隨性分不同，而有不同的『法門』的，有人學佛是為了研究學問，宗教的意味就淡了；有人修佛是為了信仰，即使不能讀很多經典，只要一旦開悟，也有所得。」

金庸顯然是不準備多說什麼，無語因緣，聽者已經會心，已經微笑。這就已經夠了！

雖然研究佛學、閱讀佛典，可金庸並沒有接受佛家的無爲學說，相反，他是積極進取。事業上的金庸，無疑是非常成功的。他一手創辦了《明報》，並使《明報》成爲香港的三大報紙之一，他自己也借此成爲報壇的一代傑出人物；他提筆撰寫武俠小說，並借此成爲新派武俠小說的一代宗師。與之相聯繫的是，金庸不但有「名」，而且有「利」。《明報》集團一九九〇年度的盈利高達七千萬元，到一九九一年時，已是接近一億元。而金庸個人的財富，據估計已經超過六億元。在一九九一年《資本》雜誌編輯的《九十年代香港華人億萬富豪榜》上，金庸名列第六十四位，沈寶新名列一百一十二位。

金庸的好朋友倪匡嘖嘖稱讚：「查良鏞是中國五千年來第一個致富的知識份子。除了傳說中的陶朱公外，能夠同時成爲大儒和富翁實在絕無僅有。做生意當然會惟利是圖，但這不一定會與良知發生衝突，因爲賺錢不是壞事，做好事也可以賺錢。查良鏞是一個有知識和商業才能的人。」

金庸有一陣子想到杭州頤養天年，希望能在西湖邊建一幢小屋，以滿足自己對故鄉的依戀和思念之情。故鄉以極大的熱情歡迎這位家鄉人，浙江省政府、杭州市政府作出特別決定，特批給他幾畝地，而地段就在風景迷人的西湖邊上，旁邊就是西湖畔洪春橋邊的「茶人之家」。金庸也就在西湖構築了居所，那是一間園林式的小舍，但後又將它捐獻給了當地政府。他最理想的晚年生活方式是閱讀史籍、研究佛經，偶然也與年輕人聊天，或者外出訪問、講學。至於居住地點，則沒有特別的講究。

一九九四年四月一日至十日，應浙江省省長萬學遠的盛情邀請，金庸夫婦在新華社香港分社副社長張浚生夫婦的陪同下，回到了浙江，金庸夫婦這次回歸，在浙江引起了不小的轟動。在金庸的家鄉，有數不清的金庸迷正在等著他，由於跟金庸多了一層同鄉關係，他們對金庸更多了一分親切感。

在家鄉的金庸，事務還是很多的。四月三日，金庸捐款三百萬元修建的嘉興圖書館落成，在圖書館，金庸展紙磨墨，揮毫留言：「感我桑梓，賜以嘉名，願盡菲薄，助振斯文。」嘉興市人大常委會主任許過楨特意授予金庸「榮譽市民」稱號，緊接著，嘉興市市長杜雲昌聘請他做嘉興市人民政府的「高級顧問」。杭州大學也授予他「名譽教授」的頭銜。

之後，金庸到桐鄉烏鎮遊覽，特意參觀了茅盾故居。當看完一代文豪的生平事跡展覽後，好心的講解員請金庸爲紀念館留言。金庸微笑著說：「在大文豪家裏是不能留墨寶的。」說是不留「墨寶」，其實金庸在茅盾故居也留下了他的「墨寶」，寫下了「一代文豪寫子夜，萬千青年誦春蠶」的題詩。

在紹興蘭亭的曲水流觴景點，金庸豪情勃發，連飲了兩盞紹興黃酒，喝完之後，他說：「我不會喝酒。」走到康熙皇帝御筆親題的「蘭亭碑」前，講解員提到了「一」字的典故，微帶醉醺的金庸，立即引用了《鹿鼎記》中韋小寶的一句話：「只有這個『一』字一模一樣。」在沈園，金庸盯著一株紅白相間的桃樹，脫口就吟出了陸遊沈園三首詩句中的「曾是驚鴻照影來」。

四月四日下午三時左右，金庸來到了母校——嘉興一中。面對著這些孫兒輩的學生，金庸又想起了當年自己在這裏讀書的情景，而眼前這些天眞爛漫的孩子們，他們也會漸漸長大，等待著的命運又將是什麼呢？他心情激動，親切地稱這些小小年紀的學生爲「小師弟」「小師妹」，「在我的小說裏，大師兄對小師弟、小師妹是很愛護的，他們如果有什麼困難，大師兄一定會冒著生命危險去救他們的……我不敢這樣承諾大家，事實上爲一千多人去冒『生命危險』大概做不到，但我心裏眞的很喜歡你們，很愛護你們，希望常常做好朋友」。金庸的一席話換來了滿場的激昂情緒，氣氛一時更加融洽，連金庸自己都忍不住眼角淚光閃爍。在接受記者採訪時，他說：「我到這兒來，心裏感到很溫暖，很興奮，這裏是其他任何地方都及不上的。」

有記者問金庸：「你書中哪一個男主角最像你，你最像哪一個？」金庸十分認眞地回答說：「我肯定不是喬峰，也不是陳家洛，更不是韋小寶……因爲我做事是畢竟嚴謹的，不可能會這樣瀟灑風流，況且我不會武功……」

在嘉興高等專科學校，金庸對學生講了一番娓娓動人、言辭懇切的話：「不要說這個工作將來出路廣，那個工作賺錢多；這個工作升級快，那個工作將來可能有發展餘地。這些都不是考慮的條件……如果你選擇的事情，爲了出路好一點，賺錢多一點，地位高一點，可是你根本就不喜歡，覺得很沒意思，很痛苦，這樣每天還要去上班，你就會覺得很痛苦，心裏不願意去」，相反，「如果你選擇了一個自己喜歡的職業的話，你每天上班就是一種享受。那麼，你的工作跟娛樂，跟快樂，跟幸福完全結合在一起了……這樣做人是很開心的，很幸福的，而且對社會，對國家都會有貢獻的」。這是金庸的金玉良言，也是他人生的體驗與感受。

他後來又去了「海天佛國」普陀山，並虔誠地獻上清香一瓣；在寧波北侖港，金庸迎著海浪歡快地嬉水；在河姆渡文化遺址，遙想著遠古洪荒年代的人類祖先。

最爲有趣的是金庸在家鄉的簽名。當金庸在杭州、嘉興等地出現時，許多熱情的讀者捧著一本又一本金庸的武俠小說來求他簽名。目光敏銳的金庸一眼就看出，這些所謂的「金庸作品」，都是盜版本。但爲了不掃讀者的興致，他還是簽了一兩本。求字者幽默地說：「除了金庸先生的簽名，其他都是假的。」大度的金庸不失大俠風範地回了一句：「如果沒有那麼多的盜版，我的書還會有那麼多的讀者嗎？」在故鄉，短短的幾天飛速而逝。金庸，又離開了故鄉，啓程到臺灣，到新加坡。

一石激起千重浪

一九九七年，金庸與上海雜文家劉金展開了一場筆戰。劉金依據一些道聽途說的材料，寫了一篇《向金庸先生進一言》，發表在十月二十一日出版的《文匯報》上，他在文中肆意歪曲醜化金庸和金庸的武俠小說，說金庸在爲歷史上的賣國賊（如秦檜）翻案，其目的是在爲賣國賊歌功頌德。對於別人寫他的文字，金庸從來就不多說，千秋功過，自有評說，白紙黑字，寫得清清楚楚。但這一次的金庸，再也不能坐而不聞了，他立即挺身而出。

隨後，金庸在上海《文匯報》（十一月二十日）上也發表了一篇文章《論岳飛與秦檜》，這篇文章後來被《新華文摘》一九九八年第二期全文轉摘。金庸在文中引經據典（傳世的歷史典籍和自己的武俠小說），針鋒相對，澄清事實，說劉金的文章的材料若非自撰，便是依據一些道聽途說的台港澳的誹謗材料，完全靠不住，自己從來就沒有改變過自己的觀點，從來就沒有爲賣國賊歌功頌德過，書中所述民族正義感，從來也沒有改變過。

金庸在文章中說，他研究歷史主要是依據《史記》、《漢書》、《新唐書》、《舊唐書》、《宋史》等「信史」，更不用說兩宋以下的歷史了。在所有的史書中，金庸說他讀得最多、領悟最深的要算是《資治通鑑》了。他一生受《資治通鑑》的影響最大：「《資治通鑑》令我瞭解中國的政治模式，差不多所有中國人都按這個模式。」

對中國的歷史與文化，金庸有著深刻而獨到的見解和把握。他的武俠小說，都以歷史為背景，而其中包含的洞見，並非尋常凡夫俗子可比。在《金庸作品集（三聯版）序》裏，金庸這樣寫道：

「歷史上的事件和人物，要放在當時的歷史環境中去看。宋遼之際、元明之際、明清之際，漢族和契丹、蒙古、滿族等民族有激烈鬥爭；蒙古、滿人利用宗教作為政治工具。小說所想描述的，是當時人的觀念和心態，不能用後世或現代人的觀念去衡量。我寫小說，旨在刻畫人性，抒寫人性中的喜愁悲歡。小說並不影射什麼，如果有所斥責，那是人性中卑污陰暗的品質。政治觀點、社會上的流行理念時時變遷，人性卻變動極少。」

一九九四年八月二十五日，《中國青年報》發表了這樣一篇文章：《〈二十世紀中國文學大師文庫〉出新奇，金庸可能當大師》。此文一出，堪稱「一石激起千重浪」，迅即被各種報刊轉載，其反響的強烈程度令人始料未及。

老牌的《讀書》雜誌評論說：「國內文學界感到愕然，產生頗多爭議」；《中華讀書報》則稱，這次評選「顛覆教科書，石驚文壇，金庸列二十世紀文學殿堂之四，茅盾被逐出大師之門，尤令文壇慨然」。甯文在《作家報》（一九九四年十月一日）上撰文《〈二十世紀中國文學大師文庫〉重排名次》，評說這套文庫。陳遼也在《文藝報》（一九九四年十月二十二日）上發表《且說「文學大師」》，對排名提出了異議，認爲「茅盾落選，這就値得商榷了」，「將沈從文排在第二位也並不恰當」，而金庸的武俠小說「品位較高，擁有眾多的讀者」，「但作爲通俗文學作品，金庸的成就和影響，還不能與創作了《啼笑因緣》、《八十一夢》等一百幾十部長篇小說的現代通俗文學家張恨水比並」，把金庸排在老舍的前面，「很不合適。老舍的《駱駝祥子》、《四世同堂》、《茶館》的藝術成就和影響力難道還及不上金庸？」老作家彭荊風也出來「捧場」，他的《排排坐吃果果》發表於一九九四年十一月二十六日的《文藝報》上，他在文中對這套書的排名也提出了異議，他說：「我不明白茅盾先生的作品比之那些榮列金榜的人，有哪些不純？」「這些對茅盾先生都不瞭解的人，也來重論大師，能有幾分可信性？」

但不管怎麼樣非議或異議，《二十世紀中國文學大師文庫》終於出版了，並且是按照編選者的本意出版的。該叢書的「小說卷」列入了九位作家，他們依次是魯迅、沈從文、巴金、金庸、老舍、郁達夫、王蒙、張愛玲、賈平凹。顯然，金庸排在九位大師的行列，並且高居第四位。「文庫」所編選的是金庸的《射雕英雄傳》的兩章：《江南七怪》和《黑沼魔女》。

「小說卷」的主編是王一川。他是四川大學的本科生，北京大學的碩士，北京師大的博士，後在英國進行博士後研究，回國後任教于北京師大中文系，是該校年輕的教授。他與其他卷的主編和編輯人員一樣，力圖重新梳理中國現代文學史，重新建立新的研究格局。這就牽涉到作家和作品的重新評價和定位問題。

他們認爲，比學術論文和專著更簡捷、更有效地表達自己的想法，又能與大眾沒有隔閡地進行交流，其途徑莫過於編一套文選了。因爲文選可以直接告訴讀者，誰的作品最好，爲什麼最好？王一川說：「這樣的排列畢竟有其誘惑力，因爲它簡捷、清晰而嚴格，利於一目了然地澄清以往的迷霧。」當然，對於如此而爲的弊端和所冒的風險，他們也是了然於心的：「本世紀出過並且正在出現許多的小說家，其中稱得上大師的人何止一二？而我們又只能排出爲數過於有限的十家左右『一流大師』，這無疑令人遺憾又讓人爲難。」

撇開名頭之爭，眞正做到雅俗共賞，這無疑是極大的成功。王一川闡釋說：金庸作品的特點是用通俗的手法表現極深的意義，情節雖然荒誕，但寫出了中國古代文化的魅力，對儒家、釋家、道家、兵家等古典文化有了重新考察和建構，刻畫了當時的人性，而且作品體現了人的理想性格，金庸與別的武俠小說作家不同的是，他靠的是文化。

本來，「文庫」反映的是編選者的眼光和學識，仁者見仁、智者見智，各人有各人的看法，這本無可厚非，也是正常的舉動；而「文庫」本身昭示的只是一部分人的看法，並不是說「只此一家，別無分店」。但「文庫」一出，仍然鬧得沸沸揚揚：贊成者有之，反對者有之；欣賞者有之，非議者有之。有人甚至這樣說，這些人是爲了撈取名利，意圖是「暴得大名」。參加文庫的編輯，都是經過嚴格的學術訓練的學院派學者，並且大多小有名氣，而所依靠的是厚重扎實的學術專著，並不存在依靠這套文庫來暴得大名一說。至於「利」，也是不存在的問題。一套印數萬餘的叢書，能有多大的賺頭呢？

實際上，正當有人爲「金庸第四」而大表憤慨之際，許多讀者卻非常興奮，因爲在他們的心目中，金庸早就該有公正合理的評價了。作家與作品的評價，不外乎思想性、藝術性以及社會影響，而金庸的作品，達到了雅俗共賞的至高境界，因爲它們對歷史和文化、對人性和人生極具象徵性和現實性，並且富有較高的思想性和巨大的藝術感染力。說句老實話，金庸作品所達到的藝術境界和思想境地，許多所謂的「名作」是難望其項背的，否則，就無法解釋金庸小說何以如此地深入人心這一文化現象。

王一川沈得住氣，不吭聲不出氣，一場爭戰也就逐漸地平息了。而金庸呢？他仍然保持著自己一貫的謙遜風格與豁達胸懷，坦然而平靜地面對這場筆墨紛爭，這也使一些火藥味甚濃的文字漸漸地煙消雲散了。

毫無疑問，《二十世紀中國文學大師文庫》的出版是意味深長的。它表明大陸文壇已不再用「成人的童話」這樣含混不清的用語來評價武俠小說了，同時它也表明作爲文學意義上的金庸，終於被認可了。

北大講學記

一九九四年十月，金庸到了北京大學，接受北京大學授予他的名譽教授頭銜。金庸進入北京大學，是由法律系教授蕭蔚雲先生介紹的。他們是多年的好友，曾經是香港基本法起草委員會的同事。但頗爲奇特的是，蕭蔚雲本人從來就不讀金庸的武俠小說。據說，金庸曾經打算饋贈他一套作品集，蕭蔚雲卻以不便攜帶爲由婉言謝絕。回學校後，蕭蔚雲談起這件事，同事們都深感惋惜。

在授聘儀式上，北京大學的嚴家炎教授做了一個小型報告《一場靜悄悄的文學革命》。這篇講話後來刊登在香港《大公報》上，隨即被國內的《參考消息》轉載。

嚴家炎先生是我國最負盛名的現當代文學專業博士生導師之一，雖然不善言辭，表情平淡，但學養深厚，成績卓著，頗得學人的尊重。他在八十年代初讀到金庸的作品，後來多次在國外講學，瞭解到金庸的武俠小說在華人圈子裏有巨大的影響。在美國舊金山「中國文化中心」講學時，主人力請嚴家炎講一講金庸，於是，他便談了金庸小說的藝術性，從而也就開始了對金庸武俠小說的專業性研究和探討。就在這前後，他趁在香港講學的機會，和金庸見面；金庸熱忱地贈送了一套裝幀極其精美的香港版《金庸全集》，令他愛不釋手，回來後即重新閱讀。之後，大學者嚴家炎就和大作家金庸結下了不解之緣。

金庸這次到北京大學，他很謙虛，也很大度，自稱此行是「班門弄斧，蘭亭揮毫，草堂賦詩，北大講學」。金庸這次來北京大學，事先並沒有做大肆宣傳，但消息很快就傳遍了北京大學的各個角落，人們奔相走告。在北京大學的師生中，金庸迷是多如牛毛。

一九九四年十月二十七日，北京大學辦公樓禮堂。一千餘名興致盎然的大學生，在這裏聆聽金庸的演講，並就中國歷史文化、武俠小說創作等問題進行了對話。金庸剛一露面，大家情不自禁地熱烈鼓掌，經久不息。這掌聲，是發自內心的掌聲。金庸見狀，很是激動。事後，有人問起他這次來京，感受最深的是什麼，他說：「這個大家應該猜得到的，受到這麼多同學的熱烈歡迎，我非常高興，也很感激，我這一生都不會忘記。」金庸的一番演講結束後，接下來是自由提問。金庸侃侃而談，機智幽默，妙趣橫生。不妨在此加以節錄，與讀者共饗：

問：你的小說主人公都是以義為重，那麼你是否也認為生活中「義」最重要？

答：我想「義」是中國道德觀念中的一部分。中國的傳統道德包括忠厚、仁愛、信義、和平。所謂忠，意思是忠於國家，你是黨員，要忠於黨，你是政府工作人員，要忠於政府，忠於自己的工作；孝，就是孝敬父母；仁，就是人與人之間有合理的關係，對人有愛心，有慈悲心；義，大致是對朋友而言，孟子認為義就是合宜，就是給自己找一個合適的位置。

俠義小說講義是有歷史背景的。當時在江湖上流浪的俠士，沒有家庭可依靠，沒有固定的生活來源。正如人們常說的「在家靠父母，出外靠朋友」。這些俠士的主要依靠就是朋友，他們的生活來源靠朋友的支援。他們要對付其他集團的欺凌，對付政府中貪官污吏的壓迫，就更需要朋友的幫忙，只有團結朋友才是他們唯一的抵抗力量。

要團結人，就要注重「義」。你要肯於犧牲自己、幫助人家，人家才能夠信任你、幫助你。大家為一個共同的目標來做事，甚至犧牲性命。所以在俠義小說中，這個「義」字佔有非常重要的地位。

不僅小說如此，在中國傳統道德中，義也是很重要的。義是我們中華民族團結、壯大、發展的重要因素之一。

西方人的主要想法是求助上帝的，他們的觀念是向天的。就是說個人向上帝負責，上帝愛我，我可以去死。中國人的想法則是橫面的，是對人負責的，遵從人際關係的，孔子所謂「仁」，就是指人與人之間合理的關係。

西方只對上帝負責，所以人世間什麼事情都可以去做，個人主義特別發達。而中國尊重人際關係，所以崇尚群體，對人世間的事情有選擇地去做。

當然，這兩種不同的文化精神都有缺陷。西方強調個人主義，其社會政權特別容易混亂，當每個人都把自己的利益看得特別重的時候，就會鬧矛盾、鬧分裂。許多西方文明就是這樣逐漸衰落的，甚至消亡了。中國人強調人際關係，注重和平，因此我們的人民容易團結，社會秩序比較好。當然，我們也有一些缺點，個人的權利往往遭到扼殺，個人的意見、個人的福利往往不被重視。我想，將來西方文明和東文文明相互融合，彼此過於偏激的地方得到削減，人類就可以平衡地發展了。

問：你的小說主人公對女人都很傾心，你是否認為愛情應該專一？

答：這個問題許多年輕同學都很關心。我對這個問題並沒有什麼特別的看法。我的小說描寫的是古代社會，古代沒有規定一夫一妻的，所以我寫《鹿鼎記》中的韋小寶就有七個老婆，有些女讀者，包括我的太太，都不喜歡這部小說，原因就是韋小寶有七個老婆。其實這是反映了那個時代的特點。而《神雕俠侶》中的楊過，很多女孩子都很喜歡他，但他自己卻鍾情于小龍女，而且專心不二。我覺得這是我的理想，能否做到不清楚，總之應該是這個樣子。我在《笑傲江湖》中還寫了一個人物叫令狐沖，他本來很喜歡他的小師妹，而且專心地愛著她，可他的小師妹並不喜歡他，另外嫁人了，後來小師妹死了，他就和別人結婚，這是沒有辦法的事情。這對令狐沖來講，不能算不專心。作為我個人是非常希望、非常鼓勵青年男女從一而終的。假如一對年輕人青梅竹馬、一見鍾情，而後喜結良緣、白頭偕老，這大概是人生最愉快、最幸福的事了。當然人世間多有變化，愛情並不一定總是理想的，但我還是要講，既然你愛上了一個人，就專心地去愛他吧！

問：你筆下的英雄是不是有自己的身影？

答：我寫了許多不同的英雄，我自己不可能化身在這許多英雄之中，我的目的是盡可能寫出不同的人。

當然，作家的創作要想全部拋開自己的個性、自己的想法是不可能的。自己的個性和想法總是會不知不覺地反映到作品之中。但這並不是說我就如同作品中的英雄那麼好，那樣厲害。作家的想法常常是「希望這樣」，而不是「就是這樣」。如郭靖、喬峰這些英雄，我在寫他們的時候，就很佩服他們，令狐沖也很瀟灑。我自認為我自己就做不到。總之，作家是在作品中寄託了自己的理想。

問：能否談談你在小說中描寫的民族心理？

答：這是個多民族的國家，雖然歷史上是以漢族為主角的，但也曾出現過多民族輪流坐莊的局面。無論哪個民族主持著這個大局，最終總是融化在中華民族這個大家庭裏。中華民族大家庭是溫暖的、和睦共處的。

我的第一部小說《書劍恩仇錄》主人公陳家洛的兩個愛人都是回族，最後一部小說《鹿鼎記》主人公韋小寶到底是什麼民族就不知道了，他媽媽交往的男人很多，漢、滿、蒙、回、藏等民族的人都有。所以說不清韋小寶是哪一族人。《白馬嘯西風》寫了一個漢族的女人愛上了一個回族的男人，同時又寫了一個回族的女人愛上了一個漢族的男人。《天龍八部》主角喬峰是個契丹人，而他的愛人則是漢族人。我之所以這麼寫，就是為了表達各民族團結和睦的關係。

問：你最喜歡自己的哪一部小說？

答：我說不出。我在寫每部小說的時候，都是很投入的，寫出的人物就好像是自己的兒女一樣，當然其中有的水平好一點，有的水平差一點，但確實很難分出哪些喜歡，哪些不喜歡。其實每個人看小說，得出的感受都是不相同的，常言道：「青菜蘿蔔，各有所愛」，說明的就是這個道理。幸虧人們的感受是多樣的，否則愛就會受到局限，正如男女同學相愛，應該是互有所求，各取所愛。但假如大家只喜歡一個，那不就糟糕了嗎？

問：你寫《笑傲江湖》的意圖是什麼？

答：我寫《笑傲江湖》是想表達一種中國人沖淡的、不太爭權奪利的人生觀。我對權力鬥爭是非常厭惡的。自古以來，中國傳統的知識份子都有這種想法，儘管他自己未必能做到。他們努力地去考試，要做官，要名利，但他們寫詩或寫文章時都表現了一種很沖淡的意境。希望做隱士，這也是中國文化傳統的一種，至少傳統的知識份子是很仰慕這樣的生活意境的。

我在《笑傲江湖》中就是要表達這樣一種中國的長遠思想。做什麼事情都應該適可而止，不要總想著向上爬，事情的發展是無止境的，對欲望應當有所克制，把自己的一切看得淡一點，生活的幸福程度就增加一點，個人幸福的程度不在乎你實際上已經得到了多少，而在你有了自己的願望，能做到這樣就很開心了。

我到北京來，見到一些老朋友，他們在家裏看看戲，下棋，跟夫人和孩子的感情好得很，這樣的生活就很理想，很幸福。而在香港，我也有一些朋友，他們的錢多得很，房子蓋得又高又大，游泳池也很漂亮，可是他們的內心反倒不安，老是想賺錢，賺更多更多的錢，家庭關系也處理不好。這兩種人生比較，我認為還是北京的朋友生活得更幸福。

問：《天龍八部》是否表達了你的人生看法？

答：《天龍八部》中有一部分表達了我對人生的看法。當時我的腦子裏有一些佛家的哲學思想。佛家對人生是比較悲觀的，認為人生基本上是受苦的，不論人生怎麼好，最後總要死亡。

但個人講佛教還有另外一種觀念，認為人生的死亡雖然不可避免，但它還有再生的時候。現生之後可以過得好好的，可以貢獻自己的力量，可以幫助別人。應當說，佛家思想對人生的真諦是有深刻理解的，但佛家的這種哲學實用價值對個人可能有用，而對整個社會就未必有用。

當我們對人生產生許多不滿的時候，不妨換一個角度，對人生採取心平氣和的態度，或許能夠幫助我們化解心中的苦悶。比如，你的父母、祖父母因年長而過世，你的兄弟姐妹、親愛的人不幸死亡，或者你自己遇到了重大困難和挫折，雖說這些都是不可避免的痛苦，但你如果想到人生本來就是這樣，你就不會過分悲傷，從心理上化解了痛苦。

問：怎樣理解《天龍八部》中段譽、喬峰和虛竹的形象？

答：這三個人是《天龍八部》中的主人公，其中段譽和喬峰是非常重要的人物，代表了兩種個性。段譽雖然是大理人，但很有中國文化傳統，為人溫和，不溫不躁。很容易交朋友，表現了文雅的一面。喬峰則是血性男兒，表現了陽剛的一面。在他倆身上集中體現了我們中華民族的優良品格。虛竹是個出家人，與漢族文化有點距離。他比較固執，具有濃厚的宗教思想。

問：你在小說中是否宣揚了宗教思想？

答：我對佛教有一些心得，但沒有興趣傳教。我的看法是，如果你對某一宗教觀念相近就去接近它，不相近就不必刻意追求。中國自古以來宗教觀念就比較淡薄，不相信宗教的人有許多，大家不也過得很好嗎？……我在作品中不會刻意去宣傳宗教思想，只是我對佛教的思想有些親近，所以在《天龍八部》中不知不覺地會有些流露。

問：你的小說是否寫明朝正德年間的事？

答：寫作小說不見得一定要有具體的時代背景，武俠小說中所表現的爾虞我詐、互相傾軋的權力鬥爭，在哪個朝代都會發生，不必特指，如果特指了，反而沒有普遍性。

當然，大家一定要我說說寫的是哪個時代的事，我想大概是明朝吧。這位同學估計是在明朝正德年間，看來他很有些歷史知識的。

問：武俠小說能否離開封建社會的背景？

答：武俠小說不一定都要以封建社會作為背景，也可以用現代社會作為背景。我說過，俠的定義是願意犧牲自己去幫助別人。這種俠的行為，不一定武俠才有，文人也可以有俠氣。李白《俠客行》講到信陵君、侯嬴，他們倆都不是有武功的人。可見一個人有俠氣就是俠了。現代社會中有武功的並不多，何況有了武功也起不了多大的作用。所以我們的創作可以另外走一條路，多寫一些具有俠義品格的人。

問：你在小說中喜歡描寫一個忠厚老實的小夥子與一個美麗聰明的姑娘的結合，是這樣的嗎？

答：我認為忠厚老實的小夥子與美麗聰明的小姑娘的結合是件很完美的事。如果是一個英俊聰明的小夥子與一個忠厚老實的姑娘結合，當然也很好；如果男女雙方都很忠厚老實，也很完美；惟獨一種結合應當警惕，那就是兩個人都自認為聰明美麗。這不是說聰明美麗不好，而是說要看他們是真聰明、真美麗，還是假聰明、假美麗。兩人都自認為很聰明、很美麗，那就肯定會鬧出許多事情來，其實真正的大聰明是不耍小聰明的，真正的聰明是不自耀的；忠厚待人，看起來很笨，其實很聰明，而美麗不僅僅在外表，更重要的還在於心靈。

問：你對自己筆下的女性偏愛哪一個？

答：我的創作原則是盡可能寫出各種各樣的人物，女性人物也不例外，有很好的，也有很壞的。像《天龍八部》中的馬夫人就很陰毒。有的女性會下毒，就很危險；有的下毒的女性卻是好人，像《飛狐外傳》中的程靈素就屬這一類人。要我說出偏愛哪一個確實很難，每個人都會有不同的偏愛。我的目標是希望把這些女性寫得可愛些，讓你看了覺得就是自己想像中的那個女朋友。

問：武俠小說在你生命中的比重大不大？

答：最初時候比重是不大的，那時候主要精力是用來辦報紙。現在比重越來越大了，因為我不再辦報紙了。更重要的是看我小說的讀者越來越多，就是在歐美的華人中間讀者也很多，可謂「無心插柳柳成蔭」。原先我是想以小說來為報紙服務，希望能擴大報紙的影響。誰知現在報紙的影響已經過去了，而小說的影響卻時間長久，且日益增大。我很高興有這樣一個結果。

問：如何看待武俠小說的不良影響？

答：任何事情都會有不良影響。假如你吃飯吃了十八碗，也會有不良影響。我看武俠小說本身的不良影響主要有兩個：一個是妨礙你考試。你看小說看入迷了，而明天就要考試，你卻沒有時間去準備，這當然有不良影響。這就希望你能有所節制。另一個是有暴力的傾向。武俠小說中的人物動不動就打架，對社會上的小青年可能會有暴力傾向，但對北大的同學絕對沒有。北大同學太用功了，戴眼鏡的很多，文化程度很高，講文明，不打架，如果能夠注重身體，加強體育鍛煉，多一點尚武精神也是很好的。

所以我說任何事務都有不良影響，而要對付不良影響，就只有「節制」兩個字。我們中國人講中庸之道，什麼事情都不要過分，不要過猶不及。如鍛煉身體，你老是從早到晚跑步、健身，卻也不好，你念書太用功了，一天念十幾個鐘頭，其他什麼事都不幹，我看也有不良影響。關鍵還是要有節制。

問：你的很多小說已被搬上電視螢幕，你對此感到滿意嗎？

答：我不是很滿意的。

小說與電視是兩種不同的藝術表現形式，要把小說改編成電視是有很大的困難的。不過香港的電視連續劇也實在太奇怪了，他們有個嗜好，就是喜歡擅自改動我的小說，把他們自己的很多東西加了進去。

有些讀者來信批評說：既然你認為寫得比金庸好，那為什麼不自己寫一部呢？有的讀者說：他作為編劇，不加進點東西，恐怕連飯都沒得吃。而我對他們妄加的東西卻沒有精力和時間進行干涉。

最近，中央人民廣播電臺來人與我接頭，說是要播送我的小說。我說可以，而且免費，不要錢。他們問我有什麼要求，我說你們可以刪節，某一段太長，或者不喜歡，你們可以刪節。我只是希望你們不要加進其他東西。他們說保證不加就是了。於是我們簽了合同。我想改編我的小說，只要不加私貨，我就滿意了。

問：你為什麼不寫武俠小說了？

答：什麼事情總有一個終點，我的武俠小說寫得夠多了，一生也表達得差不多了，不必一直寫到死為止。況且我自己也有個原則，寫過的東西就不再重復。至於今後怎樣，很難說得清。如果精神足，氣力夠的話，再寫一部也是很好的。

問：你不寫武俠小說了，是不是要寫一些歷史小說？

答：我已經離開報業不做事了，目前有兩條路可走：一個是在大學裏混混，與青年人交朋友，大家聊聊天，交換交換意見，像今天這種活動就很好，不過人太多了，很難一一認識，如果將來有機會七八個人或五六個人在一起，聽聽朋友們的意見，那我將會很高興的。另一個是進行一些學術研究，或聽聽教授的演講，增長知識。雖然年紀不小了，但還是覺得增加知識是人生最大的愉快。

問：你除了寫小說之外，還有其他什麼活動？

答：我除了寫小說之外，主要活動是辦報紙和刊物。年輕的時候還有許多活動，如拍電影，當過電影導演，寫過電影劇本，喜歡旅遊等等。今年一月一日，我正式退休了，把報紙交給其他人去辦。現在我經常到外國的幾所大學裏聽聽課，或講講課。我很喜歡文化生活，特別是大學的文化生活。從今天開始，我已是北京大學的名譽教授了，以後可以常來北大和各位同學接觸，這會令我感到很愉快的。

問：你的歷史是從哪里來的？

答：我沒在北大歷史系念書是個遺憾，不過平時喜歡看些歷史書籍，從中得到許多知識。一些年輕人常常問我要怎樣求學問，我跟他們說，上了大學是個好的求學過程，尤其是在有名的大學，那裏有很多著名的教授，在他們的指導下求學是很幸福的。但這還不是最重要的，要得到真正的學問，必須在一生中始終保持學習的精神。上大學沒有這種精神也是學不到知識的；不能上大學，但有這種精神，同樣可以學到知識。大學只是告訴你一種做學問的方法，而要真正得到學問是要長期累積，僅靠大學的三年、四年時間是很不夠的。

問：請你談談對古龍小說的看法？

答：古龍小說比較歐化，是用現代人的想法表達傳統的尚武精神，走的是另外一條路。由於個性的原因，他的小說多不能堅持寫完，只寫一半就交由他人代寫。

如果他自己能堅持寫完，就可能出許多好作品，但由別人代寫，就不及他的水準了。所以說古龍小說參差不齊。

問：請你談談對王朔小說的看法？

答：王朔先生的小說有濃厚的民族氣息，代表了平民的思想，我很佩服。我希望文學是多種多樣的，不能只有一種模式。

問：你認為一九九七年後香港前景如何？

答：我對香港前景是看好的，是很樂觀的。有人說這是講假話，我說不信你可以到香港看看我的住房，前年我已把舊房子拆掉蓋新房了，如果我對香港前景悲觀，就沒有理由花一大筆錢重建新房。有了這個證據之後，人家就信服了。在香港基本法起草委員會裏，我和北大的蕭蔚雲先生以及幾十位委員對解決香港問題充滿了信心。我們都認為，香港基本法寫得很好，所有規定都很明確。一九九七年之後，可能會出現一些小問題，但絕對不會有大問題。

金庸的演講和答問是很成功的，它給北京大學的學生和老師留下了深刻的印象。

《拒絕金庸》再生風波

金庸在北大的行蹤，其中的種種細節，其中的交流與對話，其中的溝通與融會，外界知之甚少，可以稱之爲「牆內開花牆內香」。但就是向外界透露的那麼一點點資訊，就惹惱了一個人，於是，就有了鄢烈山那篇題名爲《拒絕金庸》的文章。

鄢烈山是位有點名氣的雜文作家，時常在南方的一些報紙上發表一些專唱反調的議論，故而常有驚人之語——「語不偏激死不休」似乎是他雜文的寫作風格。

一九九四年十二月二日，《南方周末》刊登了鄢烈山的《拒絕金庸》一文。鄢烈山在文中說：「我的理智和學養頑固地拒絕金庸（以及梁羽生和古龍之輩），一向無惑又無慚。我固執地認爲，武俠天生就是一種頭足倒立的怪物，無論什麼文學天才用生花妙筆把一個用頭走路的英雄或聖人寫得活靈活現，我都根本無法接受……從歷史認知的角度講，武俠對於中國社會的發展無足輕重……從價值取向的角度講，無論把武俠的武德描繪得多麼超凡入聖，總改變不了他們『以武犯禁』的反社會本質……從文化娛樂的角度講，同樣是消遣性的東西，武俠小說比起《福爾摩斯探案集》等偵探小說來，也要低一個檔次。看偵探小說是一種啓人心智的遊戲，而武俠小說呢，從根本上說有如鴉片，使人在興奮中滑向孱弱」。

嚴家炎當天上班，就有人鄭重其事地告訴他這件事。下午，有記者上門採訪。嚴家炎淡淡地一笑，然後心平氣和地說了這樣一段話：

「這是一種很陳腐的看法。當然，你可以拒絕，你也可以拒絕吃飯嗎？沒關係，不過既然文章點了我的名，我還是要做一點回答。首先，他引用的「帶來一場文學革命」不準確。這是我在查先生授聘儀式上的講話，原話是「一場靜悄悄的文學革命」。大意是，中國傳統小說一向是不登大雅之堂的，沒有地位，「五四」時期的文學革命將小說招進了文學殿堂，成為文學的中心，這便是完全歐化的新文學中的新小說。而傳統形式的新小說，卻一直未能發展起來。趙樹理先生在這方面做過極大的努力，他的小說既是新文學，又有傳統小說的特色。我們一直沒有看到，在香港還有一個金庸，在做著同樣的工作，繼續著這一場文學革命的某一部分任務，以自己優秀的作品將通俗小說招進了文學的殿堂。」

嚴家炎立足於對文學史的發展與流變做出考察與分析，然後再下判斷，是令人信服，也是可以接受的，雖然可能還有值得商榷的地方，但若抓住其中的一句話就死死不放，甚至「一棍子打死」，那不是科學的態度，也不是可取的做法。當天下午，鄢烈山《拒絕金庸》一文的複印件也擺上了北京大學校長、書記的辦公桌。顯然，身為北大人，他們都很關心北大的所作所爲在社會上產生的影響。

有人認爲金庸的學問再大，那也只是關於武俠小說的，憑藉這樣的東西就想進入堂堂正正的北京大學，恐怕還是不行的吧？因爲在他們的心目中，已經預先設定了這樣一個模式：象牙塔裏的學問應當是神聖而高潔的，縱使曲高和寡，那或許也就正好是它價值的所在。而金庸，最多也就是一個通俗小說（武俠小說）的大作家而已，如果要眞的做北京大學的名譽教授，還是有一定距離的。經過一番爭論，北京大學最後仍然同意授給金庸名譽教授頭銜，則正好反映了北京大學作爲名校的氣度和風範。

金庸之爭或許到此該告一段落，或許只是開始——意味著新的論戰前的暫時平息。但無論如何，這些論爭是世紀末這個文壇上一次值得紀念和深入研究的事情，也是「金庸說不完」這一話題的表像。

金庸的文學、人生觀

關於金庸「封筆」以後的思想情況和生活態度以及文藝觀點等諸多問題，《南洋商報》的記者杜南發曾就此深入採訪過金庸。

四月十二日下午四時三十分，在倪匡的陪同之下，他們按響了香港金府的門鈴，應門的正是金庸。金庸將這兩位朋友讓進書房，主賓落座，寒暄一通之後，隨即「言歸正傳」。他們就「自我定位」、「武俠小說」、「中國小說傳統」、「文學」、「藝術」、「世界」、「辦報成就」以及「宗教」等問題展開對話。

畢竟，中國人認爲「謙虛」是應該具有的美德，所以金庸是這樣給自己的武俠小說定位的：「說老實話，我以爲我的武俠小說是第一流的，但說是偉大的文學作品，那就不夠資格了，這是眞心話」。

他認爲，武俠小說是「眞正的群眾小說」。不管是左派或右派的文藝觀，都有一個共同點，前者說要爲工農兵服務，後者也表示文藝應該大眾化、普及化。武俠小說在這點上是大致可以達到的。武俠小說之所以會得到廣大讀者的喜愛，是因爲「武俠小說是中國形式的小說，而中國人喜歡看中國形式的東西」。

武俠小說繼承的是中國的小說傳統。大致而言，古代的武俠小說寫得好的不多，像清末的《七俠五義》是比較少見的例子；寫得好的武俠小說出現在近代（如還珠樓主等）。他的武俠小說，主要是刻畫人的個性、人的情感，把一般人不太注意到的情感發掘出來、表現出來；而文學的功能本來就是用來表達人的感情的。至於武俠小說的形式，金庸很同意倪匡的觀點：

「就是不管是武俠小說、愛情小說、偵探小說或什麼小說，只要是好的小說就是好的小說，它用什麼形式來表現那完全沒有關係。武俠小說寫得好的，有文學意義的，就是好的小說，其他任何小說也如此。畢竟，武俠小說中的武俠，只是它的形式而已。武俠小說也和其他文學作品一樣，有好的，也有不少壞的作品。我們不能很籠統地、一概而論地說武俠小說是好還是不好，或是說愛情小說好還是不好，只能說某作者的某一部小說寫得好不好。好的小說就是好的小說，和它是不是武俠小說沒有關係。問題是一部作品是否能夠動人，有沒有意義，則不是在於它是不是用武俠的方法來表現。」

在談到文學藝術的影響和功能時，金庸說：

「文學必然有一定的影響和功能，不過我個人不想把文學當成一種影響社會的工具。我覺得這些都是副作用，藝術本身還是藝術，它並不是追求什麼目的，只是追求一種美感。人的價值觀念有許多不同的範疇，科學是追求真實，像牛頓和愛因斯坦，他們所研究的是真是假，不會去想到它會有什麼其他作用或影響，他們不會想到發明這個定律之後會有什麼好處或壞處，至於宗教的道德觀念，則是在研究善與惡的問題。文學藝術則是側重於美或不美的追求，至於真假善惡，則是另外一回事。」

他在小說中注重刻畫人物的個性，「希望寫得眞實、深刻，把一般人不太常注意到的情感都發掘出來、表現出來」。

至於世界的變化與文學的未來，金庸認爲：

「整個世界都是一直處於變動不居之中，即使將來所有文學都消失了，也不稀奇。我覺得這並不是一個太值得擔心的問題。當然，在我們這一代有生之年，小說還是會存在的，至於千百年之後，全世界可能不再需要文學，那麼小說當然就不存在了……小說和連續劇的關係也是一樣，雖然目前也許連續劇的觀衆比小說多，但小說也不會因此就立刻被淘汰。」

提起他所創辦的《明報》，金庸感到相當滿意。他說，作爲一個辦報者，自然是希望能夠把報紙辦好，銷量倒在其次：

「以《明報》目前的情形來說，我覺得內容還是不夠好，還有可以改善的地方，這是坦白話，絕對不是謙虛之詞……就《明報》而言，在別的方面我們也不見得就比其他報紙好，不過有一點我們卻是做到了，那就是真正獨立，任何力量想影響我們的話，我們是絕對抵抗的。我們是真正客觀、獨立和公正的，這個原則維持了二十多年，可說是非常不容易的，因為各種威逼利誘是很多的。當然這也不是因為我是多麼偉大，能夠不為威逼利誘所動，只是因為我覺得，一個人只要能維持起碼的生活就夠了，只要過得去就可以了，這樣，利誘就容易抗拒了。因為你給我很多錢當然很好，但是我辛辛苦苦搞起來的一番事業就這樣賣給人家，就真是太可惜了。就這樣經過了一次又一次的利誘和威逼。」

杜南後來問到，「聽說你最近正專心於研究佛學，爲什麼您會對佛學發生興趣呢？」金庸回答說，這是一個不容易回答的問題，「因爲宗教是一種神秘體驗，信就信，不信就不信，這不是一種理性，而是宗教性。我信佛教，因爲我相信人生就是這樣子，所以就信了。」至於信佛和寫社評的關係，金庸如是說：「寫小說是追求美，寫社評則是力求弄清眞和假、理由充足不充足和判斷對與錯，至於佛學，則是宗教性的範疇，是你信仰不信仰的問題，沒什麼道理可以講的。」

杜南又問了金庸最後一個問題：「就是像您這樣在創作上和事業上都達到巔峰狀態的

『一流高手』，從創作心理而言，內心是否會感覺到特別寂寞呢？」

金庸又很謙虛了：

「『一流高手』是絕對談不上的，這不是謙虛，是自己真正的感受。『巔峰』這句話是不太適合，也許用在小說還可以，假如巔峰是指今後我不再有進步的話（笑），至於事業和學問，肯定離巔峰還很遠。因為相信《明報》還會有很多進步。我自己也還在不斷地鑽研與學習。至於寂寞感的問題，我覺得，像一般寫作人，或宗教信仰不強烈的人到了一個時候，可能會覺得人生沒有意義、沒有出路，於是便滋生了孤寂或寂寞的問題。就我而言，倒沒有這種寂寞的感覺，因為，我是一個宗教信仰很強的人，就沒有寂寞與否的問題了。」

一九九八年五月，美國科羅拉多大學語言文學系和中國現代文化研究所主辦了題爲「金庸小說與二十世紀中國文學」的討論會。來自世界各地的研究者濟濟一堂，對金庸所取得的文學成就給予了一致的肯定。至於成就，金庸謙虛得很，認爲「以末技而博浮名」固然不妥，但若認同自己的作品已達頂峰之類的說法也不妥；倒是爲能有機會與世界各地、各國的朋友相聚而興奮不已。

在閉幕式上，金庸作了一次精彩而熱烈的發言：

「…關於我的作品討論會，以前在中國大陸召開過幾次，但我都沒有參加。前年我故鄉海寧市開了一次「海寧金學研究會成立會」，馮其庸先生、嚴家炎先生去參加了。去年，杭州大學的學者們也舉行了一次研討會，提出的論文內容很豐富。今年夏天，雲南省大理州舉行研討會，嚴家炎教授、作家協會副主席鄧友梅先生、雲南省委書記令狐安先生（他是金庸小說愛好者，自稱「令狐大俠」）、陳墨先生等都在會上發了言，我只在開幕式中對參加者表示了感謝之後就離開了。我所以不敢參加，是因為這些會議的題目都叫做「金學研討會」，題目太漂亮，我不敢接受。北京的劉夢溪先生曾寫了篇文章說，只有《紅樓夢》研究可稱「紅學」，其他的都不宜稱「學」。李白、杜甫的詩篇不夠偉大嗎？但我們從來沒有「李學」、「杜學」，我很同意他的意見。這一類討論會，最早提出的是劉再复先生，他在北京擔任社會科學院文學研究所所長，他在一九八九年寫信給我，準備由他們研究所召開一次研討會。我失禮得很，沒有積極支援，只因為我覺得我寫的小說內容平凡，沒有多大深刻意義，不值得勞動許多學者先生們探討。說到「金學」，萬萬不敢當。我自己目前還在用功讀書，希望自己學有所成，將來能做一個學者，不敢讓真正的專家學者研究我的作品。香港與臺灣出版我小說的出版公司，前幾年計劃出一套叢書，刊登討論我小說的文字，想叫做「金學研究」。我建議改名「金庸茶館」，大家在其中閒談，隨便發表意見，現在「金庸茶館」在臺灣與香港都上了Internet，讀者們在網上閒談，《中國時報》的畫刊每星期刊載一次。「金庸茶館」是中性，大概不會惹人反感，臺北有人組織了讀書會，叫「紙醉金迷會」。臺北金石堂書店有人發起組織一個讀者會，到香港來旅行，並到我家來訪問，戲稱其名為「拜金團」，那是有一點自嘲和開玩笑了，大家嘻嘻哈哈，因此我不感到尷尬，還請他們吃了飯。這次開會之前，劉再復教授把確定的題目——「金庸小說與二十世紀中國文學」告訴我，這個題目我能接受。「金庸小說」四個字，符合實際，中性，我寫的確實是小說，不是詩。再復兄還給我一份與會者名單，我看到有這麼多的教授、作家、博士候選人參加，心就動了。這不是因為給了我面子，而是覺得這麼多學者一定能給我指教，我不應失掉這個機會。

我在這裏向大家透露一個小小的秘密：我的作品正在進行第三次修改。全部作品都準備出線裝本，但要在修改之後才出版。現在我已改定了《書劍恩仇錄》，《碧血劍》正在修改中。在第三次修改中，我能聽聽大家的指教，特別難得。例如我在這次會上聽到華東師大李先生的發言，就很受啓發，對修改《越女劍》一篇短篇就很有幫助。李先生說，在吳越之爭中，吳國是文化很高的文明之國，越國則是文化很低的野蠻之國。越王勾踐為了打敗吳國，使用了許多野蠻卑鄙的手段，勾踐實際上是個卑鄙小人。卑鄙小人取得成功，這在中國歷史上好像是條規律。我日後修改《越女劍》將會吸收李先生的意見，不過，不可能重寫太多。這個例子說明，我在這個會上真得到了一些具體的教益。

剛才我聽到加拿大珍妮小姐、英國虹影小姐發言，也受到教益。珍妮說，李陀先生把人分成聰明和不聰明兩大種。我以為，這種分類重視先天的資質，不重視後天好人壞人的道德判斷，也不重視學問高低。好人壞人很難分，用聰明與不聰明來分就容易得多，聽說今天來開會的田曉菲小姐，六歲就開始讀小說，八歲多發表新詩，十四歲進北京大學，相繼獲學士、碩士學位，二十歲進哈佛大學攻讀博士，今年已獲得博士學位。剛才初見，旁人還沒有介紹，我問她：「你貴姓？」她笑笑說：「姓田，田伯光的田。」一句話就顯得聰明至極。李陀先生自己，顯然也是很聰明的，剛才我向他請教，請他指出我小說的缺點，他說：「有幾部小說結構不好。」我一聽就明白了，而且十分同意。我寫小說，結構是一個弱點，好像Thomas Hardy的The Return of the Native（《還鄉記》），Charles Dickens的A Tale of Two Cities（《雙城記》）那樣精彩的結構，又如莫泊桑的一些小說，結構勻稱渾成，我是絕對及不上的。現在我只好老了臉皮地說：「結構鬆懈，是中國小說的傳統，反而更近乎近代的西洋小說，和十九世紀的西洋小說不同。但如《天龍八部》、《鹿鼎記》等幾部，結構有重大缺陷，現在要改也改不來了。」

珍妮小姐批評我在貶抑男人的時候使其女性化，有類似西方女權主義的傾向，例如東方不敗、岳不群、林平之。這是我沒想到的。珍妮小姐雖然批評我把某些男人女性化，但還是欣賞我的女性描寫。我應坦白地說，為什麼我把女性寫得比較好，因為我崇拜女性。女性不但比我聰明，道德上也比我好，女性的武功不一定比男性強，但她們具有男性所沒有的一個根本：不把名譽、地位、面子、財富、權力、禮法、傳統、教條、社會責任等等看得那麼重要，而專注於愛情與家庭。女人往往愛得比男人深刻，至少在潛意識裏是這樣，許多男性在國家、民族等等漂亮的藉口下追逐名利，追逐權力，追逐身外之物，貪污腐敗，做了不少壞事，而女性往往看輕這一切。我對女性的崇拜和描寫，就想間接地否定男性社會中扭曲人性、輕視真情的這一切。在小說的人物描寫中，我把男性與女性的不同特點區分開來，不喜歡男性的女性化，也不喜歡女性的男性化。在我的小說裏，愈是好的男人，男人氣概愈強；愈是好的女子，女性性格愈明顯。我不喜歡東方不敗，把他女性化了。東方不敗等傾向於女性，不是女性不好，而是說他們不像男人。女人而不像女人，例如母大蟲、母夜叉之類，也不是可愛的。

剛才虹影講到女性的下毒也很有意思，我的朋友項莊寫過一本書，說金庸小說中女主角有一些是花旦，有一些是青衣。京派第一青衣程靈素不漂亮，但很能下毒。她是第一流人物，我是很喜歡的。她對情郎有著刻骨銘心的愛，品格高尚，下毒也是刻骨之愛的一種表現形式。武俠小說確實有一套表現形式。哥倫比亞大學的徐鋼先生講到江湖問題，又講presentation vs. significance的問題，我想在各位研究比較文學的範圍中，這大概是form（形式）與content（內容）的關係，也好像是expression（表現）與idea（意念）的關係，在希臘悲劇中，表演者常戴面具，與中國京劇的臉譜差不多，臉上的表情看不清了，而幕後或舞臺旁又有大合唱，唱的時候臺上的對話暫時停止了（中國的川劇有類似手法），這就使觀眾和表演者拉開了距離。這一距離令觀眾意識到舞臺上表現的是一個故事，它與現實並不相等。武俠小說中的江湖，與面具、大合唱的審美作用相似，它使讀者意識到書中展開的是一個故事，與現實生活不同。陳家洛並非是真的陳家洛，他們在江湖中行走，玩的是江湖中的一套，江湖就使讀者獲得一種距離，這是不是屬於浪漫主義，常有爭議。但武俠小說如果用寫實主義或現實主義的表現手法，恐怕是很困難的。

宋偉傑博士專門研究我的小說，他的博士論文我也讀了，剛才又聽到陳穎小姐簡要地介紹了他的論文中的一節，宋偉傑的論文寫得很好，有些批評我也同意。他說我不知不覺中把漢文化看得高於其他少數民族文化。我的確是如此，過去是這樣看，現在還這樣看。我現在研究中國歷史，最有興趣的是魏晉南北朝史，其中我又特別喜歡的是北魏孝文帝，他把首都從北方平城遷到中原的洛陽，自己不僅穿漢服，還說漢語，作漢文，寫漢詩，甚至要殺拒絕漢文化的人，他是少數民族的帝王，但承認漢文化高於自己鮮卑族的文化，漢族與其他少數民族自然應當平等相待，和睦相處，但也應當承認文化有高低，少數民族學習漢文化時，放棄一點自己的文化，並不吃虧，反而提高了。少數民族的文化也影響漢文化。

葉洪先生討論我小說人物的「原型」問題，他舉了許多例子，說明某某武俠小說出版在我的作品之前，所以我小說中的某某人物是從哪部小說中取材的。從古人書中取材，文學創作向來如此，哥德的《浮士德》、莎士比亞的歷史劇，故事均非獨創，如果真是這樣，倒也不必否認。葉先生說臥龍生的小說《飛燕驚龍》出版在前，所以《笑傲江湖》中的偽君子岳不群是抄自臥龍生所創造的假好人，臥龍生（本名牛鶴亭）是我相當要好的朋友。六七十年代時去臺灣，臺灣的武俠小說家來香港，我們經常相聚飲宴、打牌聊天，我是主要的請客者，所以他們一致稱我為「幫主」。這幫，大概是胡鬧幫，幫中成員主要是古龍、臥龍生、諸葛青雲、倪匡、項莊，此外還有張徹、王羽等。我做了幫主，總不好意思去偷幫中堂主、香主們的傳家寶了。岳不群是偽君子，他的原型相信是孔子《論語》中所說的：「鄉愿，德之賊也。」鄉愿就是偽君子，孟子形容這種人「媚於世」、「言不顧行，行不顧言」、「同乎流俗，合乎汙世，居之似忠信，行之似廉潔，眾皆悅之，自以為是，而不要與入堯舜之道」。任何地方、任何時代都有偽君子，不必到書中去找「原型」。至於東邪黃藥師的原型，是那種玩世不恭的高人隱士，中國也是任何朝代都有，伯夷、叔齊、介子推、莊周、柳下惠，《論語》中的楚狂接輿、長沮、桀溺，以及魏晉時的阮籍、嵇康，有一個極長的傳統，有些角色的原型也不限於某一個人，如老頑童周伯通這個形象，其原型在歷史上就有幾個，漢時的東方朔、《三國演義》中的于吉，後來的寒山拾得、濟公活佛等等，他們嬉笑怒罵，遊戲人間，到老還保持著天真。現實社會中也有不少這樣的人，香港就有人自稱「老頑童」。

我喜歡小說創作，但只是普通的作家，很願意聽取大家的批評，批評也好，指教也好，都能使我得益，對以後的創作會有幫助。今天孫立川先生在發言中說我和魯迅有幾點相同處，例如說，都是浙江人，這一點是賴不掉的，又說我們都關心時事，關心國家興亡，又都曾在外國人統治的地區中生活與寫作，但他沒有指出不同處，最大的不同處即魯迅是一個偉大的作家，而我只是一個普通的作家而已。

最後我要再次表示謝意，為了參加這次會，有些學者從亞洲、歐洲來，走了很遠的路，有的還跌倒負傷了，我心裏很過意不去。這就像江湖中為了在武林大會上幫我打幾招，自己反而在路上先負傷了，真令我感動。在這次會上我見到了一些老朋友，結識了許多新朋友，尤其是一些年輕的才識很高的朋友，真叫我高興。我最喜歡結交朋友，尤其是年輕的小朋友。謝謝各位朋友的濃情厚意和辛勞。」

我們翹首期盼著金庸武俠小說「第三版」的問世。世人相信，經過金庸第三次修訂的作品，一定是不同凡響。一定會讓讀者盡飽眼福！

附錄

金庸武俠小說創作年表

金庸曾經用自己十四部作品的第一個字寫過一幅對聯，「飛雪連天射白鹿，笑書神俠倚碧鴛」。外加一部《越女劍》，就是他創作的全部作品。

《書劍恩仇錄》	一九五五～一九五六年武俠小說處女作
《碧血劍》	一九五六～一九五七年
《雪山飛狐》	一九五七～一九五八年
《射雕英雄傳》	一九五八～一九五九年「射雕三部曲」之一
《神雕俠侶》	一九五九～一九六一年「射雕三部曲」之二
《飛狐外傳》	一九六〇～一九六一年《雪山飛狐》前傳
《白馬嘯西風》	一九六〇年
《鴛鴦刀》	一九六一年
《連城訣》	一九六三年
《倚天屠龍記》	一九六一～一九六三年「射雕三部曲」之三

《天龍八部》　一九六三～一九六六年
《俠客行》　一九六五年
《笑傲江湖》　一九六七～一九六九年
《越女劍》　一九六八年唯一一部短篇小說
《鹿鼎記》　一九六九年十月～一九七二年九月「封筆」之作

後記

對於廣大武俠小說的愛好者來說，「金庸」這個名字最是耳熟能詳不過了！金庸的大名早已婦孺皆知，金庸的作品早已進入千家萬戶。有人說，凡是有華人的地方，就有金庸的武俠小說。這話確實不假，也無須多說。事實是最好的證據。

金庸，作爲著名的武俠小說大家，有人甚至認爲，他已經躍居二十世紀中國文學大師的行列（名列第四位）。金庸，以一支如椽巨筆，搖落出朵朵奇花異葩，揮灑出一片片燦爛與輝煌，構築了新派武俠小說的豐碑。毫無疑問，金庸是新派武俠小說這個「武林」世界的大宗師，其地位雷打不動、不可撼搖，其聲望如日中天、千古流芳。這是有目共睹的，也是舉世皆知的。

爲這樣一位「武林盟主」作傳，無疑具有極大的價值，也無疑具有極大的難度。

筆者是金庸武俠小說的熱誠而專一的讀者，早在中學時代就如癡如醉地陶醉在金庸筆下的「武林」世界；後來隨著閱讀面的拓展，也接觸過許多有關金庸生平的材料，並做過一些研究或探索；但在這之前，一直沒有打算動筆寫過一部《金庸傳》。

江蘇文藝出版社有志於出版一套「俠情小說名家傳記叢書」，《金庸傳》是不可缺少的一本，也是其中重要的一本。所以，就有了「叢書」的策劃與構擬。

在動筆之前，我又前前後後、仔仔細細閱讀北京三聯書店出版的《金庸作品集》，並廣爲搜求有關金庸的生平資料。

眞正著手撰寫時才發現，爲金庸這樣一位武俠小說大家作傳，委實不易。當年楊樹達致陳寅恪的信這樣說，「古來大詩人，其學博，其識卓，彼以其豐富卓絕之學識發爲文章，爲其注者亦必有與彼同等之學識，而後其注始可信。否則郢書燕說，以白爲黑，其唐突大家已甚矣」。這是談做學問的艱難和不易。其實，爲金庸這樣的一位武俠小說大家作傳，又何嘗不是這樣？

炎炎夏日，揮汗如雨，一人蟄居斗室，伏案工作，個中滋味，難以盡述；如果沒有切身的體驗與感受，外人是無法體會的。奮戰數月，書稿終於完成了。我長長地舒了一口氣，頓時有一種如釋重負的感覺。

擺在讀者面前的這本書，也許還有一些不足與缺陷，但它確實是筆者認眞撰寫的一部人物傳記。

書寫出來了，它就不再是作者可以說了算的，中國古人說，「千秋功過，自有評說」；西方後現代主義說，書一出來，作者就已「死」了，那意思是說，評價是讀者的事。我也正是抱著這樣的心情寫這篇「後記」的。

本書在寫作的過程中，除了閱讀金庸的武俠小說（《金庸作品集》三聯書店，一九九四年）外，還曾經參考過以下幾書，今附錄於此，一併致謝。

冷夏：《文壇俠聖——金庸傳》，廣東人民出版社，一九九五年。

費勇、鍾曉毅：《金庸傳奇》，廣東人民出版社，一九九六年。
覃賢茂：《金庸智慧》，四川人民出版社，一九九六年。
溫瑞安等：《金庸茶館》，中國友誼出版公司，一九九八年。
陳平原：《千古文人俠客夢》，人民文學出版社，一九九二年。
張志和、鄭元春：《中國文中的俠客》，中國社會科學出版社，一九九四年。

彭華・趙敬立

漫談金庸 刀光・劍影・俠客夢

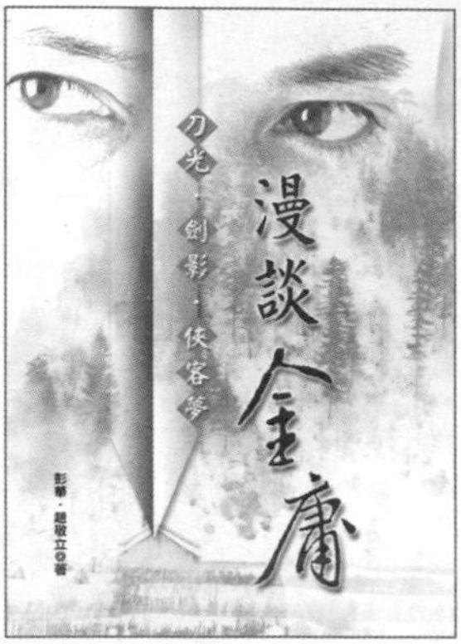

作　　者　彭華、趙敬立
發 行 人　林敬彬
主　　編　張鈺玲
助理編輯　蔡佳淇
美術編輯　像素設計　劉濬安
封面設計　像素設計　劉濬安
出　　版　大都會文化 行政院新聞局北市業字第89號
發　　行　大都會文化事業有限公司
110台北市基隆路一段432號4樓之9
讀者服務專線：（02）27235216
讀者服務傳真：（02）27235220
電子郵件信箱：metro@ms21.hinet.net
郵政劃撥　14050529　大都會文化事業有限公司
出版日期　2002年11月初版第1刷
定　　價　260元
I S B N　957-28042-5-1
書　　號　98009

Printed in Taiwan

國家圖書館出版品預行編目資料

漫談金庸：刀光・劍影・俠客夢
彭華、趙敬立／著
-- -- 初版 -- --
臺北市：大都會文化，2002〔民91〕
面；公分. -- --（人物誌；9）
ISBN 957-28042-5-1（平裝）
1.金庸－傳記2.金庸－作品評論
782.886　　91020890

北 區 郵 政 管 理 局
登記證北台字第9125號
免 貼 郵 票

大都會文化事業有限公司
讀者服務部收

110 台北市基隆路一段432號4樓之9

寄回這張服務卡（免貼郵票）
您可以：
◎不定期收到最新出版訊息
◎參加各項回饋優惠活動

大都會文化 讀者服務卡

書號：98009　漫談金庸—刀光．劍影．俠客夢

謝謝您選擇了這本書！期待您的支持與建議，讓我們能有更多聯繫與互動的機會。
日後您將可不定期收到本公司的新書資訊及特惠活動訊息。

A. 您在何時購得本書：_____年_____月_____日

B. 您在何處購得本書：___________書店，位於_________(市、縣)

C. 您從哪裡得知本書的消息：1.□書店 2.□報章雜誌 3.□電台活動 4.□網路資訊5.□書籤宣傳品等 6.□親友介紹 7.□書評 8.□其它 ____________

D. 您購買本書的動機：（可複選）1.□對主題或內容感興趣 2.□工作需要 3.□生活需要 4.□自我進修 5.□內容為流行熱門話題 6.□其他 ____________

E. 您最喜歡本書的（可複選）： 1.□內容題材 2.□字體大小 3.□翻譯文筆 4.□封面 5.□編排方式 6.□其它 ____________

F. 您認為本書的封面：1.□非常出色 2.□普通 3.□毫不起眼 4.□其他 ____________

G. 您認為本書的編排：1.□非常出色 2.□普通 3.□毫不起眼 4.□其他 ____________

H. 您通常以哪些方式購書：(可複選)1.□逛書店 2.□書展 3.□劃撥郵購 4.□團體訂購5.□網路購書 6.□其他 ____________

I. 您希望我們出版哪類書籍：（可複選）1.□旅遊 2.□流行文化3.□生活休閒 4.□美容保養 5.□散文小品 6.□科學新知 7.□藝術音樂 8.□致富理財 9.□工商企管10.□科幻推理 11.□史哲類 12.□勵志傳記 13.□電影小說 14.□語言學習（____語）15.□幽默諧趣 16.□其他____________

J. 您對本書(系)的建議：____________

____

____

K. 您對本出版社的建議：____________

____

讀者小檔案

姓名：____________ 性別：□男 □女 生日：_____年_____月_____日

年齡：□20歲以下 □21～30歲 □31～50歲 □51歲以上

職業：1.□學生 2.□軍公教 3.□大眾傳播 4.□ 服務業 5.□金融業 6.□製造業 7.□資訊業 8.□自由業 9.□家管 10.□退休 11.□其他 ____________

學歷：□ 國小或以下 □ 國中 □ 高中／高職 □ 大學／大專 □ 研究所以上

通訊地址：____________

____

電話：(H) ____________ (O) ____________ 傳真：____________

行動電話：____________ E-Mail：____________